Falkenhausen, Helene

Ansiedlerschicksale elf Jahre in Deutsch Suedwestafrika

Dritte Auflage

Falkenhausen, Helene Nitze von

Ansiedlerschicksale elf Jahre in Deutsch Suedwestafrika

Dritte Auflage

Inktank publishing, 2018

www.inktank-publishing.com

ISBN/EAN: 9783750115804

Ansiedlerschicksale

Elf Jahre in Deutsch-Südwestafrika 1893—1904

von

Helene von Falkenhausen
geb. Nitze

Dritte Auflage.

Berlin 1906.
Dietrich Reimer (Ernst Vohsen).

Inhalts-Verzeichnis.

Vorwort.

Im Jahre 1893 kehrte mein Vater nach einjährigem Aufenthalt in Deutsch-Südwestafrika nach Deutschland zurück, um die Seinen nach dem „dunklen Erdteil" hinüber zu holen. Nächst dem Wunsche, meinen alternden Eltern dort eine Hilfe zu sein, zog mich der Reiz, die unbekannte Ferne kennen zu lernen, mächtig hinüber. Während meiner elfjährigen Anwesenheit gewann ich die südwestafrikanische Kolonie, von welcher in Deutschland so geringschätzig gesprochen wird, die aber auf alle, welche in dem Lande waren, eine wunderbare Anziehungskraft ausübt, immer lieber. Selbst heute, nachdem ich dort die bittersten Erfahrungen meines Lebens gemacht habe — nach fünfjähriger glücklicher Ehe wurde mein geliebter Mann durch Hereros grausam ermordet, ich mußte mit meinen Kindern, von denen das eine auf der Heimreise nach den erlittenen Strapazen starb, fliehen und kehrte krank in die Heimat zurück —, noch heute hängt trotz allem mein ganzes Herz an der Kolonie. Möge sie nach Beendigung des unseligen Krieges rasch emporblühen, und den Ansiedlern, welche mit neuem Mut und neuer Zuversicht ihre Arbeit auf den zerstörten Farmen aufnehmen, wünsche ich, daß sie die Früchte ihres Fleißes auch genießen möchten!

Anfangs schrieb ich meine Erlebnisse und Erfahrungen in Südwestafrika nur in der Absicht nieder, in meinen Kindern die Erinnerung an ihren Vater und an unser Leben drüben wach zu erhalten oder doch ihnen davon ein Bild zu entwerfen. Später, als man mir sagte, daß diese Aufzeichnungen vielleicht auch für einen größeren Leserkreis Interessantes böten, entschloß ich mich, sie zu veröffentlichen.

Ich hoffe, der Inhalt wird den freundlichen Leser über Mängel in der Form hinwegsehen lassen und die vorliegenden Blätter werden ihm ein ungefähres Bild von dem Leben deutscher Kolonisten in Südwestafrika geben.

Gnadenfeld, März 1905.

Helene von Falkenhausen,
geb. Nitze.

I. Seereise, Ankunft und erste Eindrücke in Afrika 1893.

Wir hatten nun Abschied genommen von allen Lieben, die wir in der Heimat, im deutschen Vaterlande zurücklassen mußten. Ein Boot brachte uns hinüber zu dem großen Dampfer, der „Marie Woermann", die uns in die neue Heimat bringen sollte. Es war am Nachmittag des 20. Juli 1893, als wir den Hafen von Hamburg verließen. Ein mächtiger langgezogener Ton, der mir wie Unheil verkündend in die Ohren drang, war das Signal zur Abfahrt, zugleich die Begrüßung für die neue Welt, der wir entgegen gingen. Alle Mitreisenden hatten sich auf dem Deck versammelt, um dem heimatlichen Strande Lebewohl zu sagen. Jeden wohl bewegte die Frage: Wann, liebes Vaterland, sehe ich dich wieder? Selbst uns Schwestern, die wir so jung und voll froher Hoffnung und Zuversicht drüben unsern Eltern helfen wollten, eine neue Heimat uns zu gründen, stieg der Wunsch auf, hier bald wieder froh und leichten Herzens einziehen zu können.

Während das Schiff mehr und mehr sich vom Lande entfernte, machten wir uns mit unseren Mitreisenden bekannt. Wir sind eine fünfköpfige Familie: unsre Eltern, wir beide, fast gleichaltrige Schwestern, Käthe und ich, und Lieschen, die jüngste 9jährige Schwester. Mit uns die gleichen Ziele und Hoffnungen für die Zukunft teilend, fuhren noch mehrere Familien und einzelne Herren nach Südwestafrika, ferner die Braut des Militärarztes in Windhoek, ein Kaufmann aus Walfischbai, ein finnischer Missionar und last not least eine für damalige Verhältnisse in Südafrika große Verstärkung der Schutztruppe von 120—130 Mann mit 3 Offizieren. Uns allen stand eine fast 5 wöchige gemeinsame Reise bevor. Glücklicherweise fiel unsere Fahrt in die günstigere Jahreszeit. Wir hatten nur ruhige See, und die von uns sehr gefürchtete Seekrankheit befiel uns fast gar nicht. Selbst der gewöhnlich sehr aufgeregte Kanal und der Golf von Biscaya wurden glatt passiert.

Um uns die langen Tage zu verkürzen, spielten wir Schach, Skat, Domino und das auf dem Schiff so beliebte Bleilatsch, Gesellschaftsspiele wurden arrangiert, und eines Abends tanzten wir auch auf Deck. Viel wurde von der neuen Heimat gesprochen, was man darüber gehört und gelesen hatte, und mein Vater, der schon ein Jahr vorher drüben gewesen war, konnte so manchen Irrtum, manche falsche Vorstellung berichtigen. Ich erinnere mich da eines Ansiedlers, der eine Menge Netze mit sich führte; auf die erstaunte Frage, wozu er die mitbrächte, antwortete er „nun, zum Fische fangen, denn wo Flüsse sind, da ist Wasser. Wo aber Wasser ist, gibt es auch Fische". Ja, das kam uns auch wunderbar vor, daß nicht einer von den großen auf den Karten angegebenen Flüssen Wasser mit sich führen sollte, außer in der Regenzeit.

Im Hafen von Vera-Cruz wurde zuerst Anker geworfen. Wir bestiegen eine kleine Dampfbarkasse und fuhren an Land. Wie wunderbar berührte uns zunächst das Leben und Treiben der Eingeborenen dieser südlichen Stadt! Soldaten in der lässigsten Haltung, mit der Zigarre im Munde, den Stock in der Hand, unsaubere Polizisten, Frauen, die trotz ihrer seidenen Kleider einen höchst saloppen Eindruck machten, zerlumpte, kreischende Kinder, mit Eseln bespannte Gefährte zogen an uns vorüber. Die Straßen waren schlecht gepflastert, holprig und krumm. Nur die Häuser machten einen freundlichen, friedlichen Eindruck.

Sie waren größtenteils weiß getüncht, einstöckig und hatten gerade flache Dächer. Bei Mondschein im Lichterglanz nimmt die Stadt vom Schiff aus gesehen sich malerisch aus.

Auf dem Marktplatz herrschte reges Leben: schwerfällige dicke Frauen, schlanke, lebhafte Kerle mit dunklen blitzenden Augen priesen sich überbietend an Geschrei ihre Waren an — es war ein ohrenzerreißender Lärm. Meist wurde frisches Obst feilgeboten, es sah sehr verlockend aus, und jeder nahm gern solch niedliches Körbchen mit herrlichen Weintrauben, blauen Feigen oder mit Apfelsinen mit. In einem sehr feinen englischen Hotel wurde Mittag gegessen. Es gab ausgesuchte Speisen, uns störte nur, daß alles mit Öl zubereitet war. Nachdem wir noch einmal in dem Städtchen etwas Umschau gehalten, begaben wir uns wieder zurück auf unser Schiff. Und nun ging es weiter. In Las Palmas wurde wieder ein kurzer Halt gemacht, hier bot sich uns ein ähnliches Bild wie in Vera-Cruz. An Land waren wir schon etwas vorsichtiger und klüger geworden im Handel und Umgang mit den Spaniern, die Fremde gern durch unverschämte Forderungen über den Löffel barbieren, so z. B. verlangte der Kutscher für eine Fahrt von etwa einer Viertelstunde 15 Mark von uns, bekam dann drei Mark, was gewiß auch noch reichlich war. Bei unserer Rückkehr an Bord sahen wir die „Marie Woermann" umgeben von einer Menge kleinen Booten. Geflügel, Bananen, Ananas, Kokosnüsse, Kanarienvögel, Zigarren, kleine Hunde, Zwiebeln, seidene Kleider, wunderbar schöne Stickereien, goldene und silberne Schmuckstücke, Ansichtskarten wurden feilgeboten. Ein reges Leben gab es da. Man handelte, stritt mit dem Verkäufer, denn Hauptsache hier ist, nie den geforderten Preis zu zahlen, mit der Hälfte, mit einem Viertel desselben sind sie zufrieden. Die prachtvollen Stickereien sind immer am meisten begehrt, aber auch die goldenen Schmuckstücke, denn das Gold, aus dem sie gefertigt sind, stammt aus Afrika, aus Accra, und seine Farbe ist leicht von unserem europäischen zu unterscheiden. Es soll übrigens das reinste Gold sein, das in den Handel gebracht wird, die Neger bearbeiten es selbst und geben den Schmuckstücken wunderbare Formen. Sehr beliebt sind die eigentümlichen dreizackigen Ruder der Eingeborenen, dann mit einem Schirm überspannte Elefanten, und die Himmelszeichen als Verzierung auf Ringen. Ist schon das Signal zur Abfahrt gegeben, dann erst verschwinden die Händler vom Schiff. Mit Schelten und Stößen werden sie von der Schiffsmannschaft herunterbefördert.

Der nächste Hafen, den wir anliefen, war Monrovia. Hier nehmen die Woermanndampfer Kruneger an Bord, die beim Löschen und Einnehmen von Ladung in den Häfen der Westküste, wo die Brandung größtenteils sehr heftig ist, helfen müssen. Sie brachten neues Leben auf das Schiff, und wir sahen ihrer taktmäßigen, von einem schrecklich eintönigen Gesange begleiteten Arbeit oft zu. In Monrovia gingen wir auch wieder an Land. Da die Brandung hier ziemlich stark ist, und die Boote immerhin mehrere Meter von der Küste halten müssen, werden die Passagiere von herbeieilenden Negern an Land getragen. Meine Schwester und ich sträubten uns erst heftig, in unseren hellen Kleidern uns von den nackten Negern anfassen zu lassen. Doch was blieb weiter übrig, wollten wir nicht wieder zum Schiff zurückkehren. Die führenden Herren rieten, da in Monrovia nicht gar viel zu sehen wäre, zur Woermann-Faktorei zu gehen. Dort wurden wir mit Freuden als Landsleute begrüßt, und die Herren regalierten sich reichlich an Bier, wir bekamen allerlei kleine Raritäten und Gläser mit Bonbons, und mit Früchten und Blumen reich beladen traten wir den Rückweg an. Inzwischen hatte es sich in dem Ort verbreitet, daß mehrere weiße Frauen angekommen wären, neugierig lief alles vor die Türen der kleinen Hütten. Meine Schwester und ich wandten uns oft ab beim Anblick der schwarzen, nur mit Schurzfellen bekleideten Frauengestalten, die uns hier so zum ersten Male zu Gesichte kamen, später haben wir uns an diesen Anblick völlig gewöhnt. Einige reichere und gebildetere Frauen trugen seidene Kleider nach europäischer Mode gemacht und entsetzliche Haartrachten. Beim Vorbeikommen an einem Hause wurde uns ein kleines, etwa vierjähriges Kind zum Kauf angeboten. Einen Schilling nur sollte es kosten, aber was sollten wir mit dem kleinen Geschöpf?

Auf dem Dampfer hatten inzwischen einige deutsche Kaufleute den Besuch der Passagiere und des Kapitäns erwidert. Sie sagten den Frauen, die den Mut hatten, in die unbekannte Fremde zu ziehen, viel Komplimente und machten uns Geschenke an Früchten und Blumen. Währenddessen kamen auf kleinen Booten, die wie Nußschalen von den Wellen hin und her geschleudert wurden, einige Neger an und bettelten um Geld. Die mit all den für uns noch neuen Vorkommnissen schon vertrauten Passagiere warfen Münzen in das Wasser. Sogleich sprangen einige der nackten Gestalten in die Flut, den Kopf zu unterst, die Beine wie die Frösche nach oben streckend. Erst sah man noch die Fußsohlen im Wasser schimmern, dann verschwanden auch diese — plötzlich tauchten die schwarzen Köpfe an ganz anderer Stelle wieder auf, das Geldstück zwischen den Lippen. Noch eine Zeitlang erfreuten wir uns an dem Spiel — da ertönte das Signal zur Abfahrt. Jetzt ging es ohne Unterbrechung bis Swakopmund.

Während der zehn Tage, die unsere Reise noch dauerte, verkürzten wir uns die Zeit mit Spiel aller Art und dem Beobachten der Haifische, die immer neben dem Schiffe herschwammen und gierig alles verschlangen, was man ihnen zuwarf. Manchmal huschte ein Schwarm fliegender Fische wie eine Wolke über das Wasser, einer hatte sich auch auf unser Schiff verirrt und wurde neugierig betrachtet. Mehrmals sahen wir einen Wasserstrahl emporsteigen, einem Springbrunnen ähnlich, der von einem vorbeiziehenden Walfisch herrührte. Nachts erstrahlte über uns der wundervolle Sternhimmel des Südens, andere Gestirne als uns bisher daheim in Deutschland geleuchtet hatten.

Endlich in den letzten Tagen des August erreichten wir Swakopmund. Vorsichtig wurde gelotet, dann endlich Anker geworfen. Es war das erstemal, daß hier im deutschen Hafen gelandet wurde. Bisher mußten Menschen und Waren über den englischen Hafen Walfischbai nach dem Innern befördert werden. Von dem öden, kahlen Sandstreifen, der Küste, hoben sich die Umrisse einer Wellblechbaracke ab. Dort wurden die Offiziere der Truppe untergebracht. Ein Boot führte den Major von François und Herrn von Bülow an Bord. Sie waren sehr erfreut über die Truppenverstärkung und erkundigten sich, wer von den Passagieren das Schiff hier verlassen wollte. Die meisten gingen in Swakopmund an Land. Uns allen las noch am letzten Abend unseres Zusammenseins der finnische Missionar mit seiner gebrochenen Aussprache des Deutschen den Psalm „Hebe deine Augen auf", und gab meiner Mutter, mit dem Wunsche für eine sorglose Zukunft in Südafrika, ein finnisches Brot, von welchem die Missionare von ihrem Mutterhaus mit auf den Weg bekommen. Dies Brot hat sich noch bis heute unverändert erhalten.

Der letzte Tag vereinigte alle Herren in dem Wellblechhause am Strande zu einem Trunke. Als zu dem kredenzten Champagner keine Gläser vorhanden waren, nahm man rasch entschlossen Blechtassen, als auch diese schnell vergriffen, leere Marmeladenbüchsen — so hilft man sich in Afrika.

Endlich waren die Soldaten an Land gebracht, die Waren gelöscht, und nun fuhren wir, unsere Familie, die Braut des Doktor R. und Missionar Savola auf unserer „Marie Woermann" einige Stunden südlich nach Walfischbai. Kaum lag das Schiff im Hafen, so nahte sich ihm ein Boot mit drei sehr korpulenten Herren besetzt, die freundlichst uns zulachend die Schiffstreppe erklommen; auch wir musterten belustigt die behäbigen Gestalten, deren Korpulenz uns als ein günstiges Omen für die Güte und Nahrhaftigkeit des Landes erschien.

Auch hier in Walfischbai wurden der Dünung wegen die Passagiere ans Land getragen. Kaum lag das kleine Boot, da umschlangen uns vier bis acht braune magere Arme und wir wurden von den Topnaar-Hottentotten, die unweit Walfischbai ihr Dasein fristeten, ans Ufer gesetzt. Eine kleine hölzerne Kirche, etwa sieben ebensolcher Wohnhäuser und einige Lagerschuppen — das ist Walfischbai. — Kein Halm Gras, kein Busch ist weit im Umkreis zu sehen, nur Sand und Wasser. Die einzigen Lebewesen an dieser öden Küste sind Millionen von Flamingos, die am Morgen entlang dem Strande im seichten Wasser stehen und schöne rosa Tinten in das einförmige Gelb des Sandes bringen. — —

Beim Missionar Böhm bezogen wir zwei nette freundliche Zimmer; denn einige Tage mußten wir uns voraussichtlich noch aufhalten, bis die schon von Deutschland aus für uns bestellten Wagen eingetroffen waren. Mit den Töchtern des Herrn Böhm machten wir häufig Spaziergänge an der Küste entlang. Aber das Gehen in dem tiefen Sande ermüdete sehr, und trotz der Wintermäntel fror uns.

In Walfischbai sein Leben verbringen zu müssen, erscheint mir schrecklich: am Vormittag dichter Nebel, abends große Kälte, der feine Sand die Luft erfüllend und alle Gegenstände in den Häusern bedeckend, keine Pflanze, kein Tier weit und breit zu sehen; Abwechslung brachten damals nur der alle fünf Wochen von Kapstadt kommende kleine Dampfer und die Fracht ins Innere holenden Wagen. Welches Leben kam durch unsere Ankunft in die sonst so ruhig dahinlebende Einwohnerschaft!

Am ersten Tage wurde die Hochzeit des Herrn Doktor R. gefeiert. Wir öffneten in Eile eine Kiste und entnahmen ihr unsere Garderobe. Der Trauung in dem kleinen Kirchlein folgte ein Diner in dem Hause des Landungsagenten Koch, zu welchem auch der Magistrat Mr. Cleverly und Frau geladen waren. Ich erinnere mich noch heute lebhaft der interessanten und drolligen Mitteilungen meines Tischnachbars, der mir unter anderen Kuriosa sagte, daß man hier in Afrika die Ochsen in den Schwanz beißen müsse, wenn sie nicht ordentlich ziehen wollten; er habe dies oft getan, und auch wir würden es tun müssen, ferner: daß hier die Böcke Milch geben (auch dieses hat seine Richtigkeit, denn die Ziegen werden hier „Bokies" genannt). Nach dem Diner wurde ein Lagerraum der Firma Mertens u. Sichel schnell geräumt, einer der Hochzeitsgäste drehte einen Leierkasten, und wir tanzten; so waren die ersten Tage in Südwestafrika recht vergnügt und angenehm.

Wir waren voll Begierde, alles Neue kennen zu lernen, Leben und Treiben, Sitten und Gebräuche der hier Wohnenden. Morgens versammelten sich die Eingeborenen im Hause des Missionars zu einer kleinen Andacht, an der auch die weißen Hausgenossen teilnahmen. Ein europäisch gekleideter Farbiger spielte dabei auf einem Harmonium einen Choral; dann gingen alle an die Arbeit. Einmal überraschten wir Frau Missionar Böhm in ihrer Küche, umgeben von ihrer schwarzen Dienerschaft; vor ihnen auf dem Tische lag eine ungeheure Menge Fett aufgehäuft, das von einem geschlachteten Kapather (Ziegenhammel) stammte, dessen Fleisch von vielen Leuten dem Schaffleisch vorgezogen wird. In Walfischbai ist frisches Fleisch rar. Die Schlachttiere müssen immer erst weit aus dem Innern hergeholt werden, und durch das Treiben verlieren sie natürlich viel an Gewicht.

Was uns in Walfischbai als spezifisch afrikanisch in der Hauseinrichtung auffiel, waren die aus weißen, roten und schwarzen Ziegenfellen in sehr hübschen Mustern zusammengesetzten Decken, mit denen Fußboden und Sitze belegt waren. Andere Decken, sog. „Karossen" aus Schakal-, Luchs-, Wildkatzenfellen lagen auf den Betten und den großen Stühlen. Als Wandverzierung sahen wir in den Häusern allerlei Gehörne von Kuddu, Gemsbock, Wilde- und Hartebeest, Spring- und Steinbock.

---

2. Zwei Wochen im Ochsenwagen.

Endlich nach dreitägigem Warten kamen die Ochsenwagen und nun gings ans Aufladen. Am liebsten hätten wir alles mitgenommen, aber wenn auch die afrikanischen Wagen viel tragen, — gar zu voll durften wir sie nicht packen. Sie sollten doch mehr als vierzehn Tage lang auch unsere Wohnung bilden, und so schwer entbehrlich uns so manches Stück erschien, wir mußten uns darein finden, es mit den übrigen Sachen erst Monate später nachgeschickt zu erhalten; denn auf jedem Wagen mußte wenigstens ein Platz frei bleiben, wo wir abwechselnd in der Nacht liegen konnten. Der Europäer kann sich kaum eine Vorstellung von solch einem Wagen machen. Auf den unglaublich schweren, oft ganz aus Eisen bestehenden Rädern ruht das etwa einen Meter breite, kastenartige Obergestell, das mit einer Plane überzogen ist. Vorn an der Deichsel ist das Joch befestigt, an dem die Achter-(Hinter-)Ochsen ziehen und das lange Tau (oder die schwere eiserne Kette), an welchem in bestimmter Entfernung die anderen Joche angebracht sind, je nach der Zahl der Ochsen, (bei zwanzig Tieren zehn Joche). Vorn auf dem Wagen steht die Vorkiste, die gewöhnlich die für die „Pad" (Reise) notwendigen Eßwaren, den Tabak, Streichhölzer, Messer und Gabeln, die Emailbecher und -Teller und die Löffel enthält. In einer der beiden Seitenkisten liegt das Kochgerät: Töpfe, Dreifuß, Kaffeemühle und Wasserkessel. In der anderen Kiste hat der Treiber das für die Reise notwendige kleine

„Treckzeug“: „den Vorschlag“, — ein Stück Leder, gewöhnlich von Kuddufell, aus dem die feinen Streifen, die unten an die Swip (lange Peitsche) gebunden sind, um beim Schlagen das Knallen hervorzubringen, geschnitten werden, — eine Büchse „Chries“ (Wagenschmiere), die „Dummkrach“ (Wagenwinde) und die „Dissel“ (besondere Art Beil). Unter dem Wagen sind die Schöpfeimer und ein Spaten; hinten stehen zwei Fässer mit Trinkwasser für die Fahrt.

Wir verabschiedeten uns von unseren freundlichen Wirten. Jeder in Walfischbai gab noch eine kleine Wegzehrung mit: ein Brot, ein Töpfchen Schmalz, gebrannten Kaffee, damit uns fürs erste die Mühe des Brennens erspart bliebe, auch einige Bücher, und Apfelsinen, die aus Kapstadt stammten. Die Ochsen waren eingespannt. Wir kletterten auf die Wagen, meine Eltern und Lieschen auf den einen, Käthe und ich auf den zweiten, und dann — „Hott Hott, Vormann Royland, fatt fatt“ — los ging die Reise. Voll Interesse sahen wir dem Wagenpersonal zu: da war zunächst der Treiber, dem die Verantwortung der Fahrt oblag, es ist dies gewöhnlich ein Bastard, seltener ein Hottentott; Kaffern und Hereros sind als Treiber nie gut zu gebrauchen. Unser alter Hans Cosper schwang seine lange Swip über den Häuptern der zwanzig Ochsen, kannte jedes Eigenart und ermunterte ihn durch einen Swipschlag oder durch Rufen des betreffenden Namens. Ein guter Treiber darf die Peitsche nur zum Knallen, nicht zum Schlagen der Tiere gebrauchen. Wie amüsierte uns zuerst dies: „Treck Treck, Hott Hott! Royland, Royland — Moyfeld, Moyfeld, Ringhals, Buntdruck“, und so fort. Ist die Fracht schwer oder sind die Ochsen träge, so geht noch ein Eingeborener mit einer „Mackoß“ (kurze kleine Peitsche) neben den Achterochsen her und ermuntert diese, sich schärfer ins Joch zu legen durch Schlagen oder durch das bei den Leuten sehr beliebte Stechen mit dem Peitschenstiel in die Flanken des Tieres, während der Treiber die Vorderochsen schärfer herannimmt. Der sog. Tauleiter weist diesen letzteren den Weg, indem er ein um ihre Hörner geschlungenes Tau in der Hand, ihnen vorangeht.

Käthe und ich saßen auf der Vorkiste und tauschten unsere Eindrücke aus. Plötzlich kletterte der alte Hans Losper zu uns herauf und verlangte auch ein Plätzchen. Es wurde ihm gewährt. Die Pfeife im Munde, teilte er seine Aufmerksamkeit zwischen den Ochsen, mit diesen ununterbrochen sprechend und einem Stückchen Plattentabak, das er in kleine Stücke schnitt, zu feinem Pulver zerrieb und in seine Pfeife stopfte, die er dann anzündete. Mit welchem Behagen, welch tiefen Zügen wurde der süßlich duftende Rauch eingesogen! Wir zogen uns in den Wagen zurück, uns war der Geruch unangenehm und Hans Losper zu bitten, den Wagen zu verlassen, wagten wir nicht. Fürs erste fand unsere Neugier und Erwartung keine Nahrung, und von dem fortwährenden Gerüttel und Geschüttel ermüdet, nickten wir allmählich im Sitzen ein.

Etwa nach drei Stunden erwachten wir; es wurde Halt gemacht. Die Leute spannten ihre Ochsen aus und lagerten sich bei den Wagen um ein schnell entfachtes Feuer, das mit aufgesammeltem trockenen Kuhdünger, der etwa wie Torf glimmt, genährt wurde. Wir füllten schnell ein Gefäß mit dem aus Walfischbai mitgeführten Wasser und bereiteten uns den Kaffee. Die Eingeborenen setzten auch für sich einen großen Topf mit Wasser aufs Feuer und empfingen die „Kost", etwas Fleisch und pro Person einen Becher Reis — die halbe Ration für den Tag. Während wir nun unseren Kaffee aus den Emailbechern tranken und dazu ein Schmalzschnittchen verzehrten, wurden wir von den Eingeborenen auf das Genaueste betrachtet. Es entging ihnen keine Bewegung und mit dem ausgeprägten dramatischen Talent ahmten sie uns, glaubten sie sich unbeobachtet, jede Miene, jede Geste nach. Anscheinend sehr merkwürdig kamen ihnen unsere langen Haare vor, besonders Lieschens starker

Zopf. In Erwartung der Kost stimmten sie ein Lied an, einen Choral, der ihnen gewiß von Missionaren gelehrt worden war. Wir waren erstaunt über das Gehör, das sie dabei bewiesen, denn sie sangen die Choräle mehrstimmig, und ihre tiefen vollen Stimmen klangen prächtig zusammen.

Die frische feuchte Luft verriet uns noch die Nähe des Meeres. Der nächste Abend fand uns unweit eines Berges, dessen nackte, kahle Felsenwände durch tiefe Risse und Spalten zerklüftet waren; der Mond war aufgegangen, und schauerlich und gespenstig genug sah in diesem Lichte die Gegend aus.

Nach weiteren Märschen durch ganz vegetationslose Gegenden erschien endlich kleines Gestrüpp und niedriges Dornengesträuch auf dem sandigen, ausgedorrten Boden; die Felswände traten immer näher an den Weg heran, schlossen ihn zuletzt eng ein, und wie durch eine Pforte gelangten wir in ein Tal, von einem „Rivier" (Fluß) durchzogen. Kurze Zeit vor unserer Ankunft in Südwestafrika war ein starker Regen im August gefallen und hatte einzelne Wasserlachen im Rivier zurückgelassen. Nachdem unter einem der großen Bäume ausgespannt worden war und wir unser frugales Mahl zu uns genommen hatten, begaben wir uns auf Entdeckungsreisen. Am Ufer des Flußbettes wuchsen lange Binsen und allerlei Gesträuch. Hohe alte Kameldorn- und Anabäume waren von üppigem Schlinggewächs umrankt, und im tiefen Gras halb versteckt lagen trockene Baumstämme; auch Tierleben war zu bemerken: wir fanden eine abgelegte Schlangenhaut und einzelne Vögel flatterten umher. Die ganze Landschaft war ein genußreicher Anblick für unser bisher so wenig verwöhntes Auge und dies Tal des Usab dünkte uns wunderbar lieblich.

Bei der Rückkehr zum Wagen fanden wir unsere schwarzen Begleiter in Decken gewickelt um das Feuer liegend; die brennende Pfeife ging von Mund zu Mund, und faul und lässig sahen sie dem Feuer und dem Abkochen ihres Mahles zu, das aus Reis und Fleisch bestand. Auch starken Kaffee gab es, der ihnen durch Zusatz von braunem Zucker und Salz äußerst schmackhaft erschien; nur für unseren Gebrauch waren einige Dosen von Pfunds kondensierter Milch mitgenommen worden. Im Verlaufe der Reise gaben wir ab und zu den Leuten ein Restchen von unserem Tee, etwas Schmalz für ihren Reis, ein wenig Brot: das erkannten sie dankbar an und erzeigten sich für solche kleinen Aufmerksamkeiten gefällig und williger.

Schwierig war natürlich für uns die Verständigung mit den Leuten. Unser Treiber zwar sprach Holländisch, doch ist dies südwestafrikanische Holländisch so korrumpiert, mit Brocken der verschiedensten afrikanischen Idiome durchsetzt, daß man es schwer verstehen kann. Die übrigen Leute bei den Wagen sprachen teils Herero, teils Namaqua. Hier in Usab sollte einen Tag gerastet werden, damit die Ochsen sich erst von den Anstrengungen der „schweren Pad" durch den Wüstensand erholen und für die kommenden Strapazen bei guter Weide und Tränke stärken könnten. Auch für das Wagenpersonal waren diese Trecks schwierig und ermüdend gewesen. Bald lagen alle in tiefem Schlafe um das Feuer. Auch wir begaben uns zur Ruhe. Trotz der zusammengeduckten, gekrümmten Stellung, in der wir des Raummangels wegen liegen mußten, schliefen wir bald ein. Nur meine Mutter, welche die fremde, mondbeschienene Landschaft, die unheimlichen Schatten, auch die Sehnsucht nach der Heimat und die veränderte Situation sehr erregten, konnte keinen Schlaf finden und hielt, an den Wagen auf und ab gehend für uns Wacht, denn gefahrlos war das Rasten auf dem einsamen Platze keineswegs; wir hatten gehört, daß die Hottentotten unter ihrem Führer Hendrik Witboy aufständisch waren, daß sie erst kürzlich eine Wagenkolonne, die von Walfischbai gekommen war, überfallen, ausgeraubt und das Personal getötet hatten.

Am nächsten Morgen kam plötzlich ein Reiter herangesprengt. Major von François hatte ihn abgesandt, mit der Weisung, daß wir bis zur letzten Haltestelle zurückkehren und die Reise unter dem Schutz des Militärs fortsetzen sollten.

Unsere Treiber widersetzten sich anfangs; sie glaubten, gerade im Schutz des Militärs größeren Gefahren ausgesetzt zu sein, da Hendrik gewiß die Truppe angreifen würde, während wir, die wir doch offenbar nicht mit kriegerischen Absichten nach Windhoek zogen, unbehelligt bis dorthin kommen würden. Uns aber erschien der militärische Schutz vorzuziehen, und nach langem Hin und Her gelang es uns, die Leute, die hier in der Einöde unsere eigentlichen Herren waren, zur Umkehr zu bewegen. Die Ochsen wurden herbeigeholt, der Treiber des zweiten Wagens erklomm noch eine Anhöhe, um uns sogenanntes afrikanisches Edelweiß zu pflücken. Es war dies das einzige Mal, daß ich etwas von Aufmerksamkeit und zarterer Empfindung bei einem Eingeborenen fand.

Bei unserer Ankunft auf dem tags vorher erst verlassenen Ausspannplatz trafen wir die Truppe mit ihren Offizieren und die meisten der mit uns herübergekommenen Familien. Unsere bangen, unausgesprochenen Befürchtungen waren verflogen, als wir uns im Schutze so vieler junger deutscher Krieger sahen und die Vorsichtsmaßregeln unseres umsichtigen landeskundigen Führers, des Majors von François kennen lernten. Patrouillen ritten die Gegend ab, Wachen wurden ausgestellt; setzte sich unsere Kolonne in Bewegung, dann ritt ein Teil der Truppe an der Spitze, ein anderer zu beiden Seiten, und außerdem wurde jedem Wagen ein Soldat zur eventuellen Verteidigung beigegeben. Unter diesem Schutze vergaß man die Gefahr, und so gelangten wir von Wasserstelle zu Wasserstelle, alle mit dem gemeinsamen Ziel: Windhoek.

Sobald Halt gemacht wurde, wozu man die großen, schattenspendenden Bäume aussuchte, bekam jeder Wagen von dem voranreitenden Unteroffizier seinen Platz angewiesen. Dann begann für uns die Arbeit, die Bereitung des Essens. Es war keine Annehmlichkeit, in der glühenden Sonnenhitze bei rauchendem Feuer zu stehen und dabei immer sorgfältig auf die Kleider achten zu müssen, daß diese nicht von den im Winde flackernden Flammen ergriffen wurden. Zu stopfen gab es überhaupt täglich: die Dornsträucher oder aus den Wagen herausstehende Nägel rissen uns manches Dreieck, und trotz aller Achtsamkeit beim Kochen waren unsere Kleider voll runder Brandlöcher. Überdies fühlte man sich stets unsauber; Waschwasser gab es nur wenig; zwei Personen hintereinander mußten dasselbe benutzen, und trotz unserer vermeintlichen großen Sparsamkeit sahen unsere Eingeborenen mit scheelem Blick auf die Wasserverschwendung. Auch alles sonstige Toilettemachen war schwierig und mangelhaft ausführbar; man mußte hier nicht nur die Eitelkeit, sondern auch das gewöhnlichste Ordnungs- und Reinlichkeitsbedürfnis unterdrücken. Kurz, der Mühseligkeiten gab es genug.

Aber eigentümlich reizvoll waren die Abende auf dieser Reise. Ringsum leuchteten die hellodernden Feuer, um welche sich dunkle Gestalten bewegten; hier und da hob sich ein Baum vom prächtig gestirnten Firmament ab, dabei die Luft so lautlos und unbewegt. Eingeborene lagen um die Feuer gruppiert, die rauchende Pfeife weitergebend und sich lebhaft von den Erlebnissen und Beobachtungen des Tages unterhaltend. Wir Weißen besuchten einander, es wurden viele deutsche Volkslieder gesungen, man schwatzte und lachte und vergaß beim Zauber dieser gemütlichen Abende mitten in der afrikanischen Wildnis die Gefahr, in der man sich doch eigentlich stets befand. Da, eines Abends, als wir später als sonst Rast gemacht hatten, hörten wir plötzlich Schüsse. Große Bewegung entstand im Lager, eilig liefen alle durcheinander, die Feuer wurden ausgelöscht, die Gewehre knatterten, und dazwischen hörten wir die Stimme des Leutnant Lampe: „Alle Weißen hierher!" Jeder möchte diesem Rufe folgen, aber die Dunkelheit der

Nacht und das niedrige Gestrüpp hindern ihn. Wir, meine Eltern und Geschwister, drängen uns zusammen, verlieren aber bald die Richtung; schwarze und gelbe Eingeborene begegnen uns überall in eiligem Schritt, und bang fragen wir einander, ob es wohl Feinde seien oder unsere Wagenbegleiter. Da stoßen wir auf einen kleinen Wall, schnell ducken wir uns, und nach einer kurzen Spanne Zeit, die uns in Erwartung des nun Kommenden eine Ewigkeit dünkt, lassen die Schüsse nach, man hört lauteres Sprechen, und bald scheint alles ruhig zu sein. Wir gehen wieder zu den Wagen zurück, einer fragt den andern: „Was ist's? Was gab's?“ — Aber niemand weiß es, oder vielmehr niemand will es sagen. Nach einer unruhig zugebrachten Nacht frugen wir die Offiziere, was dieses nächtliche Schießen zu bedeuten gehabt hätte, — einer sagt, es sei eine Übung gewesen, der andere, ein Posten habe auf Paviane geschossen, diese für Hottentotten ansehend; es wird selbst abgestritten, daß der Ruf: „Alle Weißen hierher!“ ergangen sei; noch ein anderer sagt, der Posten habe berittene Hottentotten gesehen, und zwar so deutlich, daß er auf einigen Pferden zwei Gestalten sitzend genau erkannt habe. (In dieser Weise reiten die Hottentotten vielfach.) Jahre später erzählte Witboy selber, daß seine Leute uns auf der Reise heimlich begleitet hätten.

Nach einigen Tagen gab es neuen Schrecken: wir passierten den Engpaß von Horebis, wo etwa vierzehn Tage vorher vier Wagen, die von der Küste her Fracht für den Kaufmann Schmerenbeck gebracht hatten, von Hottentotten überfallen, ausgeraubt und verbrannt worden waren und die Begleiter niedergemacht. Welch schrecklicher Anblick bot sich uns an dieser Stelle: Hier standen die Überreste der verbrannten Wagen, geleerte Konservenbüchsen en masse lagen umher; ein Stückchen weiter — was war das nur? — war es nicht die kopflose Leiche eines Menschen, die dort lag? — Stumm gingen die Leute unseres Wagens vorüber; sie sagten uns dann, es seien Verwandte und Bekannte gewesen, die hier niedergemacht wären. — Wie wird sich unser Schicksal hier im dunklen Erdteil gestalten? — Diese bange Frage stieg wieder und wieder in uns auf.

Endlich kamen wir in dem uns so gepriesenen Otjimbingue an. Die Illusion, Otjimbingue sei eine Stadt, wurde uns allerdings sofort genommen; es gab damals nur etwa sechs Häuser, die Kirche und das Kommissariatsgebäude.

Vor dem Hause der Familie Hälbich, wo wir ausspannten, stand Fräulein Klara, die Tochter der Besitzerin, im sauberen Kattunkleide und lud uns ein, ins Haus zu kommen. Wir stiegen in sehr derangierter Toilette vom Wagen und waren glücklich, uns nun endlich von dem entsetzlichen Schmutz und Staub befreien zu können. Dann boten uns die gastfreien Wirte alle möglichen Genüsse und Erfrischungen an. Es gab prachtvollen Kuchen, und ein uns jetzt reich dünkendes Mittagessen wurde aufgetragen. In dem Hause machten wir auch die Bekanntschaft des Otjimbinguer Hererohäuptlings Zacharias, der gekommen war, die Soldaten zu sehen und die weißen Frauen kennen zu lernen. Wir erstaunten über die ungeheure Länge des Kapitäns und seine schlappe Haltung. Ungefragt setzte er sich an einen Tisch, verlangte Wein und trank ihn gierig aus.

Bald genug waren die angenehmen Stunden unseres Aufenthalts im Hälbichschen Hause verflogen. Zwei junge Mädchen aus Otjimbingue, Fräulein Baumann und Fräulein Redeker, hatten uns reizende Blumen aus ihren Gärten gebracht. Von Hälbichs bekamen wir noch allerlei Wegzehrung mit, und dankbar verabschiedeten wir uns von der liebenswürdigen Familie.

Wir alle ersehnten das Ende der Reise. Der Weg sollte nun zwar durch eine freundlichere Gegend führen, doch bot sie wenig Reize; nur der Graswuchs war besser und Bäume und Sträucher erschienen uns grüner. Immer wieder erwogen wir im Stillen die Frage: „Was kann dies arme Land dem Ansiedler bieten, wie ihm seine Mühe lohnen?" —

In Groß-Barmen empfingen wir den Besuch der umwohnenden Hereros. Da war ein würdiger Alter nur mit einem bunten Schlafrock bekleidet, ein rotes Tuch um den Kopf geschlungen; ein anderer trug nur eine zerlumpte Hose, wieder einer nur eine Jacke und einen alten Hut, die meisten hatten nur den landesüblichen Schurz vorgebunden. Auch Frauen mit dem seltsamen Kopfschmuck der Hererodamen kamen herbei.

Alle bettelten um Tabak, und es half nichts, zu versichern, man habe keinen; mit größter Dreistigkeit untersuchten sie unsere Kleidertaschen, bis wir jedem ein Stück des heißbegehrten Plattentabaks verabreichten, und „danki, danki" uns zurufend, setzten sie sich alle in einiger Entfernung nieder und erzählten sich ihre Beobachtungen.

---

3. Ankunft in Windhoek und häusliche Einrichtung.

Am 16. Oktober, nach fast dreiwöchiger Reise, kamen wir endlich in Windhoek an. Vor uns lagen die damals sehr wenigen Häuser, von der stolzen roten Festung etwas überragt, gleichsam von ihr behütet; den Abschluß der weit sich ausdehnenden Landschaft bildeten die kühn geformten Berggipfel des Auasgebirges. Wir machten noch kurzen Halt vor dem Store (Kaufladen) der Firma Mertens u. Sichel und erreichten nach einer Stunde endlich das Ziel unserer Reise: Klein-Windhoek.

Hier hatte mein Vater im Jahre vorher ein Grundstück erworben, auf dem sich ein fast ganz zerfallenes Haus befand, das vor Zeiten der Sitz eines Missionars gewesen war. Der letzte Bewohner mußte mit seiner Familie vor einem feindlichen Hottentottenstamme fliehen. Neun Jahre hatte das Haus darauf leer gestanden; Paviane hatten darin gehaust, bis es, schon halb zerfallen, Soldaten zum Wohnsitz dienen mußte. Als wir hinkamen, sah es wieder ganz freundlich aus. Es war schön verputzt worden und hatte ein neues Wellblechdach bekommen. In den Zimmern war der hölzerne Fußboden frisch hergestellt, unter dem Rohrdach, um dieses zu verdecken, weißes Tuch gespannt, so daß nun drei Dächer übereinander waren, infolgedessen es sich im Sommer sehr kühl hielt. Unter dem Hause war ein Keller, oben befanden sich sechs Räume, von denen zwei besonders sehr groß waren. Einer derselben war unser Wohn- und Eßzimmer, daneben kam die Anrichtestube, dann die Küche mit Speisekammer. Sogar noch einen Bodenraum gab es, eine Seltenheit in Afrika; wir benutzten ihn aber fast nie, da er schwer zu erklettern und die Hitze dort oben kaum auszuhalten war. Das Schönste an dem Hause war die prachtvolle Veranda, die in ganzer Länge der Front mit Wein überzogen war und uns noch ein Zimmer vollständig ersetzte.

Nach unserer Ankunft im neuen Heim wurden zunächst die Kisten von den Wagen geladen und ausgepackt, dann die Zimmer eingerichtet. Wir widmeten uns diesem Geschäft mit großer Freudigkeit, bewunderten jedes mitgebrachte Stück und dünkten uns schließlich mit den Gartenmöbeln, dem mit starkem Krepp überzogenen Sofa und den Portieren aus gleichem Stoff wunderbar fein eingerichtet für afrikanische Verhältnisse. Wir hatten ja schon die Bescheidenheit des dortigen Komforts kennen gelernt und haben uns selbst nie Besseres ersehnt. Später wurde in Windhoek ein förmlicher Luxus in Zimmereinrichtung sowohl, wie in Garderobe eingeführt. Wir haben nie mitgetan. Der große Frachtsatz und der unglaublich hohe Zoll verteuerten alle Einfuhrartikel so, daß man die Lust verlor, sich Sachen aus Deutschland kommen zu lassen.

Wir waren also verhältnismäßig schnell und bequem

2*

eingerichtet. Viel schwieriger gestaltete sich der Anfang für die übrigen mit uns herübergekommenen Familien. Nur die Familie von Karnap hatte noch das Glück, ein fertiges kleines Haus, allerdings für hohen Preis, kaufen zu können. Die anderen Familien mußten sich im Anfang mühselig genug durchhelfen. Sie alle waren in dem frommen Glauben, sofort auf die Farm ziehen zu können, ins Land gekommen; doch schon in Swakopmund war ihnen Kunde geworden von Hendrik Witboys jüngsten Mordtaten, und daß vorläufig an ein ruhiges Farmerleben nicht zu denken sei. Es blieb ihnen nichts weiter übrig, als sich fürs erste in Windhoek niederzulassen. Mittelstaedts kauften sich nach und nach eine Viehherde zusammen, und bei äußerst sparsamer Haushaltung erzielten sie von Einnahmen aus Milch, Butter und Eiern Überschüsse. Sie wohnten wohl gegen zwei Jahre in einem kleinen Zelt, dann zogen sie in das auf ihrer Farm Elisenheim bei Windhoek erbaute Haus. Die Familie Heyn eröffnete bald die erste Restauration in Windhoek, die besonders in den ersten Zeiten sich großen Zuspruchs erfreute. Das Gebäude, in welchem sie sich befand, war zuerst ein aus Ried (Schilf) hergestelltes Haus, bis das große Heynsche Etablissement, aus Lehmziegeln gemauert, fertiggestellt und eingeweiht werden konnte. Boysens setzten sich in Groß-Windhoek fest und eröffneten einen Store (Laden) mit Ausschank.

---

4. Unsere farbigen Dienstboten.

Für uns bot sich nun ein reiches Feld der Tätigkeit: da mußte die Küche, das Haus, die Wäsche besorgt werden, dann wieder gabs im Garten zu tun, nachmittags wurde gestopft und genäht; daneben machte uns die schwarze Dienerschaft viel zu schaffen. Besonders schwierig war das Anlernen, da die Eingeborenen ja keinen Begriff von dem

Gebrauche irgend eines Handwerkzeuges hatten und wir uns schwer mit ihnen verständigen konnten. Zunächst mußte immer unsere alte Waschfrau Galatea, die ein wenig Holländisch verstand, die Dolmetscherin sein. Galatea war eine ältere Hottentottenfrau, für uns ein Bild der Häßlichkeit, für ihre Stammesgenossen aber mit allen von ihnen geschätzten Schönheitsmerkmalen begabt: dem unglaublichen Fettpolster, dem gelben faltenreichen Gesicht, den listigen schief geschlitzten Augen und der breiten platten Nase. Sie war uns als Waschfrau empfohlen worden von einem Herrn, der unter der farbigen Einwohnerschaft Windhoeks sich eines hohen Ansehens erfreute und ein „moy mister" (guter Herr) war; denn nach Ansicht der Eingeborenen mußte er sehr reich sein, da er eine ziemliche Körperfülle besaß und als Proviantverwalter die Kost zu verteilen hatte.

Unsere Galatea, deren eigentlichen Namen wir nicht auszusprechen vermochten, hatte aus einer langen Reihe Namen, die wir ihr vorschlugen, diesen schönsten für sich erwählt. Sie behielt ihn auch, so lange wir sie kannten, unter den übrigen Eingeborenen. Galatea war uns äußerst interessant durch ihr lebhaftes Mienenspiel; wie konnte sie ihre Augen verdrehen, so verliebt und neckisch uns ansehen, wenn wir ihr ein kleines Gläschen „suppi" (Schnaps) anboten, wie unsagbar komisch wirkte ihr vorwurfsvoller Blick und die immer länger wachsende Schnute, wenn sie sich in der Erwartung eines „Präsentes" getäuscht sah! Sie zeigte uns ihre Gefühle, den Ausdruck der Freude und des Mißfallens durch ihr mehr oder weniger überlautes Geschnalze und ihre lebhaften Bewegungen.

Mit der Zeit lernten wir die am häufigsten sich wiederholenden Befehle in Namaqua: „harre" — komm, „matire" — gib her, „eina uha" — hole Holz, usw.; nur die Schnalzlaute ersparten wir uns, da sie in Verbindung mit den Konsonanten zu schwer auszusprechen sind. Es soll deren vier geben, und ein und dasselbe Wort kann durch die verschiedenen Schnalzer vier verschiedene Bedeutungen haben. Die Namaquasprache ist nicht sehr wortreich, trotzdem haben sie nur wenige Weiße erlernt, dagegen sprechen viele die Hererosprache fließend.

Durch Galateas Vermittlung bekamen wir nach und nach die übrigen Arbeiter. Da war zunächst unser Viehhirte, ein Bergdamara mit faltenreichem Gesicht, dünnen Beinen und Armen und einem unverhältnismäßig dicken Leib. Abusseb hieß er; es war ein drolliges Männchen, der schon vorher bei einem Weißen in Dienst gewesen sein mußte; denn eines Abends, als wir wie gewöhnlich das Melken der Kühe beaufsichtigten, überraschte er uns mit einer an die Tiere gerichteten Flut von Schimpfworten: elender Kaffer, dummer Esel, verfluchtes Viech usw. Seine Frau Sophia trug beständig ein kleines Kind im Fell auf den Rücken gebunden, von dem nur der im Schlaf wackelnde Kopf und auf jeder Seite ein Beinchen hervorguckten. Abusseb und Sophia hatten eine ganze Schar Kinder, teilweise hüteten diese die wenigen Bokies ihres Vaters, teilweise trieben sie sich, ein rechtes Ärgernis, umher, stahlen die sehnsüchtig erwarteten Eier meiner Hühner, naschten im Garten und trieben Unfug. Eines Tages, als ich nach dem Hühnerstall eilte, um den Tribut meiner Hühner schnell in Sicherheit zu bringen, hörte ich von weitem das enttäuschte Gackern einer Henne, beim Näherkommen sehe ich meine vor etwa sechs Tagen gesetzte Bruthenne schimpfend und schreiend vor ihren Eiern stehend, die ein böser Bube nach dem Austrinken wieder ins Nest gelegt hatte. Der Missetäter war gewiß nicht weit; richtig, da lag er, anscheinend im tiefsten Schlafe, unter einem Baume. Um ihn strafen zu lassen, führte ich ihn nach dem Hause. Einem gelinden Klaps folgte ein lautes Geheul, worauf bald die Eltern scheltend herbeistürmten und in derselben Nacht unter Mitnahme der übrigen Dienerschaft verschwanden. In der Folgezeit passierte uns dies noch recht häufig. Bei dem geringsten Anlaß, der sich ihnen bot, verließen sie die Werft mit Kind und Kegel. Besonders Leute, die sich des Besitzes einiger Ziegen erfreuen, sind unbeständig im Dienst; sie bilden sich ein, durchaus nicht genötigt zu sein, für ihren Unterhalt zu sorgen, denn Wild kann man sich zur Genüge in Schlingen fangen, auch kleine, süße Beeren finden sich hier und da, und dann gräbt man sich mit spitzen Stöckchen Onchies aus dem harten Lehmboden (die Onchies sind ein zwiebelartiges Gewächs, das im Geschmack der Kartoffel ähnelt und manchmal fußtief in der Erde gefunden wird), und reicht das alles nicht aus, um den „Penz" zu füllen, so wird eben der Leibriemen einige Löcher enger geschnallt, — wozu sich also Sorge machen um kommende Tage! Wie unbequem ist doch die Arbeit, darum: hinaus, heidi, in die frohe Ungebundenheit und die sonnige Freiheit!

Durchaus keine Kleinigkeit ist es dann, neue Leute zu bekommen. Mit Windeseile spricht es sich herum, daß dieser oder jener Dienstherr seine Arbeiter schlecht behandelt hat, ihnen zu wenig zu essen gegeben oder zu viel von ihnen verlangt habe. Eine Flasche Schnaps und ein Präsent dem Kapitän der Bergdamaras in Windhoek, der den schönen Namen Schafskopf führt, gegeben, verhalfen uns gewöhnlich zu neuen Leuten. Übrigens sind die Kaffern im großen und ganzen leicht traitabel und willig, und es gehört nicht viel dazu, solch Bergdamaraherz zu erfreuen.

Mein Vater legte nach und nach einen Garten an. Zu Zeiten des Missionars war die Umgebung des Hauses gewiß ein schön gepflegtes Stückchen Land gewesen, dessen Ertrag zum Unterhalt seiner Familie und seines Dienstpersonals ausreichte. Dann hatten die Soldaten kleine Versuche mit Anlegung von Gemüsepflanzungen gemacht, später aber hatte das Land brach gelegen und war nicht mehr zu unterscheiden von dem umliegenden Urboden. Zuerst galt es, die Quelle, die mitten durch das allem Anscheine nach schöne Gartenland floß, zu öffnen, um sie ergiebiger zu machen, dann einen Kral um das Land, das mein Vater in Kultur nehmen wollte, zu errichten, (Kral ist eine Einzäunung eines Stückes Land mit gefällten Dornbüschen) Samenbeete anzulegen, das wuchernde Queckengras und die kleinen Sträucher zu vernichten und die Bäume auszuroden. Der Wein wurde aufgebunden und die gar zu üppig wachsenden Feigensträucher verstutzt — kurz, es gab überreichlich zu tun.

Einen vorzüglichen Arbeiter hatte sich mein Vater in einem jungen Bergdamara herangezogen; es war ein stämmiger Bursche, Jan mit Namen, der im Besitze von vier Ziegen war und sich den Luxus, zwei Frauen zu haben, gestattete. Dazu gehörte natürlich eine große Kinderschar und Sorgen genug muß es ihm wohl bereitet haben, bei diesem Kinderreichtum selbst satt zu werden. Als eines Tages ein Kind starb, kam Jan freudestrahlend zu meinem Vater, bittend, ihn für einen halben Tag zu beurlauben, um sein Kind zu begraben. Am Abend kam der liebevolle Papa Jan in äußerst fröhlicher Stimmung nach Hause, und wir vermuteten, daß er auf irgend eine Weise sich ein Schlückchen Schnaps zu verschaffen gewußt hatte.

Die Familie Jan war, als sie bei uns in Dienst trat, frisch aus dem „Felde“ gekommen. Es herrschte die allgemeine Ansicht, daß diese noch nicht von der Kultur beleckten Eingeborenen am brauchbarsten und anspruchslosesten sind. Sie trugen denn auch noch die Nationaltracht: ein Schurzfell, die Frauen etwas größer, die Männer kleiner. Sehr beliebt waren kleine bunte Glasperlen, mit denen sich sowohl Männer wie Frauen schmücken. Eine von Jans Schönen hatte eine Kette aus merkwürdig grünbraunen Perlen. Auf unsere Frage, woraus diese beständen, sagte sie voll Stolz, sie habe sie selbst angefertigt aus Harz, Kuhdünger und Bucko, dem Parfüm sämtlicher Eingeborenenstämme, das sie aus einer Pflanze durch Zerreiben gewinnen, und dessen Geruch für unsere europäischen Nasen äußerst unangenehm ist. An den Armen tragen die Frauen oft zwanzig und mehr Ringe aus Eisen, Kupfer oder Messing, die, wie ich hörte, von Ovambos angefertigt werden.

Nach und nach schaffen sich die Leute für ihren Lohn die Kleidung an, zunächst Hemd und Schuhe, dann Hose und Hut, von allem nur ein Stück, das, ermahnt man sie nicht zur Reinlichkeit, so lange ungewaschen getragen wird, bis es tatsächlich in Fetzen vom Leibe fällt. Nur die Hose wird geflickt und zwar möglichst farbenreich, so daß zuletzt der ursprüngliche Stoff kaum noch aus den Flicken heraus zu erkennen ist. An die Garderobe seiner Frau denkt der Mann zuletzt, wie er überhaupt bei allen Eingeborenenstämmen den Vorrang hat; er ist der „Mensch", während sie nur „das Frumensch" ist. Hemden sind wenig bekannt bei den Frauen; sie erhalten am Schlusse des Monats Stoff zum Kleid, — Bergdamaras bevorzugen Blaudruck — Futter dazu, Garn und „Knoppjes". Eine Hottentottenfrau macht gewöhnlich nach demselben Maß und Schnitt das „Leiviki" (Leibchen) mit angesetztem Rock und nimmt für ihre Mühe gern einen Becher Reis oder ein „Trechsel" Kaffee als Bezahlung. Meist aber bereichern sich diese Hottentottinnen auf Kosten der Länge und Weite des Kleides mit einem Stück Zeug, ergaunern nach und nach andere Flicken dazu und fertigen sich dann so farbenreich als möglich ein Kleid nach echtem Hottentottengeschmack.

Im Anfang unseres Dortseins kleideten wir die Leute bei ihrem Dienstantritt vollständig ein. Doch erwies sich diese Einrichtung als unpraktisch; entweder entliefen sie uns plötzlich über Nacht unter Mitnahme der Garderobe, oder sie vertauschten dieselbe gegen minderwertige bei anderen Leuten, und kein Mittel half, diese Unsitte zu verhüten.

Einmal sollte eine größere Anzahl zufällig vorbeireitender Herren und Damen auf unserer Veranda mit Kaffee bewirtet werden, und die von uns neu eingekleidete, mit großer Geduld angelernte Kafferin Katharina war beauftragt, die Tassen herauszubringen. Wer beschreibt unsern Schrecken und das allgemeine Amusement, als sie erscheint, das neu geschenkte Kleid gleich einer Pelerine um die Schultern geworfen, den Kopf durch den Rockschlitz gesteckt und über unser Lachen mit weit aufgerissenem Munde staunend! Die übrige Kleidung bis auf den Schurz hatte sie vergessen anzulegen. Und doch war diese Katharina sehr gelehrig und erreichte in der Folgezeit einen für Kaffern hohen Grad der Ausbildung, freilich unter Anwendung vieler Mühe von unserer Seite. Aber als wir uns dieser Erziehungsresultate zu freuen hofften, war sie eines schönen Morgens mit Gatten, Kindern, Kochtöpfen und Fellen verschwunden. Im „Pontok" (Hütte) glühte noch ein Stückchen Holz und ein elender magerer Hund lag als einziges lebendes Andenken dabei; das „Brotverhältnis" hatte ihn nicht an seine Herrschaft gefesselt, denn diese armen Hunde erhalten von den Kaffern kaum einen Bissen zu fressen; wahrscheinlich leben sie von Mäusen, Eidechsen und sonstigem kleinen Getier.

---

5. Beunruhigung der Kolonie durch Hendrik Witboy.

Der Hottentottenkrieg nahm noch immer seinen Fortgang, und für die ungenügend berittenen, den Strapazen noch nicht gewachsenen Soldaten war die Art, wie Hendrik Witboy Krieg führte, sehr anstrengend. Nicht im offenen Kampfe stellte er sich ihnen entgegen; er ließ beladene Wagen überfallen und plündern, kleinere Abteilungen Soldaten aus guten Verstecken beschießen, Viehherden von der Weide treiben — kurz, selbst in Windhoek war man vor dem kühnen Raubgesindel nie seines Lebens und Eigentums sicher. In Windhoek wurde natürlich tüchtig von den Soldaten geübt, öfter Alarm geblasen und auf markierte Feinde geschossen. Nachdem noch eine Schutztruppenverstärkung eingetroffen war, rückten fast alle verfügbaren Mannschaften nach dem Süden ab unter Führung des Majors von François, um den Feind, der sich in der Nauwkloof verschanzt haben sollte, dort anzugreifen. Inzwischen hatte Windhoek nur einige Mann Besatzung unter Leutnant v. H. Jeder von den vereinzelt wohnenden Ansiedlern traf Vorsichtsmaßregeln; wir mußten ja stets auf einen Überfall der Witboys gefaßt sein. Eines Abends wurden wir und unsere Nachbarn, S., durch Schüsse von Windhoek her alarmiert. Die Männer bewaffneten sich, die Frauen sollten sich in den Keller verstecken, alles lief in Verwirrung hierhin und dorthin, wir Frauen saßen im dunklen Zimmer angstvoll beisammen, bis ein Bote, den mein Vater ausgeschickt hatte, uns nach langem, bangem Warten die Nachricht brachte, Leutnant v. H. habe mit der Besatzung eine Übung abgehalten, — also war unsere Angst und Aufregung überflüssig gewesen. Doch haben Hendriks Leute Windhoek tatsächlich öfter aufgesucht und Vieh gestohlen. Aber da sie von den Posten bemerkt wurden und auf sie geschossen wurde, wagten sie es nicht, bis in den Ort hereinzukommen.

---

6. Unser Viehstand.

Hauptsächlich hatten Witboys Leute es wohl auf das Vieh abgesehen, und als nach Ausbruch der Lungenseuche in Groß-Windhoek auch unser Rindvieh geimpft und auf einen Isolierposten in einiger Entfernung von Windhoek gebracht werden mußte, waren wir in beständiger Angst, daß es uns von dort gestohlen würde. Wir hatten auch prachtvolle Tiere, unser Stolz. Mein Vater hatte als Erster den Versuch gemacht, europäisches Vieh zu importieren, um die einheimische Art zu verbessern. Unser Simmenthaler Bulle Muni hielt sich zwar leider schlecht: die dürftige

Weide, das harte Gras, vor allem die steinigen Wege sagten ihm nicht zu. Er mußte besonders gepflegt werden, erhielt täglich seine Suppe und womöglich Eier, aber trotz aller auf ihn verwandten Mühe wurde er nur magerer und ging nach zwei Jahren ein. Allein der Nachwuchs schlug prachtvoll ein, und die Halbschlagbullen waren sehr begehrt. Auch die Milchergiebigkeit der halbblütigen Kühe war bedeutend höher, als die der einheimischen Rassen. Ein deutscher Landwirt würde es wohl für eine Übertreibung halten, wenn man ihm sagte, daß wir trotz einer Herde von sechzig Kühen einige Monate im Jahre hindurch kaum die notwendige Kaffeemilch hatten. In der Regenzeit, in der zum großen Teil die Kälber geboren werden, ist der Milchertrag reichlicher, jedoch immerhin gegen europäische Verhältnisse äußerst gering. Dies mag wohl seine Hauptursache in der spärlichen Weide haben; auch ist das afrikanische Vieh im Vergleich zu unserem bedeutend kleiner und schwächer gebaut, besonders das von den Hereros gezüchtete „Damara"vieh, bei dem selten eine Kuh ein höheres Schlachtgewicht erreicht als 3½ Zentner.

Mein Vater versorgte das Impfen unserer Rinder selbst, denn einen Tierarzt gab es damals drüben noch nicht. Er nahm dazu nicht, wie dies bisher üblich war, ein Stück einer kranken Lunge, um es einem gesunden Tiere einzusetzen, bei welcher Manier ein hoher Prozentsatz stets einging, sondern er impfte zuerst nach europäischem Muster mit dem Lungenwasser. Die Erfolge waren sehr günstige, und bald nahmen die anderen Ansiedler diese Art des Impfens an. Während unsere Rinder auf dem Isolierposten in Eros standen, entbehrten wir natürlich vollständig Milch und Butter. Um uns den Genuß der frischen Milch zu verschaffen, gingen wir öfters nach dem etwa 2½ Stunden entfernten Eros, das hinter einer runden Bergkuppe liegt. Beim Hinabsteigen vom Hügel sahen wir dann das friedlich weidende Vieh. Nur vereinzelt standen dort niedrige Bäume, aber der Graswuchs in dem Tal war damals sehr schön. Der Anblick der Tiere gewährte uns immer ein Gefühl der Befriedigung und Erleichterung; denn stets waren wir in Furcht, sie könnten uns von den raublustigen Hottentotten gestohlen sein. In der Nähe hatten sich unsere Leute Hütten erbaut. Wie elend und erbärmlich sahen diese Bergdamara-Pontoks aus! Sie bestehen aus dicht aneinander in den Boden gesteckten Bäumen des sogenannten Fahlbusch, die oben zusammengebunden werden; dies Gerippe wird mit alten Säcken, Blech, Papier und Lumpen überdeckt. Mich erinnert die Bauart dieser Wohnungen an die der Sperlingsnester, während die Hererohütten, deren Wände außen und innen mit einem Gemenge von Lehm und Kuhdünger, das sehr bald erhärtet, dicht bestrichen werden, an die Bauart der Schwalbennester erinnern.

Als kurz vor dem Weihnachtsfeste unsere Rinderherde wieder zurückkehrte, begrüßten wir sie mit großem Jubel; wir kannten jedes Stück und hatten jedem einen Namen gegeben. Eine von uns Schwestern beaufsichtigte gewöhnlich das Melken, und die Art wie das geschieht, kam uns anfangs recht sonderbar vor. Der Hirt schleicht sich den Kühen mit einem Riemen bewaffnet an und schlingt diesen mit großer Schnelligkeit um die Hinterbeine, das Kalb wird aus seinem Stall oder Kral herausgelassen, und nachdem es angesogen, besorgt eine Frau das Melken, indem sie fortwährend das herbeidrängende Kalb mit einem Stock abwehrt. Denn wie die Eingeborenen behaupten, geben die Kühe nur Milch, wenn sie ihre Kälber bei sich haben. Sehr bösartige Kühe werden mit einem um die Hörner geschlungenen Riemen an einem Baume festgebunden und oft eine ganze Nacht so stehen gelassen; durch diese Behandlung sollen sie „mack" d. h. zahm werden. Im Quälen der Tiere sind die Eingeborenen überhaupt erfinderisch. Sollen die Kälber z. B. von ihren Müttern abgesetzt werden, wird ihnen ein Dornenzweig durch die Nase gebohrt; bei jedem Versuch zu fressen oder zu trinken stoßen die armen Tiere an das Holz, und das verursacht ihnen selbstverständlich große Schmerzen. Besonders zu bedauern sind die Tiere, die zu Reitochsen herangebildet werden. Zunächst werden dazu lauter einjährige Kälber ausgebildet, denen ebenfalls ein kleiner Pflock durch die Nase getrieben wird, an dessen beiden Enden man Riemen befestigt, und durch häufiges Ziehen an demselben erweitert man das durch die Nase gebohrte Loch. Junge Hereros besorgen das Zureiten dieser Kälber mit großem Vergnügen; sind die Tiere ermüdet und legen sich hin, so werden sie mit Dornenruten so lange geschlagen, bis sie wieder aufstehen, oder der Schwanz wird gekniffen und nach allen Richtungen gedreht, bis unter entsetzlichem Gebrüll die Tiere aufspringen.

Ebenso grausam gehen die Eingeborenen mit ihren Pferden um; außer bei den Bastards sieht man daher bei keinem Eingeborenen ein gutgehaltenes Pferd. Oft haben sie hinten auf dem Rücken große eiternde Druckstellen, die beim Sattelauflegen nie berücksichtigt werden, oder die Gelenke sind unförmig geschwollen. Welche Kraft und Leistungsfähigkeit steckt dabei in den kleinen Pferdchen, wenn sie vernünftig behandelt werden! Man sagt, daß europäische Pferde ihnen oft die Touren nicht nachmachen könnten, die sie leisten. Leider gehen alle Jahre viele Pferde in der Regenzeit an einer Krankheit ein, die „Sterbe" genannt wird. Nur wenige Tiere überstehen dieselbe, und diese immunen Tiere werden als „gesalzene" besonders hoch bezahlt. Das Wesen der Sterbe ist noch zu wenig erforscht, und es gibt noch kein sicheres Mittel zu ihrer Bekämpfung und Heilung. Die Krankheit tritt besonders an Orten auf, an denen starker Tau fällt; daher sind hochgelegene Weideplätze meist sterbefrei, doch gibt es deren leider nur sehr wenige. Vom Dezember bis Mai werden die Pferde dorthin gebracht.

---

7. Teure Preise. — Weihnachten.

Wir hatten, um Verlusten zu entgehen, bald unsere Pferde wieder abgeschafft und mußten, um Einkäufe in Groß-Windhoek zu machen, den Weg immer zu Fuß zurücklegen. Es war oft unbeschreiblich heiß, die Fußsohlen brannten uns beim Gehen über die von der Sonne den ganzen Tag beschienenen Steine. Der Weg war schattenlos, dabei führte er bergauf, bergab; auch die Hauptstraße in Windhoek, an welcher die Stores oder Kaufläden liegen, ist vollständig schattenlos.

In solch einem afrikanischen Store gibt es alles zu kaufen: Schuhwaren, Heringe, Bekleidungsstücke jeder Art, Seife, Eisen, Holzwaren, Getränke — dieses der am besten gehende Artikel. Nur Waffen und Munition bekommt man nicht. Die Regierung hat das Monopol auf den Verkauf dieser Waren, und sie hat die Preise für dieselben konform den Lebensmittelpreisen in Groß-Windhoek angesetzt, d. h. mit ungeheurem Aufschlag.

Ein Geschäft mit so hohem Verdienste ist von seiten der Regierung ein Zeichen sehr geringer Kulanz. Die Stores allerdings müssen, um bestehen zu können, hohen Aufschlag nehmen; die Gehälter für ihre Angestellten und für die schwarze Dienerschaft sind sehr hoch; ferner hat ein Windhoeker Kaufmann sehr viel mit Verlusten zu rechnen, die ihm durch den langen Transport entstehen; die Lieferanten fordern für die gesandten Waren Zinsen, und in Afrika ist der Warenumsatz meist ein Kreditgeschäft. Bargeld gibt es nur wenig; hauptsächlich werden die entnommenen Waren mit Vieh bezahlt. Aber dem neu ins Land Gekommenen erscheinen die Preise enorm. So kostete 1893 ein Pfund Reis 80 Pf., ein Pfund Zucker 1 Mark, ein Paket Streichhölzer 75 Pf. bis 1 Mark, und wenn wir mit einem Zwanzigmarkstück nach Windhoek gingen, um kleine Geschenke einzukaufen, etwa einen Gürtel, etwas Band und Toilettenseife, so brachten wir gewiß nicht viel Geld zurück.

Auch zu Weihnachten fielen unter diesen Verhältnissen die Geschenke schmal aus, und da das Fest in die heißeste Jahreszeit fällt, ist es unmöglich, sich zu einer so frohen Weihnachtsstimmung aufzuschwingen, wie zu Hause in Deutschland. Wir richteten uns zwar alljährlich ein Christbäumchen her, so gut es möglich war: die Äste und Zweige eines hübsch gewachsenen Dornenbäumchens wurden mit wildem Spargel umschlungen und dann mit Kerzen und Lametta ausgeputzt. Kleine Kuchen wurden gebacken, gebrannte Mandeln und Konfekt fabriziert und das ganze Zimmer mit Schilf und Oleanderblüten ausgeschmückt. Unsere kleinen Geschenke lagen schön geordnet auf der Tafel. Wenn wir dann die Kerzen an dem Bäumchen angezündet und unter den Klängen des Weihnachtsliedes: „Stille Nacht, heilige Nacht", das ich auf dem Klavier begleitete, unserer schwarzen Gesellschaft zunächst einbeschert hatten — sie erhielten Kleidungsstücke, Kuchen, „Leckers" (Süßigkeiten) und eine Flasche Schnaps, die stets schon von ihrem Eintritt an der Brennpunkt ihrer begehrlichen Blicke war — setzten wir uns unter den kleinen Weihnachtsbaum, bis die Lichter herabgebrannt waren; dann löschte Lieschen eine Kerze nach der andern aus, wir sahen ihr zu, und in wehmütiger Stimmung an vergangene Christfeste in der Heimat denkend, gingen wir hinaus auf die Veranda und saßen still beieinander auf den Stufen der breiten Treppe, die in den Garten führte — es war keine rechte Weihnachtsfreude bei uns eingekehrt.

---

8. Wechsel in der Verwaltung 1894. — Getäuschte Friedenshoffnung.

Es nahte sich Neujahr 1894, und mit dieser Jahreswende sollte auch ein Wechsel in der Verwaltung unserer Kolonie eintreten. Der von Soldaten und Ansiedlern so sehr verehrte Major von François, dessen unermüdliche Tätigkeit und Anspruchslosigkeit jeder bewunderte, trat seinen Urlaub nach Deutschland an, von dem er leider nicht wieder zurückkehrte; doch hat er stets dem Lande sein warmes Interesse bewahrt.

Am Geburtstage unseres Kaisers traf der neue Gouverneur ein, Major Leutwein. Nach dem im Hofe der Kaserne abgehaltenen Gottesdienst nahm er die Parade ab. Es war spaßig, und Herr Leutwein konnte es als ein günstiges Vorzeichen für seine Regierung nehmen, daß bei Abnahme dieser Parade, als Leutwein sich zum erstenmal den Einwohnern von Windhoek zeigte, eine Schar schwarzer und gelber Borstentierchen langsam vor der Front auf und ab marschierten und eines davon dem neuen Gouverneur freudig grunzend entgegenlief.

Den im Anfang des Jahres 1894 herübergekommenen tapferen Soldaten und Offizieren hatten wir den Frieden mit Hendrik Witboy im September 1894 zu verdanken. Er war teuer genug erkauft, viele der tapferen Streiter hatten ihr Leben lassen müssen, besonders die letzten Gefechte bei der Naukloof hatten viel deutsches Blut gekostet, und die gesamte Bevölkerung des Schutzgebietes trauerte um die gefallenen Helden. Ihnen errichtete man einige Jahre nach dem Friedensschluß in Windhoek ein Denkmal, das alle, die jene Kriegszeit im Schutzgebiet durchlebten, stets an viele angstvoll verbrachte Stunden und an den Dank mahnen wird, den die deutschen Kolonisten den tapferen Soldaten schuldeten.

Nachdem die freudige Kunde von dem Friedensschluß sich verbreitet hatte, begann ein regeres Leben überall. Die aus dem Feldzuge zurückkehrenden Soldaten setzten ihre ersparte Löhnung schnell in Umlauf. Die Windhoeker Stores, besonders die verschiedenen Gastwirtschaften, erfreuten sich in den ersten Tagen schöner Einnahmen; Produkte der Garten- und Viehwirtschaft fanden reißenden Absatz. So war auch in geschäftlicher Beziehung ein flotteres Leben eingetreten, und manch einer schmiedete goldene Pläne. Jedoch nirgends in der Welt tritt ein schnellerer Wechsel ein als gerade in dieser südwestafrikanischen Kolonie. Bald genug drangen Gerüchte von neuen Unruhen unter den Eingeborenen zu uns. Im Osten, unweit Gobabis, hatte man eines Tages Reiter, anscheinend Hottentotten und Hereros, in großer Zahl bemerkt. Der im ganzen Lande berüchtigte Häuptling eines Namastammes „Vledermuis" war mit einigen seiner Leute in ein Stationsgebäude, in welchem nur wenige Mann sich befanden, eingedrungen und wollte die Gewehre entwenden. Die Soldaten töteten die Räuber, erwiderten aber nicht die Schüsse der draußen harrenden Hottentotten. Diese verließen auch bald den Ort, machten sich aber von nun an oft unangenehm bemerkbar, indem sie der Truppe und den im Osten wohnenden Ansiedlern Vieh stahlen. Windhoek lag zwar von den Wohnplätzen dieser räuberischen Eingeborenen ziemlich entfernt, immerhin konnte man aus den kleineren Unruhen und vielen Äußerungen der farbigen Bevölkerung deren böse Gesinnung den Weißen gegenüber deutlich genug erkennen. Ein Aufstand sämtlicher Eingeborenen war nicht ausgeschlossen. Ein Feldzug gegen die Leute des getöteten Vledermuis und seine Verbündeten wurde zwar mit einem Friedensschluß beendet, aber die hinterlistigen, raub- und mordlustigen Hottentotten hielten den Frieden nicht; im Anfang des Jahres 1896 hatten sie wieder einen Aufstand der Ost-Hereros angezettelt und sich ihnen angeschlossen.

---

9. Eine berittene deutsche Schulmeisterin.

Bevor ich meine Erinnerungen an diese neue Kriegszeit niederschreibe, muß ich noch von einer friedlichen Mission erzählen, die mir übertragen worden war. Wir waren, wie ich anfangs erwähnte, mit mehreren Familien, die ihre Kinder mitbrachten, herausgekommen; auch in Windhoeks nächster Umgebung befanden sich Familien mit Kindern. Es stellte sich natürlich bald das Bedürfnis nach einer Schule ein; denn die Eltern, die anfangs ihre Kinder allein zu unterrichten beabsichtigt hatten, wurden von ihren Geschäften zu sehr in Anspruch genommen, und als man erfuhr, daß ich vor unserer Ausreise nach Afrika das Lehrerinnenexamen gemacht hatte, wurde ich von ihnen durch Herrn von Lindequist aufgefordert, die Schule in Windhoek zu übernehmen. Ich ging auf die mir gestellten Bedingungen ein und erklärte mich auch damit einverstanden, den Unterricht in Groß-Windhoek abzuhalten, da die größere Anzahl der Schüler dort wohnte und sich auch dort am ersten ein Raum als Schullokal herrichten ließ. Die Regierung stellte mir zu dem täglich zurückzulegenden Wege ein Pferd zur Verfügung. Dieses Tier war wohl das unbrauchbarste, welches unter den Truppenpferden zu finden war, brandmager und mit großen Druckstellen auf der Sattellage. Erst nachdem es vier Wochen bei uns im Garten mit Luzerne und Gras gefüttert und die Wunde täglich ausgewaschen worden war, konnte ich es nach Windhoek reiten. Ich kam mir so als berittene Schulmeisterin äußerst komisch vor. Meine jüngste Schwester Lieschen und ich teilten uns in die Benutzung des Pferdes; entweder den Hin- oder Rückweg mußte eine von uns nebenher laufend zurücklegen.

Diese täglichen Märsche waren sehr anstrengend in der heißen Zeit. Im ganzen hatte ich anfangs neun Schülerinnen und zwei Schüler von fünf bis dreizehn Jahren, von denen zwei Kinder, fünf- und sechsjährige, in Afrika geborene kleine Mädchen, einen täglichen Schulweg von einer Stunde auf einem Esel reitend zurücklegten. Jedes der Kinder gehörte eigentlich in eine Klasse für sich, und leicht war es nicht, den Wünschen der Eltern gerecht zu werden. Zwar hatten wir die einzelnen Fächer festgesetzt, Herr von Lindequist hatte mit den Eltern darüber verhandelt; es sollten Sprachen, Geschichte, Geographie, Rechnen, Religion,

3*

Schreiben, Lesen usw. gelehrt werden, aber die Anforderungen der Eltern gingen doch zu weit auseinander. So sagte eines Tages ein Vater zu mir: was brauche sein Kind von Geographie und Geschichte zu wissen, die Kenntnis, daß Berlin die Hauptstadt von Deutschland sei, genüge für sie. Das Gegenstück: eine Mutter erzählte, daß sie mit elf Jahren schon Teile aus Egmont ins Französische übersetzt habe und wunderte sich, daß ihre Tochter noch nicht so weit sei. Doch schaffte ich mir mit der Zeit den Eltern gegenüber eine Aalhaut an.

Als Schullokal war ein Zimmer im Gouvernementsgebäude äußerst primitiv hergerichtet. Da standen drei Tische, einige Stühle und ein Harmonium. Dieses letztere war ein historisches Instrument, ein Beutestück aus dem Hottentottenkriege. Bei der Belagerung von Hoornkrans hatte es einen Schuß durch den Balg bekommen, und einige Töne versagten daher; trotzdem machte mir das Spielen auf dem Harmonium, das vordem von den gelben Fingern Samuel Isaaks, des Schulmeisters der Hottentotten, gemeistert worden war, Spaß, und öfters ließ ich die Kinder zu meinem Spiel singen, die fehlenden Töne durch meine Stimme ersetzend.

Die Schulstunden waren oft reich an Komik, aber auch an Ärger. Doch mühte ich mich redlich mit meinem Unterricht und freute mich sehr, als bei einem mir erst kurz vorher angekündigten Examen, bei dem Herr von Lindequist unvorhergesehene Fragen in Geschichte, Sprachen und Rechnen stellte, die Kinder gut beschlagen waren. Das Schullokal wurde später öfters gewechselt. Von dem Gouvernementsgebäude wurde es in das Haus des einen Schulvorstandes, Herrn Schmerenbecks, verlegt, dann nach Klein-Windhoek in ein leer stehendes kleines Gebäude. Dorthin bekam ich endlich Schulbänke für die Kinder und eine Wandtafel. Die Zahl der Schülerinnen schwankte inzwischen; einige waren abgegangen, dafür traten neue ein, darunter eine

Engländerin und einige Burenmädchen, so daß die Schule auch noch eine „sprachlich gemischte" wurde. An den jungen Burendamen hatte ich wenig Freude; sie zeichneten sich durch entsetzliche Dummheit und Unsauberkeit aus, aber ich lernte ziemlich viel holländisch von ihnen, was mir später sehr zu statten kam.

Im nächsten Jahre sank unser Schullokal noch eine Stufe tiefer, da das bisher dazu dienende Häuschen anderweitig gebraucht wurde, und der Unterricht wurde zuletzt in einem fenster- und türlosen Raum eines Gebäudes auf dem Grundstück meines Vaters abgehalten.

---

10. Unser Gartenbau und seine Feinde.

Während ich den Vormittag in der Schule zubrachte waren meine Mutter und meine Schwester im Hause tätig, und mein Vater arbeitete rastlos im Garten. Der Gartenbau hatte sich beträchtlich ausgebildet. Täglich wurden Boten abgefertigt, die Gemüse und Obst, was die Jahreszeit gerade bot, zum Verkauf nach Windhoek brachten. Die Truppe und einzelne Familien waren die Abnehmer für alle in Klein-Windhoek gebauten Früchte. Doch war schon damals trotz der nur kleinen in Kultur genommenen Landflächen zeitweilig ein solcher Überfluß einzelner Gemüse und Obstsorten vorhanden, daß man sie mit Schaden verkaufen mußte. Noch deutlicher trat der Übelstand des zu kleinen Absatzgebietes in späterer Zeit zutage, als sich mehr Gartenbautreibende in Klein-Windhoek niederließen und die Truppe oft Monate von Windhoek abwesend war.

Die Preise sanken infolge der Konkurrenz unaufhörlich. So kostete bei unserer Ankunft ein Pfund Kartoffeln 75 Pfg., sogar eine Mark wurde gezahlt, und heute sind die Preise bis auf 30 Pfg. gesunken, was ja nach deutschen Verhältnissen noch immer ein recht hoher Preis ist. Ähnlich verhielt es sich mit den Gemüsen. Immerhin hatte ein sparsamer in Klein-Windhoek Gartenbau treibender Ansiedler sein gutes Auskommen. Aber mit welchen Mühen und Entbehrungen hatte er zu kämpfen und wieviel Ärger mit den Eingeborenen mußte er in Kauf nehmen! Wie oft ging die erwartete Ernte verloren! Im Jahre 1895 erfror uns der Wein in der Blüte, und es gab daher nur wenig Trauben; dann wieder tat der Sonnenbrand viel Schaden. Früh und abends mußte der Garten begossen werden. Das ließ sich zwar bei den in Terrassen angelegten Beeten mit der ziemlich ausgiebigen Quelle leicht und bequem bewerkstelligen, jedoch verdunstete das Wasser auf dem von der Sonne durchglühten Erdboden so schnell, daß es zentimeterhoch stehen mußte, um die Pflanzen wirklich zu erquicken.

In Deutschland kennt man gar nicht all die Gartenfeinde, mit denen wir zu kämpfen hatten. Oft wurden vier Saaten und mehr hintereinander von kleinen Käfern oder Würmern vernichtet, Springhasen, Erdmännchen, Mäuse zerstörten die Pflänzlinge. Dann kamen Heuschrecken in Zügen von mehreren hundert Metern Breite; das war die Hauptplage. Ob die Behauptung der Eingeborenen, daß die Heuschrecken stets sieben Jahre hintereinander erscheinen, um dann die nächsten sieben Jahre sich verborgen zu halten, zu Recht besteht, kann ich nicht beurteilen; doch genossen wir das zweifelhafte Vergnügen ihres Besuches in den ersten sechs Jahren meiner Anwesenheit, während ich sie in den letzten fünf Jahren nicht mehr sah. Es gibt zwei Arten dieser unangenehmen Gäste: eine springende oder laufende, welche die Infanterie genannt wird, sie ist die kleinere Art — und eine fliegende, größere: die Kavallerie. Wir gaben der letzteren den Vorzug. Durch unermüdliches Jagen, viel Spektakel und Anzünden von Feuern gelang es uns, allerdings nur mit größter Ausdauer, sie von den Anpflanzungen fern zu halten. Diese Heuschrecken kamen plötzlich mit dem Winde an, in solchen Mengen, daß sie die Sonne verdunkelten. Nur selten zogen sie über die grünen Abhänge des sehr verlockenden Windhoeker Tales hinweg. Gewöhnlich ließen sie sich hier nieder, und nachdem sie jedes grüne Hälmchen vertilgt hatten, verschwanden sie wieder. Sahen wir diesen Besuch im Anzuge, so hieß es für uns, alles stehen und liegen lassen und beim Heuschreckenjagen helfen. Wir bewaffneten uns mit großen Tüchern, Klingeln, Topfdeckeln, und jeder erhielt sein Bereich, das er vom Feinde säubern mußte, angewiesen. Schreiend und mit den Tüchern schwenkend liefen wir dann in unseren Bezirken umher; war die Stimme heiser geworden, so griffen wir zu den Spektakelinstrumenten. Alle Eingeborenen, deren wir habhaft werden konnten, vom Greise bis zum kleinsten Kinde, mußten an der Jagd teilnehmen. Wer an diesen Tagen die Klein-Windhoeker Straße entlang kam, an welche die Gärten grenzten und die quiekenden und kreischenden Stimmen hörte, dabei die Tücher schwenkenden Gestalten sah, mußte annehmen, in die Nähe einer Irrenanstalt geraten zu sein, wenn er nicht die Veranlassung zu diesem Gebaren kannte.

Erst sobald die Sonne gesunken war und die Heuschrecken sich gelagert hatten, konnten wir nach dem Hause zurückkehren und unsere ermüdeten Körper und Geister ausruhen und erfrischen. Oft noch auf unserem Nachtlager schien es uns bei geschlossenen Augen, als schwirrten die Heuschrecken um unsere Köpfe herum. Gewöhnlich mit Sonnenaufgang am nächsten Morgen zogen die unliebsamen Gäste in der Windrichtung ab.

Schwieriger noch war das Aus-dem-Felde-schlagen der Infanterie. Diese hielt sich tagelang in derselben Gegend auf und ließ sich durch nichts vertreiben, bis alles Grün aufgefressen war. Oft saß das Ungeziefer mehrere Zentimeter dick übereinander auf den Sträuchern und dem Boden und bewegte sich hüpfend immer in einer Richtung vorwärts, von der es nicht abwich. Aus der Vogelperspektive muß solch ein von der Infanterie heimgesuchtes Stück Land wie eine braune Decke erscheinen, welche sich langsam über die Vegetation breitet. Sie traten zu Milliarden auf; da half kein Lärmmachen, kein Jagen, kein Feueranzünden. Das einzige Schutzmittel beim Herannahen der Tiere war, mit allen Hilfen, die einem zu Gebote standen, Gräben auszuwerfen; aus diesen konnten die Heuschrecken, einmal hineingeraten, nicht wieder herauskommen.

Außer diesen schlimmsten Gartenfeinden, welche die ganze Ernte in Zeit von einer Stunde vernichten können, kam noch eine ganze Reihe unangenehmer gefiederter Gäste in Betracht. Krähen und Savannenhühner scharrten die Samenkörner und Keime aus dem Boden, blaue Stare und ein größerer Vogel mit Federschopf am Kopfe fraßen die Feigen auf. Dieser sogenannte Papagei schreckte uns durch seinen eigentümlichen Ruf oft, wenn wir in Gedanken versunken durch den Garten gingen. Sein der menschlichen Stimme ähnlicher Schrei klang wie „Pfui" in den Ohren, und wenn man sich erschreckt nach dem vermeintlichen Störenfried umkehrte, dann erhob sich aus einem nahen Gebüsch mit lautem Flügelschlag ein grauschwärzlicher Vogel mit Papageienschnabel. Auf ihn und einen kleinen gelbäugigen Vogel, der in großen Schwärmen über die reifen Weintrauben herfiel, machte mein Vater erfolgreiche Jagden. Sehr schnell vergrößerten sich unsere Rebenpflanzungen. 1898 war ein besonders gutes Weinjahr; zentnerweise ernteten wir die Trauben, die in Windhoek im Januar reiften und die uns auf der Veranda förmlich in den Mund wuchsen. Die erst von meinem Vater gepflanzten Stecklinge auf dem Weinberge trugen prachtvoll. Da gab es mit Keltern für uns viel zu tun. Käthe hatte sich der Beschäftigung besonders angenommen. Sie fabrizierte auch sehr schönen Maulbeerwein, der gern getrunken wurde. Besondere Anerkennung aber fand der Traubenwein, und nachdem einige Flaschen davon auf die Ausstellung nach Berlin gesandt worden waren, erhielt mein Vater von Deutschland aus zwei Bestellungen, die er leider nicht mehr ausführen konnte, da er im Sommer 1898 starb, noch ehe er sich des Lohnes seiner mit unendlichem Fleiße ausgeführten Bodenkultur wirklich erfreuen konnte.

---

11. Mangel an Schießbedarf. — Drückende Zölle. — Stellung der Ansiedler.

Die Scharen lüsterner Vögel, die sowohl unseren Trauben als den Aussaaten so großen Schaden zufügten, würde mein Vater noch viel wirksamer haben bekämpfen können, hätten ihm stets genügend Patronen zur Verfügung gestanden. Aber selbst zu dem alten Lefaucheuxgewehre wurden die ihm gehörigen, mit Vogeldunst geladenen Patronen nach einer Bestimmung der Behörde auf der Feste zurückbehalten und ihm immer nur bis zu fünfzig Stück — ausnahmsweise einmal hundert Stück — zugeteilt. Diese Bestimmung, die Munition betreffend, ist eine sehr große Härte und machte unter der gesamten weißen Zivilbevölkerung viel böses Blut. Nicht nur daß auf Einführung der Waffen hoher Zoll lag und daß einzelne Modelle, z. B. das achtundachtziger Gewehr, überhaupt nicht geführt werden durften, außer von Angehörigen des Windhoeker Schützenvereins, sondern die Regierung hatte, wie gesagt, den gesamten Patronen- und Munitionshandel in Händen, und der Schießbedarf wurde durch den Aufschlag der Regierung unglaublich verteuert. Im Jhre 1895 wurden wir durch Einführung des Zolles beglückt, dem nur wenige Artikel entgingen; auf den meisten lag eine hohe Steuer, besonders auf den sogenannten Genußmitteln, zu denen auch Kaffee, Tee und Tabak gerechnet wurden. Gerade durch den letzteren Zoll hatte die Regierung wohl eine schöne Einnahme; denn nächst Proviant wird nichts mehr gekauft als Tabak. Jeder Schwarze und überhaupt der Eingeborene, ob Mann, ob Frau, raucht die Pfeife, und es ist üblich, jedem Arbeiter wöchentlich ein bestimmtes Quantum dieses meist in Platten gepreßten, ohnehin sehr teuren Tabaks zu verabfolgen. Daß nicht, wie die Beamten oft sagten, die Schwarzen den größten Teil aller Zölle zu tragen hatten, sondern die weiße Bevölkerung, ist ganz klar.

So groß auch unsere Freude war, wenn von den Verwandten aus Deutschland Pakete mit Kleidungsstücken oder Lebensmitteln für uns eintrafen, so groß war auch jedesmal beim Empfang unsere Entrüstung über den Zoll, den wir zu bezahlen hatten, und der gar nicht gering war; z. B. kostete ein Hut, ein paar Schuhe je eine Mark. Selbst die wenigen Ausfuhrartikel unterlagen einer Steuer: Straußenfedern, Felle und Gehörne. Wie gern hätten wir unsern Verwandten öfters eine Freude mit derartigen Sachen gemacht; aber die Lust dazu verging einem sehr bald, zumal wenn man noch die Umständlichkeit, mit der die Sendung verpackt werden mußte, kennen lernte. Nur die Waren, die für Missionare und Beamte eingingen, genossen Zollfreiheit; warum gerade für diese letzteren, blieb jedem ein Rätsel, da die Beamtengehälter ungeheuer hoch bemessen sind. Der ohnehin viel schwerer und mit seinem eigenen Gelde arbeitende Ansiedler mußte eben stets bluten und gehörte doch dabei nach einem berühmten Ausspruch „zum Proletariat der Kolonie". An Beamten wimmelte es in Windhoek. Durch die vielerlei Bevorzugungen, welche sie genossen, wurde ein riesiger Dünkel unter ihnen groß gezogen. Der gebildete Ansiedler, der drüben oft mit großen Verlusten zu kämpfen und ungewohnte, schwere Arbeiten zu verrichten hatte, um sich sein Brot zu verdienen, wurde von den Beamten, sogar den gewöhnlichen Schreibern, die doch sämtlich aus der Truppe hervorgegangen waren, herablassend behandelt und mußte manche Ungehörigkeit geduldig hinnehmen, um sich mit den Herren, in deren Händen es lag, ihn eventuell zu schikanieren, nicht zu verfeinden. Gewiß würden die Beamten den Ansiedlern die gebührende Achtung gezollt haben, wenn denselben von „oben" her mehr Aufmerksamkeit entgegengebracht würde, aber man unterstützte sie in keiner Weise in ihrem Vorwärtskommen. Der Ansiedler galt nichts, schon die Bezeichnung „Ansiedler" faßten manche als Beleidigung auf. Die Schwarzen dagegen galten alles, und sogar auf das Zeugnis dieser notorischen Lügner wurde ebensoviel, manchmal, wie man sagen hörte, mehr sogar gegeben, als auf das der Weißen.

---

12. Geselliger Verkehr. — Schwarze Gäste. — Der Hererokapitän Samuel Maharero als Freier.

In unserem Hause in Klein-Windhoek hatten wir beinahe täglich Besuch; Beamte, Offiziere, Kaufleute kamen von Groß-Windhoek, meist zu Pferde, herüber und verplauderten gern einige Stunden bei uns. So manchen Nachmittag und Abend brachten wir, auf der Veranda sitzend, in fröhlicher Gesellschaft zu. Waren musikalische Elemente unter den Besuchern, so sangen wir mehrstimmige Lieder, oder ich spielte auf dem Klavier. Dann umlagerten meist die Eingeborenen die Fenster und lauschten andächtig der Musik, für die sie sämtlich Verständnis haben. Bei einem lustigen Tanz sprangen sie lachend umher, es zuckte ihnen förmlich in den Gliedern; doch am beliebtesten schienen die Choräle, von denen ihnen viele Melodien bekannt waren. „Ach bleib mit deiner Gnade" singen selbst viele Heiden, und als ich eines Tages den Choral „Wachet auf" spielte, kam unsere damalige Katharina aus der Küche und sang leise mit: „Quak, Quak frenti, enti pyrin" usw., das wohl eine Übersetzung des deutschen Textes bedeutete. Der Schulmeister der Witboys, Samuel Isaak, der uns nach dem Friedensschluß öfters besuchte, bat stets darum, einige Choräle auf dem Klavier spielen zu dürfen. Der Hererokapitän Samuel legte mir eines Tages vier Mark auf den Tisch, mich bittend, ihm etwas vorzuspielen. Mein Vater belehrte ihn damals, daß es sich nicht schicke, einer Dame Geld anzubieten.

Samuel war oftmals unser Gast; aber wir waren von dieser uns zuteil werdenden Ehre durchaus nicht erbaut. Er konnte entsetzlich betteln, und wir glaubten, möglichst alle seine Wünsche erfüllen zu müssen, um nicht in Ungnade zu fallen. Auch von den Herren unserer Regierung wurde dieser schwarze Gast sehr kajoliert. — Als einmal wegen Erbfolge die Herero in Streit geraten waren und die deutsche Regierung sich auf seiten des ihr freundlich gesonnenen Samuel Maharero stellte, trafen viele Hererohäuptlinge in Windhoek ein und hielten sich, teilweise mit ihren Frauen, dort auf. Eines Abends brachten Herr v. L. und Leutnant T. uns schwarzen Besuch: Samuel Maharero, dessen einen Unterkapitän, den Kirchenältesten Johannes und den als Dolmetscher dienenden Schulmeister Wilhelm. Nach einigen Reden, wobei Herr v. L. das gute Einvernehmen hervorhob, welches zwischen den Deutschen und den Hereros bestünde, und den Wert, den man auf diese Freundschaft lege, worauf Samuel sich in gleichen Redensarten erging, lud mein Vater im Einverständnis mit den beiden Herren die ganze Gesellschaft zum Abendessen ein. Meine Mutter besorgte mit uns in Eile belegte Brötchen, dazu gab es Tee und hinterher kleine Fruchttörtchen. Während des Essens musterte Samuel uns drei Schwestern unaufhörlich. Nach angestellten vergleichenden Beobachtungen konzentrierte sich seine Aufmerksamkeit schließlich nur auf meine Schwester Käthe, und plötzlich kam er mit dem Wunsche heraus, sie möchte mit ihm nach seiner Residenz Okahandja gehen. Mich wollte er auch sehr gern haben, aber auf Käthe hatte er es besonders abgesehen. Meine Mutter fragte scherzend Samuel, wieviel „Beester" (Rinder) er ihr für ihre Tochter zahlen würde, und als er darauf erwiderte, sie hätte nur zu fordern, bis hundert wolle er geben, sagte meine Mutter, sein ganzer Beesterreichtum würde nicht ausreichen, um damit eine ihrer Töchter kaufen zu können. Es wurde darauf im spaßenden Tone hin und her geredet. Herr v. L. scherzte mit Käthe: „Gnädiges Fräulein, wenn Sie erst Fürstin in Okahandja sind und wir dann dort vorsprechen, so wollen Sie sich freundlichst erinnern, daß wir hier mit Ihnen verkehren durften.“ Ich tat im Spaß beleidigt, daß ich erst an zweiter Stelle begehrt wurde, worauf mir Samuel durch Wilhelm versichern ließ, daß er mich eben so gern in Okahandja haben würde. Nun fühlte sich der grauhaarige, baumlange Johannes veranlaßt, um Lieschen zu werben. Es war sehr spaßig und interessant, wie besonders Samuel sich bei Tische zu benehmen wußte, wie er aufpaßte, wie das Messer zu gebrauchen sei, wie er sich, wahrscheinlich mit Todesverachtung, des ihm von Leutnant T. sehr angepriesenen Mostrichs, Pfeffers, der Mixpickles bediente und seine schwarze Begleitung mit einem Zwinkern der Augen darauf aufmerksam machte, daß die kleinen Weinuntersetzer nicht zum Abstreichen der Zigarrenasche da wären usw. Nach dem Abendessen wurde ich gebeten, Klavier zu spielen, und die drei schwarzen Gäste brummten andächtig die Choralmelodien mit. Gegen elf Uhr empfahl sich dann die ganze Gesellschaft. Aber am nächsten Tage erschien Samuel wieder, und nachdem er eine Flasche Wein und etwas Tabak sich erbettelt hatte, spann er das Gespräch vom Tage vorher weiter fort. Mein Vater verabschiedete ihn darauf kurz. Bevor er aber das Pferd bestiegen hatte, kam er nochmals und hielt mir stumm seine Pfeife hin. Ich nahm dieselbe ohne Argwohn und legte sie in unserem Store auf den Tisch. Als ich beim nächsten Besuch des Herrn v. L. ihm davon erzählte, sagte er mir: „Sie hätten die Pfeife nicht nehmen dürfen; das Überreichen einer Pfeife an eine Frau bedeutet bei den Eingeborenen einen Heiratsantrag.“ — Ich hatte die ganze Angelegenheit längst vergessen, als eines Tages vor Ausbruch des Hererokrieges 1896 ein Kapitän zu mir kam und mich in Samuels Auftrag frug, ob ich die Pfeife noch besäße. Vor den Augen des Abgesandten gab ich dieselbe nun unserer schwarzen Küchenfee.

---

13. Neue Aufstände. 1896.

Bei den Hereros gilt eine besondere Regel in der Erbfolge: stets der älteste Sohn der ältesten Schwester des jeweiligen Häuptlings gilt als Nachfolger. Die deutsche Regierung hatte Nikodemus übergangen, zu Gunsten Samuels. Aus diesem Grunde war ersterer natürlich ein Gegner der Deutschen. Auf seinem Rückwege von Windhoek nach Gobabis kam er bei uns vor. Ich erinnere mich seiner noch genau, wie er mit wildem Gesichtsausdruck, blutunterlaufenen Augen, mit dem „schamboc“ (Reitgerte) durch die Luft schlagend, vor uns stand und einmal über das andere erklärte: „Ich will im ganzen Damaralande der Herr sein; der Assessor und der Major sind Kinder gegen mich. Was ist Samuel?“ Kurze Zeit, nachdem er zu seinen Stammesgenossen zurückgekehrt war, brach der Krieg aus. Witboy erwies sich jetzt als treuer Bundesgenosse der Deutschen; denn kaum drang die Kunde von dem Hereroaufstande zu ihm, als er sich auch sofort zur Heeresfolge bereit erklärte.

Bei dem Kriege 1896 hat sich der ganze Stamm der Ovambanjeru unter Kahimema beteiligt, ferner Nikodemus mit seinen Getreuen (er gehörte zu dem angesehensten, weil reichsten Stamme der Ovaherero) und ein Teil der Ovatjimba-Stämme, die man zusammen kurzweg Hereros nennt, endlich die Leute des gefallenen Hottentottenhäuptlings Vledermuis.

Schon längere Zeit vor dem Ausbruch hatte Leutnant Lampe, der in Gobabis stationiert war, über die Dreistigkeit der dort wohnenden Herero nach Windhoek berichtet und war selber nach dort geritten, um Verstärkung seiner geringen Besatzung zu erbitten. Mit einigen Mann ritt er am folgenden Tage nach Gobabis zurück. Bald nach seinem Eintreffen dort entsandte er eine kleine Patrouille, die jedoch von den Hereros ermordet wurde; damit begann der Aufstand.

Sofort nach Eintreffen dieser schlimmen Nachricht wurde beinahe die ganze Windhoeker Besatzung nach Gobabis kommandiert, und Hauptmann von Estorff kam gerade zur rechten Zeit. Zu Hunderten hatten sich bewaffnete Hereros und Hottentotten um Gobabis zusammengeschart und beschossen die Feste. Die Soldaten erwiderten die Schüsse und ihre gut gezielten Kugeln töteten manchen Schwarzen. Als die Windhoeker Soldaten herannahten, schlug sich Leutnant Lampe glücklich durch die Feinde zu Hauptmann von Estorff. Nach erbittertem Kampfe zogen die Hereros sich zurück. Ihre Verluste ließen sich nicht genau bestimmen, doch sollen sie, wie wir viele Jahre später von Hereros selber hörten, sehr zahlreich gewesen sein.

Aber auch auf deutscher Seite gab es schwere Verluste: fünf Tote, unter denen sich der tapfere Leutnant Lampe befand und viele Verwundete.

Mit Windeseile drang die Nachricht von dem Siege unserer Truppen zu uns nach Windhoek und erfüllte alle Gemüter mit Freude und Dank. Die Folgen einer Niederlage wären unabsehbar gewesen; die gesamten Eingeborenen würden sich nach einer solchen wahrscheinlich erhoben haben. Aber tief betrübte uns alle die Nachricht von dem Tode der fünf tapferen Streiter; ihnen zu Ehren flaggten sämtliche Windhoeker Häuser auf Halbmast.

Mit der Siegesbotschaft verstummten die im Lande umlaufenden „Stories", Gerüchte von Niederlagen der Deutschen. Selbst Weiße hatten sich damals nicht gescheut, die haarsträubendsten Sachen zu verbreiten. Ich erinnere mich da einer deutschen Frau, deren Mann, auch Deutscher, mit den Herero bis zum Aufstand gehandelt hatte und unter den Eingeborenen als Engländer galt. Er genoß, wie alle Engländer, eine große Beliebtheit unter ihnen. Frau X., die öfter den Besuch von Hereros empfing, erzählte meinem Vater, sie wisse genau, daß innerhalb der nächsten Tage alle Deutschen in Windhoek von den Hereros getötet sein würden. Die Schwarzen säßen schon in Windhoeks nächster Umgebung. Selbstverständlich hielt mein Vater diese Erzählung für Wahrheit; er teilte sie sofort dem stellvertretenden Gouverneur in Windhoek mit, und am Abend wurden die in Klein-Windhoek ausgestellten Wachen verstärkt. Am nächsten Morgen erklärte die Frau dem sie verhörenden Beamten, sie habe sich nur einen Spaß machen wollen.

Da sämtliche Truppen zur Niederwerfung des Aufstandes gebraucht wurden — es waren auch viele Männer der Zivilbevölkerung mit in den „Orloogh" (Krieg) gezogen — organisierte sich in Windhoek ein Verteidigungskorps, zu dem sämtliche zurückgebliebenen Zivilisten gehörten. Jeder erhielt seinen Posten angewiesen, und gewiß wars für die in ihren Gärten tagsüber hart arbeitenden Ansiedler, die Handwerker, und die in den Stores beschäftigten Kaufleute äußerst anstrengend, abends auch noch einige Stunden Wachtdienst tun zu müssen, der dadurch noch besonders erschwert wurde, daß die zu bewachenden Orte, Groß- und Klein-Windhoek, durch Bergrücken getrennt, etwa 25 Minuten von einander liegen.

Die in Windhoeks Umgebung wohnenden Farmer hatten sich mit ihrem Vieh dorthin begeben, ihre Farmen im Stich lassend; und da allgemein angenommen wurde, daß ein feindlicher Überfall von Osten her erfolgen würde und Klein-Windhoek der Gefahr zunächst lag, so beschloß mein Vater, uns nach Groß-Windhoek zu bringen, damit wir dort in der Nähe der schützenden Feste in Sicherheit wären. Er mietete drüben eine kleine Wohnung, und es wurden die notwendigsten Gebrauchsgegenstände, Kleidungsstücke usw. zusammengepackt und in das Haus gebracht. Wir selber blieben fürs erste noch in Klein-Windhoek, der nächsten Nachrichten vom Kriegsschauplatze harrend.

Eines Tages sahen wir von unserer Veranda aus eine seltsame Hilfstruppe zu Pferde vorbeikommen: wohl mehr als fünfzig Hereros unter Samuel Maharero und dessen Feldhauptmann Kajata. Sogar einige Leute der Bandjerus unter Kaningati wollten Beistand gegen die Ost-Hereros leisten. Sie wurden von dem Windhoeker Kaufmann Gustav Voigts, der der Hererosprache mächtig war und die Eingeborenen seit langen Jahren kannte, zu den deutschen Truppen begleitet. Es zeugte von großem Vertrauen in Samuels und seiner Leute Treue, daß die deutsche Regierung es wagte, die Schwarzen gegen ihre eigenen Stammesgenossen ins Feld zu führen.

Diese Truppenverstärkung, die wohl jeder Weiße mit mißtrauischen Blicken verfolgte, wurde von Hauptmann von Perbandt und zwei anderen Offizieren mit einigen Begleitmannschaften nach Gobabis gebracht. Ferner gehörten zu unseren Bundesgenossen viele Bastards und weit über hundert berittene Witboyhottentotten Inzwischen hatten sich die Feinde etwa anderthalb Tagereisen von Gobabis entfernt, in Otjunda gesammelt und dort verschanzt. Der Platz war gut gewählt zur Verteidigung. Der Distrikt Gobabis ist eine fast ganz ebene Fläche, auf der nur sehr vereinzelt kleine Kuppen sich erheben. Und bei Otjunda diente der dichte Buschwuchs als vorzügliche Deckung. Die Hereros müssen auch trotz ihrer sonst berüchtigten Feigheit Stand gehalten haben, denn unsere Soldaten kamen mit ihnen ins Handgemenge. Die Verluste waren auf beiden Seiten groß; unsere Toten wurden bei Otjunda feierlich beigesetzt. Unter Leitung des umsichtigen, unermüdlichen Doktor R. überstanden die Verwundeten den schwierigen Transport in das Windhoeker Lazarett und genasen bald unter seiner aufopfernden Pflege.

Die Zahl der Toten bei den Hereros ließ sich nicht feststellen, da nach Beendigung des Kampfes sogleich die Verfolgung des Feindes aufgenommen wurde: doch hatten die Geschütze unter den Hereros stark aufgeräumt und man berechnete ihren Verlust auf etwa zweihundert Tote. Sie flohen in westlicher Richtung auf Okahandja zu, wurden aber noch vor diesem Platz von den Soldaten erreicht und viele, unter ihnen Häuptling Kahimema, gefangen genommen, während Nikodemus sich nach Okahandja zu seinem Bruder Assa-Riarua geflüchtet hatte, von diesem aber später ausgeliefert wurde.

Herr von Lindequist leitete die Verhöre. Der vordem so übermütige freche Nikodemus versuchte unaufhörlich, seine Unschuld an den Tag zu legen; er zeichnete sich, wie alle Hereros, durch große Gewandtheit im Lügen aus, doch es gelang ihm nicht, die Richter zu beschwatzen, da alle Hereros gegen ihn zeugten. Kahimema gestand seine Schuld. Beide Häuptlinge wurden zum Tode verurteilt und in Okahandja das Urteil an ihnen vollstreckt. Die übrigen Haupträdelsführer erhielten Zuchthausstrafe.

---

14. Rückkehr der siegreichen Truppen. — Charakterlosigkeit der schwarzen Häuptlinge.

Mitte Juni 1896 sollte die Truppe in Groß-Windhoek eintreffen. Tag und Stunde war vorher mitgeteilt worden. Da herrschte lauter Jubel, jeder wollte dazu beitragen, die siegreichen Krieger festlich zu empfangen. Bei der Familie Heyn kamen fast sämtliche Windhoeker Damen zusammen, unzählige Meter Girlanden zu binden. Man hatte einen Triumphbogen vor Windhoek errichtet, durch welchen die heimkehrenden Truppen ziehen mußten, und sämtliche Häuser prangten im Flaggenschmuck. Auf beiden Seiten der Hauptstraße hatte sich die gesamte weiße Bevölkerung versammelt, um die einrückenden Soldaten mit Hurrarufen zu begrüßen. Neugierige Schwarze strömten in Scharen herbei und begleiteten den Zug; ihre besondere Aufmerksamkeit schenkten sie dem Schluß desselben, den gefangene Hottentotten bildeten, die auf seiten der Herero gekämpft hatten.

Unter der weißen Bevölkerung erregte das Erscheinen der beiden bei Otjunda schwer verwundeten Offiziere, Leutnants Eggers und Helm, die schon tot gesagt waren und jetzt zur Begrüßung der Truppen von Stabsarzt Richter aus ihrer Lazaretthaft beurlaubt waren, große Freude. Bei Heyns fand zu Ehren der Sieger ein großartiges Diner statt, und fast täglich vereinigten frohe Feste die Bevölkerung.

Jetzt erfuhr man auch Einzelheiten des Krieges: Samuel hatte sich entsprechend seinem Charakter nicht gerade mit Ruhm bedeckt. Man erzählte sich unter anderem folgendes Histörchen von seiner Feigheit: Während des Gefechts bei Otjunda kam er leise zu Major Leutwein heran und sagte zu ihm: „Komm doch hier achter die boshies, hier ist's banja moy (gut)". Dagegen hatte Kajata mit großem Mute gekämpft und Gouverneur Leutwein verlieh ihm daraufhin später einen Säbel. Auch empfingen Kajata und der neu eingesetzte Häuptling der Ovambanjeru Kaningati Denkmünzen. Sehr erfreute Herr Leutwein ihr Herz, indem er ihnen öfters Truppenbekleidungsstücke schenkte. Leider hat sich die Begünstigung, besonders des innerlich größten Schuftes Kajata schlecht bewährt; durch manche Handlung der Regierung und manche Äußerung einzelner Beamten mußte der eingebildete Kaffer zu der Überzeugung kommen, daß er auch über die Ansiedler im Hererolande der Herr sei, wie aus einem Gespräch, welches er einmal mit meinem Manne hatte, hervorging. Er rühmte sich prahlerisch der Freundschaft mit dem „Major". „Kajata", sagte er, „ist vom Major eingesetzt, um auf die Weißen und Schwarzen „seines" Bezirkes aufzupassen." Er fühlte sich daher auch berufen, in jedem Streit zwischen Eingeborenen und Weißen gegen die letzteren aufzutreten; denn er wußte aus Erfahrung, daß er sich alles erlauben konnte.

Die Tapferkeit der Witboys wurde sehr gelobt, und auch die von Leutnant Schwabe in Rehoboth als Soldaten ausgebildeten Bastards sollen sich vorzüglich bewährt haben.

4*

Der Gouverneur Leutwein hatte während des Kampfes bei Otjunda in großer Gefahr geschwebt: sein weißes Schlachtroß war die Zielscheibe der Feinde, und als plötzlich der Schimmel von einer Kugel getroffen stürzte, glaubte zuerst jeder, Leutwein selbst sei getroffen.

15. Verhältnisse in Windhoek 1896 bis 1898. — Neue Ankömmlinge.

Während die Truppen sich noch in Windhoek aufhielten, herrschte ein frohes reges Leben. Jeder fühlte sich von der quälenden Sorge und Angst vor einem Überfall der Feinde befreit. Wir konnten wieder wagen, ohne Revolver den Weg nach Groß-Windhoek zu gehen. Es waren große Mengen Beutevieh nach Windhoek getrieben; die Herden sollten nach Tausenden zählen, und bei einer von der Regierung abgehaltenen Auktion vergrößerten die Ansiedler ihre Viehbestände auf billige Weise. In seinen großen Viehherden bestand und besteht noch heute der einzige Reichtum des Landes, und in einigen Jahren kann sich der Bestand eines einzelnes Besitzers verdoppeln und verdreifachen; aber die Unsicherheit auch dieses Besitzes mußte schon mancher Ansiedler erfahren.

1898 kam aus Transvaal die Kunde zu uns, daß unter den dortigen Viehbeständen die Rinderpest in der schrecklichsten Weise aufräume, und immer weiter schien die Seuche sich zu verbreiten, immer bedrohlicher für unsere Kolonie klangen die Nachrichten. Plötzlich brach auch bei uns die Rinderpest aus, und große Herden wurden in kürzester Zeit von ihr hinweggerafft. Wahrscheinlich wäre das Schutzgebiet seines einzigen Reichtums vollständig entblößt worden, wäre nicht durch energische Absperrungsmaßregeln und durch die Kochsche Serumimpfung, die von freiwillig sich meldenden Ansiedlern ausgeführt wurde, die Seuche bekämpft worden. Immerhin soll weit über die Hälfte des vorher vorhandenen Viehbestandes eingegangen sein. Wir selber verloren, da das Impfen rechtzeitig geschah, Gott sei Dank nur wenig. Aber wie mancher arme Ansiedler sah sich um den Erfolg jahrelanger Mühe gebracht.

Jedes von Deutschland kommende Schiff brachte uns, nachdem wieder Frieden in der Kolonie herrschte, neue Ansiedler, meist einzelne Herren, Landwirte, die bei dem schlechten Stande der Landwirtschaft in Deutschland hofften, in Südwestafrika ihr Glück zu machen.

Ihre Illusionen schwanden wohl schon dahin, wenn sie an der sandigen öden Küste entlang fuhren, an der kein einziger Fluß Wasser dem Meere zuführt. Um Ackerbau im Großen zu betreiben ist vor allem Wasser nötig, und dies gibt es nur an wenig Stellen im Lande. Die in der Regenzeit stark geschwollenen Flüsse rinnen schnell weg, Ansammlung des Wassers durch Stauung ist wohl möglich, allein eine derartige Anlage erfordert großes Kapital. In der trockenen Zeit hat man kaum genügend Wasser zum Waschen. Bessere Aussichten bietet die Viehzucht, aber auch hier gibt es, wie ich schon vorher erzählte, oft hohe Verluste und aller aufblühende Wohlstand gerät dann mit einem Mal ins Stocken.

So herrschte nach der Rinderpest im Jahre 1898 große geschäftliche Stille. Niemand wollte Vieh verkaufen, da er auf Steigerung der Preise hoffte, und niemand wollte davon kaufen, weil er fürchtete, daß Lungenseuche oder Rinderpest neue Verluste bringen könnten. Fast das ganze Militär, durch welches sonst Bargeld in Umlauf kam, wurde zum Impfen der Rinder kommandiert. Es war nun doppelt wünschenswert, daß der in Angriff genommene Bahnbau schnell vorwärts schritt. Die Pest hatte schreckliche Verheerungen angerichtet, und gute Treckochsen waren noch sehr rar, die Preise für Lebensmittel durch die erhöhten Frachtpreise wieder gestiegen.

Leider bezog sich diese Steigerung nur auf die importierten Waren, während alle Produkte des Landes die alten Preise beibehielten; und so waren die Aussichten für das Jahr 1898 keine glänzenden. —

In den fünf Jahren unserer Anwesenheit hatte sich Windhoek sehr vergrößert. Man hatte im Zentrum Parkanlagen entstehen lassen, in denen Sonntags nach dem Gottesdienste die Militärkapelle spielte. Mehrere Geschäftshäuser waren erbaut worden und schöne Beamtenhäuser waren teils im Entstehen begriffen, teils fertiggestellt. Für diese Bauten wurden alljährlich große Summen verausgabt, und allgemeine Ansicht war, daß dieses Geld nutzbringender für die Besiedelung des Landes hätte verwendet werden sollen. Überhaupt war man mit vielen Maßnahmen der Regierung nicht einverstanden — aber wer wagte es, den Mund aufzutun — es hagelte Gesetze, Erlasse, Verordnungen, und die Steuern drückten die Bevölkerung hart.

Auch in gesellschaftlicher Beziehung hatte sich manches verändert, doch nicht zum Besseren. Es herrschte nicht mehr die frühere Einfachheit und Ungezwungenheit im Verkehr. Streng abgegrenzte Klassen hatten sich gebildet, und zu der untersten gehörten die eigentlichen Kulturträger, die Ansiedler.

Einige Angehörige der exklusivsten Klasse empfanden diesen Wandel mit Bedauern. Nur in Einem waren sich die Bewohner Windhoeks gleich geblieben: in ihrer Unverträglichkeit und ihrer Lust zum Klatschen. Mit wahrem Eifer wurden harmlose Bemerkungen über einzelne Personen aufgebauscht und in verschärfter Form diesen kolportiert; grobe Briefe flogen herüber und hinüber, und die Richter hatten überreichlich mit Beleidigungsprozessen zu tun.

Einzelne Personen in Windhoek waren nur darauf bedacht, das Neueste zu erfahren und weiter tragen zu können. Sie brachten genaueste Personalien über die neu ankommenden Ansiedler, lange bevor diese Windhoek erreichten, über ihre Intentionen, Vermögens- und Familienverhältnisse.

Als Ende Februar 1898 der Dampfer „Melitta Bohlen" in Swakopmund landete, kannten wir nach einigen Tagen in Windhoek beinahe die vollständige Passagierliste, waren auch schon über die Verhältnisse dreier Herren orientiert, die mit diesem Dampfer gekommen waren, um in der Nähe Windhoeks ein Kompaniegeschäft zu betreiben, und sahen ihrem Erscheinen mit Interesse entgegen. Als sie nach ihrer Ankunft in Brakwater bei Windhoek bei uns Besuch machten, hatten sie ihre Erwartungen und Hoffnungen schon bedeutend herabgesetzt; einer der drei Kompagnons hatte sich auf die erhaltenen ungünstigen Informationen hin schon zur Fahnenflucht entschlossen und reiste mit dem nächsten Dampfer nach Deutschland zurück. Die anderen Herren, von Falkenhausen und F., ließen sich jedoch nicht abschrecken, besonders ersterem gefiel es, wie er sagte, täglich besser in Südwestafrika, und beide wollten gemeinschaftlich arbeiten und Geld verdienen. Nachdem die Herren nach Klein-Windhoek gezogen waren, verkehrte Herr von Falkenhausen täglich in unserem Hause, und wir alle freuten uns über sein Kommen; er war ein anspruchsloser, stets hilfsbereiter und liebenswürdiger Gast und nahm an all unseren Freuden und Leiden Anteil. Ich will hier schon einfügen, daß er beinah ein Jahr später mein geliebter Gatte wurde; denn von nun an sind alle meine Erlebnisse mit den seinen verknüpft, und ich werde seiner in diesen Zeilen sehr viel gedenken.

---

16. Die Epidemie von 1898.

Herr von Falkenhausen hatte schon bald nach seiner Ankunft eine schwere Zeit mit uns anderen Kolonisten durchzumachen. Kurz nach Ostern brach eine schwere Krankheit über das Land herein. —

Wie ohnmächtig und aller der Hilfen, die ein Kulturstaat bietet, beraubt man dort in Afrika in Zeiten der Krankheit ist, hatten wir bis dahin nur erfahren, als meine Mutter zwei Jahre vorher an einer Blutvergiftung litt. Sie hatte sich dieselbe beim Zerlegen eines geschlachteten Schweines am Daumen zugezogen; trotz sorgfältiger ärztlicher Behandlung wurde der Arm sehr schlimm, so daß sogar eine Amputation in Frage gezogen wurde. Wie fehlte es uns da an Eis zum Kühlen, an Eiern und anderen leichten Speisen, an allerlei Bequemlichkeiten, sogar an der nötigen Zeit zur Pflege; denn bei der Untauglichkeit der schwarzen Dienerschaft mußte jeder nach wie vor seine Arbeit verrichten. —

Die Krankheit, von der ich erzählen will, ergriff zunächst die eingeborene Bevölkerung und dehnte sich dann auf die Weißen aus. Sie hatte ihre Ursache darin, daß die Kadaver der an der Rinderpest gefallenen Tiere an den Wasserstellen und in den Bergen unbeerdigt umherlagen und die Luft verpesteten. Infolge dieser Ausdünstungen erkrankten die Schwarzen scharenweise. Oft war von kopfreichen Familien nicht eine Person gesund, und viele starben dahin, andere magerten zu Skeletten ab und waren schrecklich anzusehen. Trotz besten Willens konnte man den Leuten wenig beistehen; sie wollten keine Medizin, vielleicht aus Mißtrauen, wahrscheinlicher noch aus Gleichgültigkeit. Es schien, als nähmen sie diese Krankheit hin wie ein unabwendbares Geschick; nur selten kam ein Eingeborener zu uns, um für ein krankes Familienglied Hilfe zu suchen. Täglich hörten wir voll tiefen Mitleids die Schauergeschichten, die sich unter der schwarzen Bevölkerung ereigneten. Einmal fand unser Hirte, als er das Vieh tränken wollte, eine frühere Dienerin von uns tot in einer Wasserlache. Die ebenfalls kranke Mutter saß jammernd nicht weit davon und erzählte dem Hirten, ihre Tochter sei noch ganz munter von ihr gegangen, um Wasser für sie zu holen und sei nicht wieder gekommen, und nun habe sie die Tochter tot hier aufgefunden. Ein andermal gruben einige Schwarze ein Grab, als plötzlich einer von ihnen tot in die Grube stürzte; er hatte sich selber sein Grab geschaufelt. Manchmal verlief die Krankheit schnell zum guten oder bösen Ende, manchmal lagen die Leute monatelang darnieder. Die Polizei mußte energisch die Beerdigung der vielen Opfer der Epidemie durchsetzen.

Als diese nun auch unter den Weißen ausbrach, übernahmen wir, die wir verschont blieben, freiwillig die Krankenpflege und hatten alle Hände voll zu tun. In jedem Hause lagen Kranke: bei L.s, mit denen wir noch so lustig Ostern verlebt hatten, waren alle krank bis auf die jüngsten beiden Kinder. Die zwei Ärzte in Windhoek, die selber oft vom Fieber heimgesucht wurden, reichten nicht aus. In unserem bisherigen Schulhause in Klein-Windhoek wurde ein Lazarett eingerichtet, welches bald vollständig gefüllt war; eine Krankenschwester übernahm dort die Pflege, aber auch sie selber war häufig krank und bedurfte der Pflege. Hätte man allen helfen sollen, wie man wollte, und wie es notwendig gewesen wärre, dann hätte man hundert Arme und Beine haben müssen.

In unserem Hause kochten wir sowohl von den von der Regierung ins Lazarett gelieferten, als von den eigenen Vorräten täglich große Töpfe voll kräftiger Suppen für die Kranken und erfrischendes Mus aus „Afrikanischen Äpfeln" (es ist dies ein sehr angenehmes kühlendes Kompott aus Kürbis mit Wein, Zucker und Zitronensaft bereitet), das im Geschmack an Apfelmus erinnert. Die Speisen trugen wir selbst den Kranken hin und erboten uns gern, soweit wir konnten, für Hilfeleistungen im Hause.

An der nach Groß-Windhoek führenden Straße hatten einige mit ihren kinderreichen Familien im Lande umherziehende Buren ausgespannt. Sie alle lagen krank, auch das Wagenpersonal, und es war niemand, der ihnen einen erquickenden Trunk bereiten, niemand, der ihnen Essen besorgen konnte. Meine Mutter schickte diesen Burenfamilien, da es uns leider unmöglich war, auch noch für sie zu sorgen, täglich große Schüsseln saurer Milch herunter.

Doktor Bl. war unermüdlich in seinem Eifer, den Kranken zu helfen; allein auch das einzige Mittel, Chinin, versagte in vielen Fällen. Wie es wohl zu Zeiten von Epidemien der Fall ist, fühlte niemand sich ganz wohl, jedoch blieb unsere Familie, als fast die einzige, von der Krankheit verschont. Noch weit bis in die kalte Zeit hinein traten die Fieberfälle auf; und erst im August erlosch die Krankheit.

17. Herr von Falkenhausen. — Reitausflüge.

Die beiden Kompagnons, Herr von Falkenhausen und F. hatten auch kleine Fieberattacken durchzumachen, wehrten sich aber tapfer dagegen. Sie hatten sich schon auf verschiedenen Erwerbswegen versucht, zunächst Rinder angeschafft in der Hoffnung, durch den Verkauf von Milch und Butter Einnahmen zu haben. Aber schon nach kurzer Zeit nahmen die Milcherträge ab, die Kühe wurden „trocken", und die wenige Milch reichte knapp für ihren täglichen Bedarf. Dann hatte Herr von Falkenhausen Treckochsen zur Bespannung des von Deutschland mitgebrachten Wagens gekauft. Er selber unternahm die strapaziöse Tour nach Swakopmund und brachte Fracht nach Windhoek zurück. Allein auch dieses Geschäft erwies sich, wenn nicht in größerem Maßstabe betrieben, trotz der großen Mühen und Anstrengungen, mit denen es verknüpft ist, als nicht lukrativ. Herr von Falkenhausen ließ den Mut nicht sinken; er hatte inzwischen in Klein-Windhoek kleineren Grundbesitz erworben und wohnte dort im Zelt mit seinem Kompagnon.

F. war einer von denen, die glaubten, in Afrika flögen nicht nur die gebratenen Tauben in den Mund, sondern auch das Geld ohne Arbeit in die Tasche. (Jetzt hat ihn wie so viele ein grausames Ende ereilt.)

Dagegen war Herr von Falkenhausen emsig auf seinem Grundstücke tätig, lernte die Eingeborenen an, ließ Brunnen graben, Land urbar machen und Krale für die Rinder- und Kleinviehherde legen. Er holte sich manchen Rat bei meinem Vater und wurde von uns fast wie ein Familienglied angesehen. Bei uns fand er immer freundliche Teilnahme, ein gemütliches Heim und ein appetitlich zubereitetes Mahl, an dem er mit Behagen teilnahm; denn seine schwarze Köchin Minka besaß keine einzige der guten Eigenschaften, die eine Küchenfee besitzen sollte. Trotz aller Mühe gelang es ihm auch nicht, sie zu erziehen, und er ergab sich in die Mängel einer afrikanischen Wirtschaft. Ich sehe diese alte schwarze Minka noch deutlich vor mir, wie sie mit würdigem, gemessenem Schritt, blasierter Miene und malerisch übergeworfener Felldecke einherschritt, mit ihren unzähligen Armringen klappernd und sich das Air einer Königin gebend. Ich denke noch mit Schaudern daran, wie ich sie einmal von meinem Schulhause aus beim Abwaschen des Geschirres beobachtete: Tassen, Löffel, russige Töpfe wurden in derselben Schüssel mit einem Minimum Wasser abgewaschen, und ein Stück eines alten, schmutzigen Sackes diente als Wischtuch. Als Herr F. aus dem Zelt ihr zurief, sie solle sich beeilen und den Kaffee bringen, ergriff sie den Kessel mit dem wahrscheinlich längst kochenden Getränk, rührte mit einem von der Erde aufgelesenen Stöckchen den Kaffee um und goß eine Portion der ungeseihten Milch hinein, die ihr Mann gerade aus dem Kral brachte.

Mich schmerzten alle die Widerwärtigkeiten, mit denen Herr von Falkenhausen zu kämpfen hatte; denn von Tag zu Tag gewann ich ihn lieber: seit er bei uns verkehrte, erschien mir das Leben so viel schöner und reizvoller. Wir hatten zwar bald schwere Zeiten zusammen verlebt, aber auch frohe Stunden.

So erinnere ich mich besonders gern eines Osterausfluges, den wir mit anderen Bekannten nach der Farm

Elisenheim zu Mittelstaedts unternahmen, die Kinder in einer Ochsenkarre, die Erwachsenen zu Pferde. Die unerwartete Einquartierung, welche noch durch Ankömmlinge aus Windhoek vergrößert wurde, wurde gut aufgenommen, und es tat der Fröhlichkeit keinen Abbruch, daß wir am Nachmittage auf einem Spaziergange mit Kaffeekochen im Freien gründlich verregneten und uns mit trockenen Sachen unserer Wirte bekleiden mußten. Für die Nacht wurde ein Massenquartier aufgeschlagen. Am andern Morgen war trotz nächtlicher Moskitoüberfälle wieder fröhliches Leben im Hause, die Herren versuchten eine allerdings erfolglose Adlerjagd, und am Nachmittage folgte ein allgemeiner Spaziergang in das Tal des Swakop. Ich hatte den Weg mit Herrn von Falkenhausen in heiterem und ernstem Gespräch zurückgelegt. Auf dem Nachhausewege abends erstiegen wir einen nahen Hügel, von dem aus wir dem Untergang der Sonne zusehen konnten. Sie war an diesem Abend besonders herrlich und überflutete alles mit Licht und Gold; dann war sie verschwunden, alles Licht, allen Glanz urplötzlich mit sich nehmend und die strahlende Landschaft auf einmal in Dunkel getaucht. Da überkam es mich plötzlich wie eine Ahnung dunklen, unabwendbaren Schicksals: daß auch meine Glückssonne nach kurzem, herrlichem Leuchten für immer auslöschen würde. In ernster Stimmung kehrte ich zurück, konnte auch meine Fröhlichkeit nicht sobald wiederfinden, und bis spät in die Nacht quälte mich die trübe Vorstellung. — Am anderen Tage war sie verflogen und der fröhlichen Stimmung des Morgens gewichen, in der wir alle nach herzlichem Dank und Lebewohl für unsere liebenswürdigen Wirte den Heimweg antraten.

Wie zehre ich noch jetzt von der Erinnerung an all die schönen, ach leider so schnell und unwiederbringlich verflogenen Stunden.

Um öfters das Vergnügen zu haben, Windhoeks Umgebung zu durchstreifen und kennen zu lernen, beabsichtigten

Käthe und ich, uns Pferde anzuschaffen; dazu mußte aber noch tüchtig gespart werden; denn unsere bisherigen Ersparnisse reichten nur zu einem Pferde. Wie stolz waren wir schon auf dessen Besitz, und wie schön waren unsere Ritte, zu denen uns Herr von Falkenhausen zunächst seine Ilka lieh; oft begleitete er uns, auf seinem schönen Hengste reitend.

---

18. Verlobung. — Farm VII.

So lernten wir uns immer genauer kennen, wurden immer sicherer in dem Gefühl, daß wir beide für einander bestimmt seien. Es waren glückselige Tage, die ich damals durchlebte und die ihren Höhepunkt an dem Tage fanden, an dem er, der all mein Denken ausfüllte, mich bat, das Leben mit ihm zu teilen. Ich wurde seine Braut, und er wurde von den Meinen mit Freuden als lieber Sohn und Bruder aufgenommen. Unser Verlobungstag war der 29. August.

Wir beide waren unsagbar glücklich, freuten uns von einem Tag auf den andern und gingen dem Leben mit froher Hoffnung entgegen. Mein Vater allerdings blickte mit Sorge in unsere Zukunft und warnte uns vor den bevorstehenden Enttäuschungen und Entbehrungen. Doch was bedeuteten sie für uns! Wir hatten ja uns selbst und wollten alle Widerwärtigkeiten des Lebens mit Gottes Hilfe siegreich überwinden; wir wollten wacker arbeiten und sparen.

Über die nächstfolgende Zeit will ich hinwegeilen — sie verflog uns wie im Traum, bis die Trennungsstunde schlug. Mein Bräutigam und sein Kompagnon bezogen eine Farm in Windhoeks Nähe.

Zwar kam mein Bräutigam alle Wochen zu uns; doch war das Zusammensein kurz bemessen, und innig ersehnten wir den Zeitpunkt unserer völligen Vereinigung.

Eines Tages holte mein Bräutigam uns zu einem Ausfluge nach seiner Farm ab. Sowohl ich als die Meinen mußten doch den Ort kennen lernen, an dem Fritz und ich künftig gemeinsam schalten und walten wollten.

Beim ersten Morgengrauen fuhren wir vom Hause fort; es war noch tüchtig kalt, und wir hatten uns gut in Decken gehüllt. Der neue Treiber April, ein schlanker, gewandter Bursche, hatte die Swip, während Bremen, der stämmige, kräftige Klippkaffer, die Ochsen aufmunternd antrief und ab und zu mit der kurzen Mackoß ihr Fell tüchtig schlug. Als wir durch das Aviser Tal fuhren, ging die Sonne auf, und in der Morgenbeleuchtung sah die Gegend bezaubernd aus. Bald mußten wir die Decken abnehmen, und schon nach anderthalbstündiger Fahrt unter den brennenden Strahlen der Sonne wurde uns glühendheiß, so daß wir uns nach Schatten und Kühlung sehnten.

Viel Abwechslung bot die Landschaft hier weiter außerhalb nicht mehr. Die Vegetation war in dieser Jahreszeit — Ende September — äußerst traurig, und der nackte Lehmboden trat fast vollständig zutage. Unser Weg führte zu öfteren Malen durch das Flußbett des Swakop, das vollkommen trocken und sandig war und von unzähligen großen Felsklippen durchsetzt. Die Ochsen schritten vorsichtig aus; sie waren oft nahe daran, auf den wie geschliffenen Felsplatten auszugleiten. Die Schwarzen paßten schlecht beim Fahren auf, und mein Bräutigam, der von dem vorderen Sitz aus die gefährlichen Stellen überblickte, mußte die Tiere häufig durch Rufen ihrer Namen von diesen gefährlichen Stellen ablenken.

In der Zeit vollständiger Trockenheit kann man sich gar nicht vorstellen, wie diese Flußläufe nach einem starken Regenguß plötzlich mit Wasser überfüllt sein können und daß das mit Donnergetöse dahinstürzende „abkommende Rivier" starke Bäume entwurzeln und wie Streichhölzer mit sich führen kann; und von dem dürren, rissigen Erdboden glaubt man nicht, daß er sich einige Tage nach einem solchen Regen mit dichtem, saftigen Gras bedecken kann.

Von Farm Hoffnung an, über die der Weg führte, schlossen sich Herr von Schultz und Herr Felmer uns an. Die Fahrt ging nun durch ein wunderschönes, von niedrigen Hügeln begrenztes Tal, das in einem zweiten, viel breiteren Tale endigte. Dieses war mit etwa dreiviertel Meter hohem, gelbem Grase bewachsen, und als der leise Mittagswind die breite Grasfläche bestrich, erinnerte sie uns an ein wogendes, reifendes Kornfeld daheim. Mein Bräutigam belehrte uns jedoch, daß dies prachtvoll aussehende Gras als Viehfutter nicht tauge, während die kümmerlich scheinenden dürren Grasbüschel auf den Bergabhängen sehr beliebt bei allen Tieren seien. Vor uns lag schon die Ansiedelung der beiden Herren, da wurden wir durch kurz abgerissene, Menschenstimmen ähnlich klingende Laute erschreckt, die von den Bergabhängen herüberschallten. Es war das Geschrei der Paviane, die diese Berge bevölkern und wohl ihr Erstaunen über den fremden Besuch in ihrem Gebiet ausdrückten. Zu sehen bekam man diese lärmenden Gesellen selten; dagegen lugten aus allen Felsspalten unzählige, kleine fette Klippdachse, die sofort wieder verschwanden. Die Herren erzählten uns, daß sie einen sehr begehrten Leckerbissen der Schwarzen bilden. Die Tiere werden mit Haut und Haaren, unausgeweidet in der Asche gebraten und so verspeist.

Nach einer im ganzen etwa vierstündigen Fahrt langten wir bei dem Zelt an, in dem mein Bräutigam mit seinem Kompagnon wohnte; dasselbe und ein mit Gras bedeckter „Pavillon", sowie der von Minka und Gehilfinnen errichtete Pontok, der als Küche diente, prangten in möglichster Sauberkeit. Nachdem wir unsere durchschüttelten Glieder etwas ausgeruht, uns an dem mitgenommenen Mittagsmahle und dem von Minka unter unserer Leitung bereiteten Kaffee gestärkt hatten, nahmen wir die Farm in Augenschein.

Zur Linken der Niederlassung war eine enge Schlucht, durch die sich ein kleines Quellwasser wand. Wir erklommen den Berg durch die steil emporführende Schlucht; niedrige Dornenbäume standen dort vereinzelt; große Felsplatten waren stufenweise übereinander gelagert, und die Tropfen der winzigen Quelle, deren Ursprung hoch oben auf dem Berge war, sprangen von Stufe zu Stufe bis in ein kleines Bassin herab, aus dem gerade die acht Ochsen, die uns hierher gebracht, getränkt wurden. Der Zufluß war leider sehr schwach, und beinahe eine halbe Stunde verging, ehe alle Ochsen ihren Durst gestillt hatten.

Die Aussicht oben vom Berge war prachtvoll, und mein Bräutigam und ich suchten von hier eine Stelle aus, auf der wir unser zukünftiges Häuschen erbauen wollten. Schräg gegenüber auf einem Bergabhang sollte es stehen; von dort aus genoß man die Aussicht auf die schöne weite Fläche; rechts vom Hause würde der Garten sein — ach wie viel schöne Luftschlösser bauten wir hier für unsere Zukunft! Wie sahen wir schon durch unser gemeinsames Schaffen und Arbeiten den größten Teil der Fläche bebaut: dort mußten Brunnen angelegt werden, hier unterhalb des Bassins eine Leitung das Wasser in eine Tränke für das Vieh und weiter auf das mit Mais und Kartoffeln bestellte Land führen; zuerst würde unser Haus in Angriff genommen — ich sollte es recht gemütlich und nett dort haben. Wie selig war ich, diesen Zukunftsplänen meines Bräutigams zuhören zu können, wie wollte ich ihm danken, daß er durch seine Liebe so viel Sonnenschein in mein Leben brachte! Meine Schwestern freuten sich schon, uns später besuchen und in den Bergen nach Herzenslust umherwandern und Seltenheiten suchen zu können. Meine Mutter, die auch den angenehmsten Eindruck von der Farm bekommen hatte, mahnte schließlich zum Aufbruch. Schnell wurde noch, auf den Felsstufen in der Schlucht sitzend, der mitgenommene Apfelkuchen zu einem Täßchen frisch bereiteten Kaffees verzehrt;

dann nahmen wir in derselben Folge wie früh am Morgen in der inzwischen bespannten Ochsenkarre Platz; April ergriff die lange Peitsche, und „Hott Hott" setzte das Gefährt sich in Bewegung. Beim Vorbeikommen an Farm Hoffnung nötigte uns Herr von Schultz noch zu kurzem Aufenthalte. Wir bewunderten dort die Anfänge des Dammes, der das Wasser in der Regenzeit auffangen sollte, die kürzlich importierten Rambouilletböcke und die großen Viehherden. Farm Hoffnung war die von Stabsarzt Dr. Sander, dem damaligen Vertreter der Siedelungsgesellschaft, angelegte Musterfarm.

Nachdem wir der Einladung zu einer Tasse Kaffee und den in Afrika üblichen Fettkuchen Folge geleistet hatten, (den Tisch stellte eine große Kiste dar, das Tischtuch ein sauberes Bettlaken) und uns eine Zeitlang an den bekannten Melodien eines kleinen Musikinstrumentes erfreut hatten, bestiegen wir abermals den Wagen. Wir sangen unterwegs mehrstimmige Lieder, und die vollen, tiefen Männerstimmen klangen prachtvoll dazu. Als dann die Sonne untergegangen war und der Mond die Gegend magisch beleuchtete, gewann diese schöne Fahrt noch mehr an Zauber, und froh und befriedigt kamen wir zu Hause an.

Auf Farm VII, wo mein Bräutigam eine rege Tätigkeit auf ökonomischem Gebiete entfaltete, bot ihm außerdem die Jagd angenehme Abwechslung und zugleich eine willkommene Verproviantierungsgelegenheit. Um größeres Wild schießen zu können, mußte er schon weiter über die Grenzen der Farm hinaus, aber Duiker und Steinböcke gab es in der Nähe und vor allem zahlreiche Perlhühner. Oft erfreute er uns mit einer ganzen Partie erlegter Hühner, die August, meines Verlobten „Bambuse" (Diener) uns brachte. Jeden Sonnabend kam mein Bräutigam und verlebte mit uns den folgenden Sonntag. Von 2 Uhr an konnte ich ihn erwarten; dann saßen Lieschen und ich, während die andern ihr Mittagsschläfchen hielten, im Garten, im weichen Luzernefeld und lauschten auf das von Avis kommende, wohlbekannte Pferdegetrappel. Im Galopp kam er stets den Berg heraufgeritten — dann war er bei mir — er und sein Pferd außer Atem. Wie viel hatten wir uns zu erzählen! Hand in Hand saßen wir bei der leise plätschernden Quelle im ungestörtem Geplauder, umgeben vom rauschenden Schilf und dem blühenden Oleandergesträuch.

---

19. Raubtiere und Schlangen.

Mich ängstigten immer seine Erzählungen von wilden Tieren, welche der Werft nächtliche Besuche abstatteten. Erst war es ein Tiger, der sich einige Male Lämmer holte; dann spürten die Eingeborenen mehrere Nächte hintereinander wilde Hunde. Wohl auf das Geschrei und auf das Bellen der Kaffernhunde hin, verschwanden diese wieder, aber in der vierten Nacht holten sie eine Kuh und zerrissen sie vollständig, so daß nur der Kopf liegen blieb. Hyänen und Schakale hörte mein Bräutigam jede Nacht, und einmal, als er von uns nach Farm VII ritt, hatte er ein Erlebnis, das leicht hätte gefährlich ablaufen können. Er war gerade im Gedanken versunken auf einem Hügel angekommen, als das Pferd scheute und sich kerzengerade aufbäumte. Er sah nach allen Seiten und entdeckte in der Dunkelheit ein paar glühende Raubtieraugen. Schnell ergriff er das Gewehr und gab einen Schuß ab; aber er mußte nicht getroffen haben, lautlos zog das Tier — er erkannte es als eine Hyäne — über die Straße.

Ebenso wie vor den Raubtieren fürchtete ich mich vor den Schlangen, die sehr häufig auftraten, und mit denen wir im Laufe der Jahre manches Abenteuer hatten. Als ich eines Nachmittags ins Schlafzimmer trat, sah ich am Fenster über dem Bette, in dem gerade meine Schwester lag, ein unbestimmtes Etwas, das mir wie ein Stock erschien, und das ich zuerst nicht beachtete, bis es sich plötzlich zu bewegen anfing. Erkennen, daß es eine Schlange war und Käthe zurufen, sofort aufzustehen war eins. Das Tier hatte sich durch ein Loch in der Fensterscheibe — es gab damals in Windhoek kein Glas, um den Schaden zu reparieren — mit der größeren Hälfte seines Körpers schon in die Stube gewunden. Meine Mutter ergriff schnell eine Axt, und während wir von außen das Reptil am Schwanze festhielten, erschlug sie es. Dieses Tier hatte eine Länge von über einen Meter.

Meine Mutter war bei solchen Schlangenbegegnungen stets sehr beherzt. So entsinne ich mich, wie sie eines Tages eine Schlange, die während des Abendessens auf der Veranda auf den Tisch zu gekrochen kam, und die durch einen Schlag nur wenig betäubt wurde, am Schwanze packte und weit fortschleuderte. In der Regenzeit tauchten diese unheimlichen Tiere besonders häufig auf; da konnte man im hohen Grase stets gewärtig sein, auf eine Schlange zu treten. Einmal fand ich, als unsere Leute ein tiefes Loch für einen zu pflanzenden Baum aushoben, eine ganze Anzahl Schlangeneier, etwa einen Meter tief unter der Erde.

---

20. Tod meines Vaters.

Während meiner so glücklichen Brautzeit traf uns alle ein harter Schlag: am 18. Oktober starb mein Vater. Noch acht Tage vorher hatte er frisch und gesund unablässig im Garten gearbeitet; plötzlich stellten sich die ersten Zeichen einer Wassersucht ein; die Füße fingen an zu schwellen, und das Gehen wurde ihm schwer; aber trotzdem ließ er sich noch nicht von der Arbeit abhalten und wollte durchaus nichts davon wissen, einen Arzt zu holen. Die Krankheit schritt indessen schnell vorwärts, und wenn er auch nicht über Schmerzen klagte, so merkten wir doch alle, daß seine

5*

Kräfte mit Riesenschritten abnahmen und er seinem Ende entgegenging. Auch er fühlte dies und ergab sich darein; er fürchtete nur einen heftigen Todeskampf. Der ist ihm, Gott sei Dank, erspart geblieben; er hatte ein leichtes schnelles Ende. Wir hatten ihm eben noch aus einem Buche vorgelesen und waren auf seinen ausdrücklichen Wunsch ins Nebenzimmer zum Abendbrot gegangen, als wir ein Geräusch in seiner Stube hörten und zurückeilten: Da fanden wir ihn schon tot auf sein Bett gesunken. Weinend standen wir bei dem Toten. Es tat uns besonders weh, daß wir seinen letzten Atemzügen nicht gelauscht, nicht ein letztes, liebes Wort, eine Bitte um Verzeihung, einen allerletzten Händedruck mit ihm getauscht hatten.

Schon am nächsten Tage bei Sonnenuntergang, wie es mein Vater gewünscht hatte, fand sein Begräbnis statt. Die Trauerfeierlichkeit war kurz und einfach, und die Sonne ging unter, als die letzte Hand voll Erde in das frische Grab geworfen wurde. Still und traurig kehrten wir nach Hause zurück und blieben, fast ohne ein Wort zu sprechen, den Abend vereint.

Mein Bräutigam war sofort nach dem Todesfall gekommen und blieb auch in der folgenden schweren Zeit bei uns. Er stand meiner Mutter bei in der Erfüllung der letzten traurigen Pflichten und nahm sich dann unserer Wirtschaft aufs Tatkräftigste an. Gleich am nächsten Tage nahm er die begonnenen Arbeiten auf und führte sie im Sinne meines Vaters fort. Wir bewunderten stets aufs neue, wie gut er die Leute anzustellen verstand, wie umsichtig und praktisch er in allem war. Ihm selbst bereiteten diese ihm bisher noch unbekannten Arbeiten sichtlich Vergnügen, doch konnte er nicht lange dabei bleiben. Es wurde nun viel erwogen, was meine Mutter beginnen sollte; allein ohne männliche Hilfte konnte sie das Grundstück nicht weiter bewirtschaften, und wir alle rieten zum Verkauf. Doch war es nicht so leicht, einen Käufer zu finden, der das in das Grundstück gesteckte Geld, all die Mühe und Arbeit wenigstens einigermaßen bezahlen würde. Fürs erste wenigstens bot sich keine Aussicht dazu, und da mein Bräutigam nicht mehr lange in Windhoek bleiben konnte, weil schon draußen auf Farm VII dringende Arbeiten auf ihn warteten, war es ein Glück, daß Ende November mein Bruder aus dem Norden des Schutzgebietes eintraf. Damit war Fritz abgelöst und konnte sich auf seine Farm begeben, um alles, wie er wollte, für meine Ankunft instand zu setzen; denn bald nach Weihnachten sollte unsere Hochzeit sein. Wir wünschten der Zeit bis dahin Flügel, um nicht mehr getrennt zu sein. Wie freute ich mich schon auf die Zeit, da ich ihm stündlich meine Liebe zeigen und allein für ihn sorgen konnte; wie wollte ich in unserem kleinen Haushalte alles nett und sauber halten!

---

21. Hochzeit, 1899. — Unser Häuschen.

Weihnachten kam heran, die letzten für mich im elterlichen Hause, und trotz unserer noch frischen Trauer um den toten Vater verlief dies Fest wunderschön und harmonisch. Den sehr gut nachgemachten künstlichen Weihnachtsbaum, den uns Fritz schenkte, hatten wir reich geschmückt, und die Tafel war mit Geschenken voll besetzt. Fritz und ich waren sehr glücklich zusammen; wir erzählten uns gegenseitig von den schönen Weihnachtsfesten daheim in Deutschland, und die Erinnerung an dieses verflossene Kinderweihnachtsglück breitete auch über das gegenwärtige afrikanische Christfest einen holden Zauber.

Vier Wochen später, am 24. Januar, fand unsere Hochzeit statt. Wegen der Trauer um meinen Vater wurde sie still gefeiert, und außer unserem engsten Familienkreise nahmen nur zwei Gäste daran teil. In dem mit Schimmeln bespannten Wagen meines Bräutigams fuhren wir nach Groß-Windhoek auf das Standesamt und schlossen dort den

Bund fürs Leben. Dann folgte zu Hause unsere kirchliche Trauung. Einen der großen Wohnräume hatten meine Geschwister zu einer Art Kapelle hergerichtet; die Wände waren mit Schilf, Oleanderblüten und dem prächtigen Grün der Granatäpfelbäume bekleidet; ein Soldat der Truppe spielte auf dem Klavier den von meinem Verlobten ausgewählten Gesang „Ich bete an die Macht der Liebe", und unser Windhoeker Pastor richtete schöne Worte an uns über den Text aus Tobias.

Nun war unserem Bunde die kirchliche Weihe gegeben, wir waren Mann und Frau; ich, wie im Traume, ließ die Glückwünsche meiner Angehörigen über mich ergehen und weiß nur noch, daß mein zärtlich geliebter Bräutigam, jetzt mein Mann, immer wieder zu mir sagte: „Du bist jetzt mein geliebtes Frauchen! Wir beide gehören einander nun ganz und nichts kann uns mehr trennen! Wie wollen wir uns lieb haben!"

Nach dem Diner, zu dem es echtes Schildkrötenragout gab (die Schildkröten dazu waren auf Farm VII gefangen), nahmen wir Abschied von meiner Mutter, meinen Geschwistern, dem Elternhause, und in dem Wagen, dessen Schimmelgespann mir glückverheißend für unsere Zukunft erschien, fuhren wir nach Farm VII. Auf das Pferdegetrappel waren die schwarzen Arbeiter aus ihren Pontoks herbeigeeilt, mit dem ganzen Troß von Weibern und Kindern. Vornean stand Minka in Felle gewickelt und auf einen Stock gestützt, reichte mir ihre Hand und sagte statt jeder freundlichen Begrüßungsrede: „Oh Misses, au Minka banja sick. Doch as please, koffee, sukri matiree!" (Die alte Minka ist sehr krank, gib ihr doch bitte Kaffee und Zucker.) Fritz war erst böse über diesen Empfang, mußte aber schließlich über die komische Alte lachen und gab ihr das Gewünschte. Nun ließ mein Mann die Pferde ausschirren, und wir stiegen die wenigen Schritte hinauf bis vor die Haustür. Bevor ich die Schwelle überschritt, zitierte mein Mann, mich zärtlich umschlingend, die Worte: „Raum ist in der kleinsten Hütte für ein glücklich liebend Paar!" — und wahrlich, es war ein winziges Häuschen!

Wände und Dach bestanden aus Wellblech, es hatte zwei Räume von je etwa 4 Quadratmeter, einen Ausgang nach vorn und einen nach der Küche, einer pontokartigen kleinen Hütte, die von meinem Herd und den Küchengeräten vollständig ausgefüllt war. Auf der anderen Seite des Wellblechhauses war ein ebenfalls nach Bauart der Pontoks gemachter „Pavillon", in dem wir, da es darin sehr schön kühl war, uns den Tag über aufhielten.

Meine Geschwister hatten einige Tage vorher alles hergerichtet, und ich fand unser neues Heim schön geschmückt und in bester Ordnung. Für Aufnahme mehrerer Personen genügte freilich der Bau nicht, aber das Häuschen sollte ja nur provisorisch sein; nach der Regenzeit wollte mein Mann ein großes Haus aus Backsteinen bauen lassen, und das Wellblech unserer Hütte sollte dann als Dach verwendet werden.

---

22. Flitterwochen.

Als pflichttreue Farmersfrau, die zu sein ich mir vorgenommen hatte, stand ich am ersten Morgen auf Farm VII zeitig auf, räumte in Eile selbst das Wohnstübchen auf und glaubte, unterdes würde in der Küche das Wasser zum Kaffee kochen. Aber als ich hinauskam, um den Kaffee zu bereiten, war kein Feuer im Ofen, keine Minka weit und breit zu sehen. Auf mein Rufen bekam ich keine Antwort; auch mein Mann erhielt keine auf seinen, mit Stentorstimme wiederholten Ruf; nun begaben wir uns beide nach der Werft. In ihrem Pontok lag Minka, anscheinend in den letzten Zügen, und mit ersterbender Stimme flüsterte sie: „au Minka banja sick". Auf Befragen teilte der Mann uns mit, daß sie furchtbaren Schnupfen habe; irgend welche anderen Schmerzen habe sie nicht. Wir faßten die Sache von der heiteren Seite auf, und mein Mann versprach, Minka Medizin zu schicken. Diese erhielt sie auch; es war Rhizinusöl, das bei Schnupfen und Rheumatismus sowohl, als auch bei Zahnschmerzen, Fieber und anderen Krankheiten angewandt wird.

Wir aber hätten am ersten Tage in unserem neuen Heim alles ganz allein bereiten müssen und keine Hilfe beim Ein- und Aufräumen gehabt; doch gerade, als wir in etwas enttäuschter Stimmung umkehrten, kamen zwei nette, sauber gekleidete Frauen auf uns zu. Auf unsere Frage, wer sie seien, antworteten sie immer nur: „Burru, Burru" (ich verstehe nicht). August, der holländisch sprechende Kaffer, sagte mir, es seien die Frau und die Schwester seines Bruders Witfoot. Er übernahm die Vermittlerrolle, und nach einigem Hin und Her entschlossen sich die Frauen, denen ich die Namen Maria und Anna gab, in unseren Dienst zu kommen. In einigen Minuten hatte ich Wasser in der Küche und Feuer im Ofen; Maria, die sehr leicht begriff, scheuerte gleich die etwas bestaubten Küchenmöbel. Anna bestimmte ich zum Stubenmädchen. Zunächst unterwies ich sie im Decken des Kaffeetisches; es kam ihr sehr lächerlich vor, daß der Tisch mit einer Decke belegt wurde und alle Geräte ihren bestimmten Platz haben sollten. Aber ich merkte, sie hatte Geschick und guten Willen, außerdem sah sie sauber aus und machte einen sehr bescheidenen Eindruck.

Die entlassene Minka trug mir keinen Groll nach und besuchte mich später oft. Sie erzählte gern von ihren Kindern, und ihren Reden nach mußte sie mindestens hundertmal Mutter gewesen sein, denn jeden Bergkaffern, der ihr in den Weg kam, stellte sie mir als ihr Kind vor, und wie zärtlich waren immer ihre Begrüßungen mit diesen. Die Verwandtschaftsgrade der Eingeborenen sind überhaupt schwer zu lösende Rätsel: z. B. erzählte Minka eines Tages, die Frau ihres Vaters sei die Schwester ihrer Kinder, oder „das ist meines Bruders Schwester oder die Frau meines Mannes“; die Frauen ihres Mannes nannte sie auch ihre Schwestern, womit das wunderbare, meist sehr freundschaftliche Verhältnis der Nebenbuhlerinnen zueinander gut gekennzeichnet wird. Diese verwickelten Verwandtschaften lassen sich aus den Verhältnissen, welche die Vielweiberei mit sich bringt, erklären.

Nach dem Frühstück bat mein Mann mich, mit ihm in den Garten zu gehen. Bei unserem Anblick begannen die Leute mit Feuereifer zu arbeiten. Zwei von ihnen gruben Land um, zwei andere schaufelten Erde aus dem kürzlich begonnenen Brunnen. Der Boden sah gut aus, und mein Mann nahm sofort eine Hacke zur Hand, teilte Beete ab und richtete Land zum Bepflanzen mit Kartoffeln her. Die Beschäftigung im Garten machte ihm auch später immer großen Spaß. Die ersten Wochen auf Farm VII verliefen wundervoll; wir waren vergnügt, verrichteten alle Arbeiten gemeinsam, lebten in den Tag hinein und dachten an nichts anderes als an unser Glück. Nachmittags mußten die Eingeborenen die Pferde herbeiholen, dann ritten oder fuhren wir spazieren. Oft kamen wir nach Klein-Windhoek, wo bei unserer Ankunft lauter Jubel herrschte. Nur bei Regenwetter war es nicht schön; da konnten wir nicht im „Pavillon“ sitzen, weil der Regen an allen Seiten eindrang, das Wohnzimmer aber war klein und schrecklich eng.

Eines schönen Tages, als der Himmel seine Schleusen geöffnet hatte, und es wie mit großen Kübeln goß, fanden wir nach unserem Mittagsschläfchen die angenehme Überraschung, daß das Wasser unter den Wänden des Hauses eingedrungen war, und die Betten und sonstigen Möbel in einem Teich standen. Mein Mann gebot mir, liegen zu bleiben und schaufelte draußen bei strömendem Regen mit den Leuten Wälle und Abzugsgräben. Während Maria und Anna versuchten mit Aufwischtüchern und Eimern der

Nässe im Hause Herr zu werden, erscholl plötzlich Pferdegetrappel und in Gummimäntel gehüllt, hielten einige Reiter vor dem Hause. Es waren Herren von der benachbarten Siedelungsfarm, denen wir das gewünschte trockene Obdach gerade jetzt nicht bieten konnten.

War solch Regenguß vorüber, dann erschien die Fläche vor uns wie ein großes, strömendes Rivier, dem von den Bergen immer neue Quellen und Flüsse zueilten. Wir beobachteten dies Schauspiel oft von dem rechts von uns liegenden Hügel, und ich denke noch daran, wie schwer mir dann immer das Ersteigen dieses Berges wurde, zu dem der Weg, mit spiegelglatten Steinen bedeckt, steil hinaufführte. Ich mußte dazu, um mir keine Erkältung zuzuziehen, die hohen Reitstiefel meines Mannes anziehen; aber wenn ich oben keuchend und atemlos anlangte, war ich doch entzückt von dem herrlichen Ausblick. —

Um hier ein Bild zu geben von dem Tageslauf in unserm Farmershause, will ich einen Brief einschalten, den ich kurze Zeit nach unserer Verheiratung in die Heimat sandte:

„Bevor noch die Sonne über unseren Bergkuppen emporsteigt, stehen wir auf und ich öffne Anna, die gewöhnlich schon mit einem Feuerbrand in der Hand wartet, die Küchentür. Anna tut auch jetzt in der heißen Zeit bei ihrem Kommen sehr frostig, und ihr Erstes ist dann stets, in der Küche Feuer zu machen. Ich frage sie: „Anna hast du dich schon gewaschen?" Worauf sie wahrheitsgetreu beinahe ausnahmslos antwortet: „Nee ge fru, ik sall net now loop", meine ständige Entgegnung ist: „Nun, dann geh nur schnell und wasche dir auch die Ohren gut, damit du besser hörst." — Diese Ermahnung nimmt sie immer mit lautem Lachen auf. — „Morgen will ichs aber nicht wieder sehen, daß du ungewaschen kommst." Bald erscheint dann auch Maria, welche die gröberen Arbeiten zu verrichten hat. Sie muß Wasser und Holz holen, letzteres spalten, im Hofe aufräumen und in der Küche scheuern. Hat sie nichts für mich zu tun, so muß sie im Garten arbeiten; das tut sie besonders gern, denn Maria ist unglaublich kokett und läßt sich gern von den andern Arbeitern den Hof machen. Im Garten hört man sie ununterbrochen lachen und mit den schwarzen Herren sich necken. Wirds gar zu bunt, so kommandiert mein Mann sie wieder zurück in die Küche.

Nun aber weiter: Während Fritz die Leute beim Melken beaufsichtigt, räume ich mit Anna das Wohn- und Schlafzimmer auf. Das Decken des Frühstückstisches kann ich ihr jetzt schon allein überlassen. Da tönt meines Mannes Stimme herauf, ich solle schnell einmal zu den Viehkralen kommen; gewiß gibt es dort wieder eine Überraschung, ein neugeborenes Kälbchen oder Lämmchen zu sehen, oder ich muß beim Zählen des Viehes mithelfen. Ich eile schnell zu den Kralen hinunter, richtig, da sind wieder über Nacht einige kleine Ziegen geboren. Diese Tierchen sind zu niedlich, und wir freuen uns stets darüber, wie lustig sie umherspringen. Fritz hat schon die Rinder aus dem Kral treiben lassen. Nun will „Makaroni", der Wächter, noch das Kleinvieh mitnehmen und öffnet dessen Kral. Wir stellen uns je auf eine Seite desselben und lassen die Tiere zwischen uns hindurch passieren. Gewöhnlich gehen beim Zählen des Kleinviehes unsere Berechnungen auseinander, und dann muß Makaroni die Tiere nochmals in den Kral zurückjagen, was er immer sehr widerwillig und mit Gebrumm tut. Endlich sind die alten Tiere herausgelassen und das Jungvieh „gekehrt", d. h. Kälber und Lämmer wieder in den kleineren Kral zurückgetrieben; nun geht Makaroni mit dem Vieh auf die Weide, während wir uns nach dem Hause begeben, um endlich unsern Kaffee zu uns zu nehmen.

Diese Frühstückszeit wird immer sehr lang ausgedehnt; es ist mit die gemütlichste Zeit des Tages. Gewöhnlich decke ich vor der Tür den Tisch; dort sitzt sichs so herrlich in der Morgenfrische, das Zwitschern der vielen tausend kleineren Vögel, die den Grassamen aufpicken, das Gurren der Lachtauben und das Locken der Perlhühner, die es hier scharenweise gibt, dringen an unser Ohr. Auf der Fläche sehen wir die abziehenden Herden, Groß- und Kleinvieh, immer kleiner erscheinend, nach und nach verschwindend. Nun muß auch bald Witfoot mit den Pferden kommen. Fritz nimmt von Zeit zu Zeit das Fernglas zur Hand und hält Ausschau: „Da kommen sie," ruft er auf einmal, „na Schatz, wo wollen wir heute hin?" — Und da ich hier draußen noch wenig Bescheid weiß, so sage ich: „Mir ists recht, wo du hin willst; vielleicht fahren wir einmal nach dem Tal dort links, Anna erzählte mir, daß dort in den niedrigen Büschen die Perlhühner ihre Nester machen; vielleicht finde ich mal eins." „Da wirst du vergeblich suchen," sagt Fritz, „ich habe noch nie Perlhuhneier gefunden; ich möchte heute nachmittag gern jagen. Kommst du da wohl mit? Wir wollen fahren; dann kann ich gleich die Beute auf die Pferdekarre nehmen." Ich bin natürlich gern bereit. — Nun sehe ich nach der Uhr: was, schon ein halb zehn? — dann nur schnell ans Kochen, damit der „strenge" Herr Gemahl kein schiefes Gesicht macht! „Anna, eissha kau, Maria, gami uh" (lege ans Feuer — hole Wasser). Nun koche ich eine schöne kräftige Brühe von Perlhuhn; die Brust löse ich aus, sie schmeckt gespickt oder wie Kotelett gebraten, vorzüglich; jedoch sind Beine und Flügel stets trocken und hart. Nach dem Kochbuch — ich vervollkommne mich hier erst in der edlen Kochkunst — mache ich eine Eiereinlage in die Suppe, dann gibts heute das Lieblingsgemüse meines Mannes, Blumenkohl und Kartoffeln, die aus dem Garten meiner Mutter stammen, danach ein Glas selbsteingemachte Melone. Das ist ein schönes Menü für Afrika, und ich freue mich schon, Fritz, der immer guten Appetit hat, sich daran delektieren zu sehen. Er lobt nachsichtig alles, was ich ihm vorsetze. Wenn ich auch mit Lust und Liebe die Küche besorge, manchmal gerät mir doch etwas nicht so, wie ich es gerne haben möchte, z. B. das Brot. Mein Ofen bäckt nicht gut. Nächstens wird April, der Fritz auf der Pad mit gutem Brot versorgt hat, mir das Backen in der Erde beibringen. Dazu wird in einem etwa einhalb Meter tiefen Loche ein Feuer mit trockenem Kuhdünger angezündet — dieser gibt die gleichmäßigste Hitze — ein gerader eiserner Topf, in dem das Brot vorher gegangen ist, wird auf die Glut gestellt, und auf den gut schließenden Deckel kommt wieder eine Schicht dieses afrikanischen Torfes.

Ganz erschöpft und hungrig kommt mein Mann gewöhnlich aus dem Garten. Die Hitze ist groß. Heute hat er einige Beete Kartoffeln gesteckt und verschiedene Gemüsesorten gesät. Zur Erfrischung biete ich ihm ein wenig saure Milch an und trage Essen auf. Nach dem opulenten Mittagsmahle legen wir uns lesend noch ein Stündchen hin, dann ruft Fritz die Leute wieder. Schläfrig und lässig folgen sie dem Rufe. Sie sollen, bis wir zurückgekehrt sind, die Krale ausgebessert haben — im voraus aber wissen wir schon, daß sie bis zu unserer Rückkehr nicht zur Hälfte fertig sein werden. Maria und Anna sollen waschen; das Wasser ist schon herbeigetragen, nun setzen sich beide gemütlich an das Waschfaß und Pfeife rauchend, beginnen sie ihre Aufgabe. Ich sehe ihnen dabei nicht zu, denn die Art, wie sie waschen, reizt mich zu fortwährenden Ermahnungen. Das Reiben auf Steinen habe ich ihnen, Gott sei Dank, abgewöhnt, aber nun besteht das Waschen nur im Schlagen der einzelnen Stücke und Auswinden. Was hilfts! Das Resultat entschuldigt die Mittel, und wunderbar ists, daß die Wäsche dabei sauber wird; wenn ich auch manchmal ein Stück, das nicht ganz comme il faut ist, zurückgeben muß. Das nimmt Anna nicht übel. Sie sagt jedesmal: „Oh Misses, Anna is doch groote farky (Schweinchen), Anna is noch banja dumm." Maria hingegen, die stets etwas dreist ist, zieht gleich ein schiefes Gesicht und räsoniert vor sich hin. Ich tue, als höre ich nichts; tatsächlich verstehe ich auch nicht, was sie sagt, da sie Herero spricht.

Nun wird schnell noch ein Täßchen Kaffee getrunken, und dann schirrt Fritz die Pferde ein, die an den Fußgelenken gespannt, sich den Tag über in der Nähe des Hauses halten und die Witfoot eben heranbringt. Das muß mein Mann schon immer allein machen, die Schwarzen finden sich damit nicht zurecht. Jetzt gehts, nachdem noch alles abgeschlossen ist, die Fläche ohne Weg und Steg entlang, immer weiter im Tal, durch das man so stundenlang fahren kann. Manchmal treten die Berge weit auseinander, dann sind sie wieder nur einige hundert Meter von einander entfernt. Da plötzlich sieht mein Mann einen Bock. Rasch gibt er mir die Zügel, springt herab, und schleicht sich, immer gute Deckung suchend, hinter einen Baum; der Schuß knallt, Fritz hört das Aufschlagen der Kugel, aber der Bock läuft mit Windeseile davon. Sultan, der große gelbe Hund, jagt ihm nach — auf einmal bleibt er stehen, und nun, mit einem Satze springt er vorwärts — der Bock ist verschwunden, mein Mann eilt nach — er findet den Bock in den letzten Zügen und winkt mir näher heranzufahren. Wie freue ich mich über die Beute! Der Schuß hatte gut gesessen, aber das afrikanische Wild besitzt eine unglaubliche Zähigkeit und Widerstandskraft. Die besten Jagdhunde holen oft ein Tier, das einen Schuß durch einen Vorderlauf hat, nicht ein, und trifft der Schuß nicht direkt ins Herz oder in den Kopf, dann laufen sie mit den Wunden noch meilenweit.

Auf dem Rückwege hat mein Mann noch das Glück, ein Volk Perlhühner zu sehen. Es läuft auf einige Entfernung vor unseren Pferden quer über den Weg. Vom Wagen aus schießt Fritz in das Volk hinein, das eben mit lautem Flügelschlag in die Höhe geht. Zwei Tiere fallen nieder, Sultan bringt sie herbei. Nun fahren wir langsam unserm Häuschen zu. Wir sind von unserer Partie etwas zeitig zurückgekehrt. Die Rinder und Schafe sind noch nicht von der Weide gekommen. Wir gehen noch einmal nach dem Garten. Richtig: Hier ist das Ausbessern des Krals noch nicht einmal angefangen, nur die Viehkrale sind notdürftig geflickt. Bremen, der natürlich eine Entschuldigung gleich bereit hat, erhält die Weisung, daß heute jeder der Leute nur anderthalb Becher Reis, statt zwei Becher, bekommen soll.

Während wir dem Hause zuschreiten, dringt das Brüllen der heimkehrenden Rinder an unser Ohr, und nun beginnt ein lebhaftes Rufen und Antworten der Mutterschafe und -Ziegen und ihrer Lämmer. Manchmal versteht man sein eignes Wort dabei nicht, aber ich höre diese Musik lieber als die schönste Opernmelodie. Indessen mein Mann die Herden an sich vorüberziehen läßt, eile ich nach der Küche und finde zu meiner Überraschung die Wäsche dort fertig liegen. Schnell seife ich sie ein und lege sie über Nacht in den großen Kessel; morgen früh soll sie fertig gemacht werden. Nun besorge ich das Abendbrot, das heute wie beinah alle Tage aus Tee, Butterbrot und Eiern besteht. Und nachdem Fritz heraufgekommen ist und auch die Leute ihre gekürzte Ration empfangen haben, beginnt der Feierabend. Wir setzen uns vor die Tür unseres Hauses, wo wir viele schöne Abendstunden zubringen. Die Stille um uns, der wundervolle, reichgestirnte Himmel, die balsamische Abendluft und der von den Pontoks herübertönende vielstimmige Kafferngesang üben einen großen Zauber auf uns aus. Oft erzählen wir einander aus unserer Jugendzeit, oder wir durchleben in der Erinnerung noch einmal die schöne Zeit von unserer ersten Begegnung auf dem Wege nach Groß-Windhoek bis zu unserer Hochzeit. Alle diese Erinnerungen stimmen mich voll Wehmut, immer habe ich das Gefühl, als würde die Zeit, in der wir uns unseres Glückes erfreuen könnten, nicht lange währen."

---

23. Mancherlei Erlebnisse.

Stets wenn wir in der Abendstille auf der Veranda vor unserem Hause saßen, drang der Schrei wilder Tiere zu uns. Das Kläffen der Schakale machte mich nicht mehr ängstlich. Unheimlicher schon klang der dumpfe, drohende Ruf der Hyäne. Einige Male hörte ich auch das markerschütternde, durch und durchdringende Gebrüll des Tigers, das, glaube ich, wer es gehört, nie wieder vergißt. Dann flüchtete ich, so schnell ich konnte, ins Haus, meinen Mann, den die gefährliche Jagd auf das Raubtier mit Macht lockte, flehentlich bittend, mitzukommen. In unseren Bergen hausten viele wilde Tiere. Eines Tages kam Herr F. bleich vor Schrecken zu uns; in dem ungewissen Schein der abendlichen Dämmerung hatte er, auf dem Wege von Farm Hoffnung kommend, in dem Seitental einen Tiger in seiner Höhle liegen sehen. Mein Mann hatte, Gott sei Dank, nie das „Glück", den unheimlichen Gesellen zu entdecken.

Ein Tag verging wie der andere auf Farm VII still und gleichförmig, und doch erinnere ich mich lebhaft eines jeden einzelnen. Besonders schön war es immer, wenn meine Schwestern uns besuchten, und sie selbst kehrten auch jedesmal entzückt nach Hause zurück. Mit Käthe machten wir eines schönen Tages einen schönen Jagdausflug zu Fuß. Sultan fand alle Augenblicke Spuren von Wild; jedoch bekamen wir nichts zu Gesichte. Plötzlich stutzte Sultan, knurrte mehrere Male, scharrte mit den Vorderfüßen, sah auf seinen Herrn, und als dieser herankam, und wir vorsichtig folgten, lag vor uns im Gebüsch eine riesenhafte Schildkröte, so groß wie ich sie nie vorher oder nachher gesehen habe. Ihr ängstliches Zischen klang fast unheimlich, allein wir wußten ja, daß die Tiere ungefährlich sind. Mein Mann trug die Schildkröte nach Hause, wobei er sie immer nach kurzer Zeit hinsetzen mußte, denn sie war so schwer, daß Käthe und ich sie nicht tragen konnten. Bis zum nächsten Morgen wurde sie in eine tiefe Kiste gesetzt, wo sie uns mehrmals in der Nacht durch die Geräusche, die sie durch ihr Klettern und Hinfallen hervorbrachte, erschreckte. Andern Tages sollte sie geschlachtet werden; aber wie das anfangen, da sie beständig den Kopf in ihr Gehäuse eingezogen hielt und ihn nur auf Augenblicke, um Umschau zu halten, hinaussteckte! Wir überließen das Abschlachten Witfoot; bald kam er und zeigte uns den Bauchpanzer, den er durch Sägen abgetrennt hatte. In dem geöffnet vor uns liegenden Leibe des Tieres waren zahlreiche Eier von der Größe eines Perlhuhneies bis zu der einer Erbse, wohl achtzig bis hundert Stück. Käthe bereitete zunächst ein Ragout, das von meinem Mann und ihr mit großem Behagen gegessen wurde, während ich mich nicht dazu entschließen konnte, nachdem ich das geöffnete Tier gesehen hatte. Die Eier sahen gekocht eigentümlich aus: die Schale war weiß und pergamentartig, das Weiße blieb trotz stundenlangem Kochen gallertartig, und das Eigelb war körnig wie Gries. Von dieser einen Schildkröte gab es mehrere Gerichte, die bei allen, außer bei mir, großen Beifall fanden; die gebratene Leber und eine kräftige Brühe von den abgehäuteten Füßen und dem Kopfe sollen sehr schmackhaft gewesen sein.

Die beiden Frauen in der Küche waren äußerst verwundert, daß ihre Herrschaft Schildkröten aß, denn ihrer Meinung nach taten dies nur arme Leute, und sich schüttelnd sah Anna uns beim Verspeisen zu. Der Geschmack ist verschieden! Was verzehrten unsere Leute alles, das ihnen als Delikatesse dünkte: gebratene Heuschrecken, womit sie sich sämtliche Taschen füllten und ab und zu einen Mundvoll während der Arbeit nahmen, Klippdachse mit Fell und Eingeweiden, totgeborene Lämmer, ausgebrütete Eier, Mäuse, alte Riemen — alles wurde in glühender Asche geröstet und mit Behagen verspeist. Und unsere Leute litten doch keine Not.

Mit den Herren der Siedelungsgesellschaft, die auf Farm

Hoffnung in etwa einer Viertelstunde zu Pferde von uns zu erreichen waren, hielten wir gute Nachbarschaft, und jedes Mal, wenn unser Weg nach Windhoek uns bei den Zelten dieser Herren vorüberführte, stiegen wir für ein Weilchen dort aus. Einen besonders schönen Tag erlebten wir einmal auf der Farm Hoffnung, als noch Stabsarzt Doktor Sander der Oberleiter der Siedelungsgesellschaft dort war.

Für mich war es in Abwesenheit meines Mannes wenigstens eine kleine Beruhigung, in erreichbarer Nähe Weiße zu wissen. Die Einsamkeit beängstigte mich überhaupt oft, besonders in der ersten Zeit auf Farm VII.

Einer schrecklich verbrachten Nacht denke ich noch. Mein Mann war früh am Morgen nach Groß-Windhoek geritten und hatte mir versprochen am Abend bestimmt wieder zurück zu sein. Am Nachmittage setzte ein Regen ein, der nicht mehr aufhörte. Ich behielt Anna bis spät abends im Hause und bat sie, die Nacht über bei mir zu bleiben. Die Pontoks der Eingeborenen waren reichliche 5 Minuten von unserem Häuschen entfernt. Ich weiß nun nicht, was Anna befürchten mochte, jedenfalls erwiderte sie auf meine Bitten: „as please lat doch Anna loop hei sin huis too" — (laß doch Anna zu ihrem Hause gehen, bitte). Ich blieb also allein, und draußen goß es in Strömen; der Regen trommelte auf das Wellblechdach und überdröhnte alle anderen Geräusche. Ich saß stundenlang lauschend an der Tür des Hauses mit doppelt geschärftem Gehör. Ab und zu war es mir, als hörte ich das ersehnte Pferdegetrappel und ich öffnete die Tür, um meinem heimkehrenden Liebling einen Lichtschein zu zeigen; dann trieb der Wind mir den Regen in Strömen ins Haus. Das Bellen der Schakale klang zeitweise aus geringer Entfernung, und plötzlich hörte ich den Schrei einer Hyäne nah und immer näher. Ich dachte an das schon erwähnte Erlebnis, das mein Bräutigam hatte, als er von Klein-Windhoek nach Farm VII ritt. War ihm am Ende wieder ein Raubtier begegnet? War irgend ein Unglück geschehen; er hatte doch bisher seine Versprechungen so pünktlich gehalten; warum kam er heute nicht zurück? Dann sagte ich mir, daß ihn meine Angehörigen des Regens wegen nicht hätten fortreiten lassen; aber dieser Vernunftsgrund wollte nicht stichhalten.

Wieder vergingen einige Stunden; da ließ der Regen nach, aber nun hörte ich fortwährend neue, mir unheimlich klingende Geräusche; manchmal war es, als schliche draußen jemand leise ums Haus, dann, als klopfe es an die Tür, — wieder klang der Hyänenschrei herüber, die Hunde bellten und wollten sich nicht beruhigen. Endlich zeigte meine Uhr vier. Draußen war es stockdunkle Nacht; ich aber nahm allen meinen Mut zusammen und lief zu den Pontoks, um Anna zu wecken. Sämtliche Hunde unserer Leute stürzten mit wütendem Gebell auf mich los; nachdem sie endlich, mich erkennend, mich freigegeben, rief ich Anna, die nun verschlafen taumelnd mich zum Hause begleitete. Ich nahm mein Tuch um und lief mit ihr in der Richtung auf Farm Hoffnung zu. Manchmal kamen wir vom Wege ab; dann sah ich plötzlich vor mir die Umrisse einer, wie es mir schien, hohen menschlichen Gestalt. Erschrocken prallte ich zurück und erkannte erst bei genauem Betrachten, daß ich auf einen vielarmigen Kandelaberkaktus zugelaufen war. Endlich fanden wir uns in der Nähe der Eingeborenenhütten, auf Farm Hoffnung. Wir eilten darauf los, und Anna frug, ob ihr Herr nicht angekommen sei. Als die Leute verneinten, kehrten wir wieder zurück. Erst bei Tage wollte ich mich zu Fuß nach Windhoek aufmachen; jetzt war es noch zu unheimlich; ein Schakal schlich hinter uns her, und obgleich diese ganz ungefährlich sind, lief ich wie gejagt zurück, bis ich den Lichtschein meines Häuschens sah. Anna versprach nun, bei mir im Hause zu bleiben. Ich legte mich aufs Bett und mochte ein Stündchen geschlafen haben, als mich ein schußartiges Geräusch weckte. Entsetzt sprang ich

6*

in die Höhe und erkannte beim Hinaussehen durch das Fenster die dunklen Umrisse einer Herde Maulesel und Pferde auf der kleinen, mit Wellblech gedeckten Veranda. Sie schlugen einander übermütig mit den Beinen, und ein solcher Hufschlag mag wohl die Wand unseres Häuschens getroffen und mich geweckt haben. Die Störenfriede waren aus dem Kral der Siedelungsfarm ausgebrochen und hierher gekommen, wo sie vielleicht bessere Weide erwarteten.

Als die Morgendämmerung hereinbrach, ging ich mit Anna in der Richtung nach Windhoek zu. Auf dem Wege trafen wir Spuren, die ich für Hundespuren hielt; aber Anna rief erschrocken, hier sei eine Hyäne gelaufen, und man dürfe nie, bevor die Sonne vollständig aufgegangen sei, dieser Spur nachgehen. Doch mit dem Tagesanbruch war mir der Mut gewachsen, ich ging weiter, und bei der nächsten Wegwendung kam uns ein Reiter entgegen, den ich sofort als meinen geliebten Mann erkannte. Wie groß war sein Erstaunen über mein Kommen und meine Freude, ihn gesund und wohlbehalten wieder zu haben.

---

24. Wohnungswechsel. — Rückkehr meiner Angehörigen nach Deutschland.

Unser Aufenthalt auf Farm VII nahm schon Anfang April ein Ende, da sich ein Zusammenwirtschaften mit dem Kompagnon als unmöglich erwies. Das Kompaniegeschäft wurde aufgelöst. Während ich die nächsten Tage wieder in Windhoek im Elternhause zubrachte, unternahmen der Bräutigam meiner Schwester, Herr von Schultz, und mein Mann einen Ritt nach dem Osten, nach Gobabis, in der Absicht, sich die dortige Gegend anzusehen und eventuell eine Farm zu kaufen. Leider verlief der Ritt resultatlos, und sehr ermattet von den Strapazen kehrten beide heim. Durch heftige Regengüsse waren sie bis auf die Haut durchnäßt worden, stundenlang verfolgten sie ohne Weg und

Steg die mutmaßliche Richtung und verbrachten die Nächte im freien Felde, wo der Regen unaufhörlich auf sie herabströmte. Trotzdem schliefen sie auf ihren Sätteln liegend ein. Als sie vor Tagesgrauen erwachten und aufstanden, waren ihre Kleider und Schuhe so durchnäßt, daß das Wasser daraus rann. Vor Kälte sich schüttelnd, fingen sie die Pferde ein, um bei einem scharfen Ritte sich wieder zu erwärmen. Ein Wunder wars, daß sie sich auf dieser Tour keine Krankheit zugezogen hatten. Wir dankten Gott, sie wieder gesund bei uns zu haben. Mein Mann erkundigte sich dann nach verkäuflichen Regierungsfarmen, erhielt jedoch, wie schon im Jahre zuvor, die Antwort, daß die Grenzen zwischen Regierungs- und Gesellschaftsland noch nicht festgelegt wären. Man hatte anscheinend in Windhoek keine Eile mit dieser Sache. So beschloß mein Mann, nun fürs erste in Windhoek zu bleiben.

Auf einem ihm gehörigen Grundstück in Klein-Windhoek schlugen wir unser Wellblechhaus wieder auf. Das Wohnen hier hatte den Vorzug, daß wir vorläufig mit unseren Angehörigen zusammen waren und sowohl unsere Pläne und Aussichten mit ihnen beraten, als meiner Mutter, die in Unterhandlung wegen Verkaufs ihres Grundstückes an die katholische Mission stand, beistehen konnten. Wie unendlich leid tat es uns, daß die väterliche Besitzung, unser „zu Hause", in fremde Hände übergehen sollte. Besonders mir wurde es schwer, kein Elternhaus mehr hier zu haben, niemand mehr in Afrika von meinen Angehörigen, mit denen ich doch sechs Jahre hier draußen gelebt hatte.

Doch für meine Mutter war es das beste, mit meiner jüngsten Schwester nach Deutschland zurückzukehren. Nachdem auch Käthe sich verheiratet haben würde, konnte sie das Grundstück allein nicht mehr bewirtschaften. Der Verkauf kam zustande; aber mit dem Preise, den meine Mutter erzielen konnte, waren nur die direkten Ausgaben gedeckt, die mein Vater gehabt hatte; die Verbesserungen, die er vorgenommen, sein unermüdlicher Fleiß und seine Mühe blieben unentschädigt.

Am 1. Juli sollte die Übergabe des Grundstückes an die katholische Mission erfolgen. Noch vorher, am 24. Juni 1899, feierten wir die Hochzeit meiner Schwester mit Herrn von Schultz, dem früheren Leiter der Musterfarm der Siedelungsgesellschaft. Die Feier war still und einfach. Das junge Paar begab sich kurz darauf nach Swakopmund, von wo es bald die Rückreise nach Deutschland antrat. Ihnen folgten am 4. Juli meine Mutter und Lieschen, die den am 19. Juli abgehenden Dampfer erreichen wollten. Mein Mann allein wußte, wie schwer mir der Abschied von allen wurde, besonders von meiner Mutter. Ich sah sie mit banger Sorge reisen; denn sie hatte in den letzten Wochen zu kränkeln begonnen. Ein Gallenleiden hatte sich eingestellt, und noch in den letzten Tagen vor ihrer Abfahrt litt sie so furchtbare Schmerzen, daß sie fürchtete, noch länger in dem Lande festgehalten zu werden, in dem sie so viel Kummer erfahren hatte.

Doch sie konnte die Heimreise antreten; mein Mann und ich begleiteten sie in unserer Ochsenkarre bis Brakwater, von wo sie die Weiterreise mit Lieschen in dem Wagen eines Buren fortsetzen wollte. Ich sehe noch im Geiste, wie meine Mutter, die von den Krankheitsanfällen entsetzlich elend geworden war — ihr Gesicht, die Hände waren vollständig gelb und erschreckend mager — uns von dem langsam dahinrollenden Wagen aus Lebewohl zuwinkte und neben ihr Lieschen, beide uns zurufend: „Auf baldiges Wiedersehn".

Wie ersehnte ich die Nachricht von der glücklichen Ankunft meiner Angehörigen drüben in Deutschland! Ja, „auf Wiedersehn" hatten sie gerufen! — Daß sie nicht nach Afrika zurückkommen würden, war gewiß; würden Fritz und ich einmal in die deutsche Heimat reisen? Wir beide hofften es; aber bis dahin würde noch viel Wasser dem Meere zuströmen; erst wollten wir etwas vor uns gebracht haben — als self made man sollte Deutschland meinen Mann wiedersehen.

In wehmütigen Gedanken traten wir den Rückweg von Brakwater an. Wie kam mir alles traurig und öde vor in den ersten Tagen und Wochen nach der Abfahrt meiner Lieben. Aber immer wieder fand ich Trost bei meinem lieben Mann. Wir schlossen uns um so inniger aneinander, und ich höre noch seine Worte: „Ich will nun versuchen, dir Elternhaus und Angehörige zu ersetzen; laß uns jetzt nur auf unsere Liebe vertrauen, in einigen Jahren sehen wir die Unsrigen drüben wieder."

Wir durchlebten schwere Zeiten: Zeiten der Krankheit und Zeiten, in denen unvorhergesehene Unglücksfälle uns pekuniär schwer schädigten, und Geldsorgen uns viel schlaflose Nächte bereiteten — allein unsere Liebe half auch diese Zeiten überstehen, ohne daß das Unglück uns darnieder beugte.

25. In Windhoek. — Kaffertänze.

Wir zogen jetzt in das Haus des Ansiedlers W., der in Klein-Windhoek mit seinem zwölfjährigen Sohne wohnte. Sehr große Vorzüge vor unserem Wellblechhause hatte diese Wohnung zwar nicht, doch bot sie besseren Schutz vor allzu großer Hitze und Sturm, und ich war froh, nicht mehr im Freien kochen zu müssen. Die Zimmer freilich waren in schrecklichem Zustande, besonders der Fußboden, den wir mit einer Segeltuchplane belegten, um das Aufwirbeln des Staubes — der Boden bestand aus einer weichen Lehmschicht — wenigstens einigermaßen zu verhindern. Aber wenn am Morgen alles sauber gemacht und unser Frühstückstisch gedeckt war, dann kam es uns trotz aller Mißstände ganz behaglich in unserem Heime vor. Sehr trugen dazu mein liebes Klavier und die vielen Möbel bei, die meine Mutter uns bei Auflösung ihres Hausstandes gegeben hatte und die uns so vertraut und lieb geworden waren.

Aus den Fenstern unserer Zimmer sahen wir den schönen, großen Garten, das weinumrankte Haus unserer Eltern. Mit Wehmut richteten sich täglich meine Blicke darauf; ich besuchte oftmals die katholischen Brüder, die jetzt dort schalteten und walteten, und wenn ich unter ihrer Führung die in Haus und Garten vorgenommenen Veränderungen besichtigte, kam es mir wie ein Traum vor, statt meiner Mutter, meiner Schwestern die bärtigen, schwarzen, langröckigen Gestalten hier walten zu sehen. Geselligen Umgang pflogen wir gar nicht, und vermißten ihn auch kaum. Wenn doch die „guten Freunde und getreuen Nachbarn" sich ebensowenig um uns, als wir um sie bekümmert hätten! Allein oft wurden wir durch ihre unerbetene Anteilnahme und ihr Geklatsch geärgert.

Mein Mann stürzte sich faute de mieux mit Eifer in die Bewirtschaftung unseres Grundstücks. Er baute selbst einen Stall mit zwei Räumen für meine Hühner, deren Zucht ich bedeutend auszudehnen beabsichtigte, und an dem kleinen Garten, unserem Dorado, in dem der Wein, Feigen, ein Zitronen- und ein Oleanderbaum, Gemüse und Kartoffeln prächtig gediehen, hatte er große Freude.

Der Gartenbau lohnte zwar weniger noch als früher, aber es bot sich keine Aussicht auf irgend einen Erwerb, der wirklich gewinnbringend war. Von Tag zu Tag wurde unser Wunsch, von Windhoek fort auf eine Farm ziehen zu können, lebhafter. An einen Farmkauf war aber nicht zu denken; immer erhielt mein Mann dieselbe Antwort von den Beamten und den Rat, noch ein bis anderthalb Jahr sich zu gedulden; bis dahin würden die Verhältnisse sich mehr geklärt haben. Land von der Siedelungsgesellschaft zu erwerben, war unvorteilhaft; deren Farmen lagen zwar bedeutend günstiger, waren wohl auch wasserreicher und im allgemeinen besser; allein die Gesellschaft verlangte zwei Mark als Mindestpreis für den Hektar, während die von der Regierung gekauften Farmen nur fünfzig Pfennig der Hektar kosteten. Für frühere Angehörige der Truppe war der Preis sogar noch geringer, sie genossen vor anderen Farmern stets Vorzüge.

Sobald wir Zeit dazu hatten, gingen wir spazieren, am häufigsten schlugen wir den Weg nach der Hottentottenschanze nahe bei meiner Eltern Hause ein, einem Berg, dessen Gipfel eine aus Klippen gebaute Schanze krönte, die aus den früheren Kriegen der Herero und Hottentotten stammte. Von hier oben sahen wir eines Tages eine große Anzahl Kaffern bei der Ausübung ihrer Tänze. Die Frauen standen in einem Halbkreis, den Boden mit den Füßen stampfend und mit dem Oberkörper schreckliche Verrenkungen ausführend. Dazu sangen sie ihre melancholischen monotonen Weisen und klatschten mit den Händen den Takt. Inmitten dieses Halbkreises der Frauen tanzten die Männer, chassierten an den Frauen vorüber, kamen stampfend mit ausgebreiteten Armen auf sie zu, flogen dann wieder von ihnen wie entsetzt zurück und begleiteten alles mit ihrem Gesange. Die tiefen Stimmen erschallten recht melodisch. Es war uns erzählt worden, daß die Bergdamaras ganze Sagen und Romane aufführten, bei denen Eifersuchtsszenen die Hauptrolle spielten und vielfach ihre Gesänge, die bei zunehmendem Monde, hauptsächlich vor und gleich zu Beginn der Regenzeit stattfanden, Lobes- und Dankeshymnen auf die segenspendende Gottheit seien. Um die Tanzenden besser beobachten zu können, gingen wir den Abhang hinunter; wir erstaunten über die zeitweise leidenschaftlichen Gebärden der Männer, über das verschämte, gezierte Wenden des Kopfes, das ungraziöse Schwenken des Körpers bei den schwarzen Damen. Doch ihre Aufmerksamkeit lenkte sich auf uns, und es trat eine Pause ein. Einige Witzbolde machten offenbar ihre Bemerkungen über uns, wir zogen uns zurück, um nicht länger der Gegenstand ihrer Aufmerksamkeit zu sein.

Als es dunkel geworden war, sahen wir den Leuten aus größerer Entfernung noch eine Zeitlang zu. Der Tanzplatz war vom Mondlichte und einem im Hintergrunde angezündeten Feuer magisch beleuchtet, und der Anblick der dunklen Figuren, welche sich bei dieser Beleuchtung von der umgebenden Finsternis scharf abhoben, der eigentümliche Gesang, der träumerisch herüberscholl, fesselten uns noch lange. Es war ein Bild von überaus romantischem Zauber. Als wir aber der Nachtruhe pflegen wollten, störte uns der vielstimmige Gesang, das Stampfen der Füße und das Klatschen der Hände. Der Lärm währte noch die halbe Nacht hindurch; unsere Aufforderungen, den Tanz für heute zu unterbrechen, wurden unbeachtet gelassen, bis mein Mann, da wir gar nicht einschlafen konnten, sein Gewehr nahm und hoch in die Luft schoß. Das hatte den gewünschten Erfolg; durch den Knall erschreckt, stob die schwarze Gesellschaft auseinander und begab sich nun auch zur Ruhe.

---

26. Ausflug nach Otjisewa.

Meinem Mann machte es besonderes Vergnügen, junge Pferde zuzureiten, und ich sah oft mit Schrecken, wie diese jungen wilden Tiere alle möglichen Versuche machten, ihn abzuwerfen. Aber mein Mann war ein vorzüglicher Reiter und wie verwachsen mit den Pferden. Ich selbst begleitete ihn manchmal zu Pferde. Eines Tages ritten wir zusammen mit einem uns bekannten Herrn X., den geschäftliche Angelegenheiten nach Otjisewa (etwa 6 Stunden hinter Windhoek), führten, dorthin. Er hatte meinen Mann um seine Begleitung gebeten, und dieser forderte mich auf, mitzukommen, was ich mit Freuden tat. Wir brachen frühzeitig auf, bei Mittelstaedts Farm wurde während der Mittagshitze eine mehrstündige Rast gemacht; dann gings ununterbrochen weiter bis Otjisewa. Ich war zuletzt von dem ungewohnten Reiten tüchtig ermüdet, meine Begleiter mußten meinetwegen ihre Pferde langsamer ausschreiten lassen, und da es inzwischen Abend geworden war, konnte man von der hübschen Gegend nichts mehr sehen, trotz der fahlen Mondbeleuchtung. Plötzlich hielten wir vor einem großen, schön gebauten Hause, und durch das Pferdegetrappel herbeigelockt, kam ein höflicher Wirt vor die Tür, der uns und Herrn X. sogleich freundlich möblierte Fremdenzimmer anwies. Nachdem wir ein wenig Toilette gemacht hatten, stand ein einladendes Abendessen für uns bereit. Ich war höchst erstaunt, in dieser Gegend ein solch komfortables Hotel zu finden; sehr befriedigt und todmüde vom langen Ritt begab ich mich bald zur Ruhe. Doch in der Nacht weckte mich mehrmals der unheimliche, mir wohlbekannte Schrei der Hyäne, dem ein furchtbares Kläffen der Hunde folgte. Am nächsten Morgen erzählte der Wirt, daß wieder eine Kuh vom „Wolf" (so nennen die Eingeborenen die Hyäne) geschlagen worden sei; er wisse sich keinen Rat mehr gegen das Raubgetier. Bevor wir fortritten, besichtigten wir den Viehbestand des Wirtes, Herrn K. Wahrlich, der Handel mit den Eingeborenen mußte sich lohnen! In einem Kral standen mehrere Pferde, und eben brachte ein Herero einen schönen Schimmel zum Verkauf. Auf der anderen Seite des Hauses warteten einige Hereros mit Kühen und Ochsen, um Kost und Kleider dafür einzutauschen. Rinder und Kleinvieh in den Kralen zählten nach vielen Hunderten, und K. teilte uns mit, daß er in einiger Entfernung noch verschiedene „Posten" habe, wo Vieh stünde. Gern hätte ich dem Handel mit den feilschenden, lebhaft auf K. einsprechenden Hereros weiter zugehört, doch mahnte Herr X. zum Aufbruch, da wir noch vor der großen Mittagshitze wieder auf Farm Elisenheim sein wollten. Zu Anfang ritt sichs herrlich in der frischen Morgenluft; der Weg führte uns wie durch einen Park; in Windhoeks näherer Umgebung gab es keinen so dichten Baumwuchs, wie hier, und ich freute mich an dem seltenen landschaftlichen Bilde. Manchmal ragte ein mannshoher Termitenhügel zwischen den Bäumen auf. Der Boden war mit gelblichem, trockenem Grase bedeckt, und ab und zu sahen wir Herden von Rindern oder Kleinvieh weiden. Der Himmel über uns war wie immer blau und wolkenlos, und tief sogen wir die Morgenluft ein.

Unsere Pferde trabten lustig den Weg entlang, als plötzlich durch ein Geräusch am Wege erschreckt, die große Stute meines Mannes zur Seite sprang. Unter einem niedrigen Busch saßen einige nackte Hererofrauen mit ihren Dreimastern auf dem Kopfe und boten Milch zum Kauf an. Mein Mann, der Durst verspürte, sprang vom Pferde und erstand sich nach einigem Handeln in holländischer Sprache für einen Sixpence etwa 1 Liter Milch; der Wissenschaft halber nahm ich auch einen Schluck von der „Omeire", aus der höchst unappetitlich aussehenden Kalabasse (Flasche aus Kürbis), kann aber nicht sagen, daß sie mir gemundet hätte, im Gegenteil, noch ein Schluck, und ich wäre gewiß seekrank geworden.

Spät am Abend kamen wir in Klein-Windhoek mit einem wahren Wolfshunger an, den wir in dem kleinen Gasthause von H. stillten. Es fand dort gerade ein Tänzchen statt, doch nahm ich nicht mehr teil daran, da ich von dem langen Ritt vollständig „schlapp" war.

---

27. Allein in schwerer Zeit, 1900.

Weihnachten 1899 war für uns ein trauriges Fest, weil wir es zum ersten Male so allein verleben mußten. Wir hatten einander wohl kleine Geschenke gemacht, auch das Weihnachtsbäumchen geschmückt; aber die Freude wollte nicht recht kommen. Nachdem wir unseren Schwarzen die üblichen Geschenke an Kleidungsstücken, Kuchen und Leckers gemacht hatten, setzten wir uns vor die Tür, Hand in Hand, ohne das Bedürfnis zum Sprechen zu empfinden; wir waren vollständig von traurigen, wehmütigen Gedanken beherrscht. Als wir stumm geraume Zeit so zugebracht hatten, stand mein Mann auf und braute ein kleine Bowle, um, wie er sagte, die Stimmung zu heben. Doch auch dies animierende Getränk blieb diesmal ohne Wirkung, und bald begaben wir uns zur Ruhe. Die nächste Post aber brachte uns eine nachträgliche Weihnachtsfreude. Mein Mann erhielt von seinen Eltern die Nachricht, daß sie ihm eine größere Summe Geldes schicken würden, die uns hoffentlich zur Gründung einer sicheren und angenehmeren Existenz verhelfen würde. Mein Mann schaffte sich sofort zwei Wagen mit Ochsengespann an. Er versprach sich einen guten Gewinn von den Fahrten nach der Küste. Das notwendige Wagenpersonal war auch bald engagiert, zwei Hottentotten als Treiber und einige Bergdamaras. Unter diesen befand sich als Ochsenwächter ein vierzehnjähriger Junge, unseres Witfoots Neffe, den wir einmal nahe bei unserem Garten unter einem Baum liegend gefunden hatten, mitleiderregend durch seine entsetzliche Magerkeit. Mein Mann machte mich auf noch unvernarbte Wunden aufmerksam, die der arme Junge auf der Brust hatte. Auf unsere Frage nach deren Ursprung erwiderte Witfoot, der Junge habe sich, um den peinigenden Hunger zu betäuben, glühende Kohlen auf den Leib gelegt — ein probates Mittel gegen den Hunger! Als wir uns nach seinem Namen erkundigten, sagte Witfoot: „Mein Baas (Herr), ich mache dir den Jungen zum Präsent, bei dir wird er wohl zu essen bekommen, du kannst ihn ja Präsentmensch nennen; denn einen Namen hat er nicht.“ Dieser Präsentmensch erwies sich, nachdem er zu Fleisch und Kräften gekommen war, als ein gutartiger und recht brauchbarer und anhänglicher Junge, der auch später seinen Baas gewiß nicht verlassen haben würde, wenn nicht Witfoot, durch einen Weißen aufgestachelt, ihn mit sich genommen hätte.

Anfang Januar unternahm mein Mann die erste Fahrt nach Swakopmund. Wie schwer fiel uns, die wir so ausschließlich aufeinander angewiesen waren, die Trennung! Fünf Wochen, so rechneten wir, würde mein Mann wohl unterwegs sein. Gern hätte ich ihn begleitet, allein es ging nicht, da mir schwere Zeiten bevorstanden. Am Tage flogen meine Gedanken wohl tausendmal zu ihm, die Abende verbrachte ich in trübseliger Stimmung, und in den Nächten plagten mich bange Vorstellungen. Es kamen wohl häufig Briefe von meinem geliebten Mann, allein manche von ihnen waren schon acht Tage zuvor geschrieben; was konnte sich inzwischen ereignet haben?

Am 20. Februar wurde uns ein Söhnchen geboren. Wie habe ich in den schweren Stunden und den darauf folgenden Tagen meines Mannes liebe Gegenwart, seine fürsorgende Liebe und Zärtlichkeit schmerzlich vermißt, wie schwer wurde es mir auch, niemand von meinen Angehörigen um mich zu haben! Ich fühlte mich grenzenlos verlassen. Nur selten kam auf Augenblicke eine Krankenschwester zu mir. Heiß ersehnte ich die Rückkehr meines Mannes, der durch unvorhergesehene Ereignisse länger als er geglaubt, festgehalten wurde. Durch Nachlässigkeit der Leute waren seine Ochsen entlaufen, und erst nach zehn Tagen Suchens auf dem Platz wieder eingetroffen. Dann mußten in Otjimbingue notwendige Reparaturen an den Wagen vorgenommen werden, was die Rückkehr wieder um einige Tage verzögerte. Während der ganzen Zeit blieb mein Mann ohne Nachricht von mir, da die ihm gesandten Briefe ihn nie am richtigen Orte erreichten. Erst kurz vor Windhoek hatte er die Geburt seines Söhnchens erfahren. Endlich, am 2. März, kam er nach fast 7wöchiger Abwesenheit zurück. Unbeschreiblich groß war das Glück des Wiedersehens, die Freude des Vaters über seinen Jungen. Immer und immer wieder schloß er mich und das Kind in seine Arme, wünschend, daß er uns nie mehr zu verlassen brauche.

Es folgten nun schöne Wochen ungetrübten Zusammenlebens, in denen wir uns so recht unseres Glückes freuten.

28. Verunglückte Tour nach Rehoboth.

Auf seiner nächsten Reise sollten wir, das Kind und ich, meinen Mann begleiten. Dieselbe führte ihn nach Rehoboth. Dort wollten wir, da in Windhoek kein Geistlicher war, unser Kind vom Missionar taufen lassen. Leider wurde es eine verunglückte Tour und brachte uns viele Mühsale und Aufregung. Am Nachmittag des festgesetzten Tages fand ich mich mit unserem Jungen und einer eingeborenen Frau, meiner persönlichen Begleitung, pünktlich in Groß-Windhoek ein. Da kam mein Mann und bereitete mich auf ein längeres Warten vor. Erst bei Dunkelwerden war alles zur Reise bereit; da fehlten plötzlich die Kühe, welche von der Bezirkshauptmannschaft zur Verteilung an die durch die Rinderpest geschädigten Bastards mitgegeben werden sollten (Rehoboth liegt mitten im Bastardgebiete), und als das Vieh endlich kam, war es zu spät zur Abfahrt. Nach einer Nacht, die wir im Hotel zubrachten, begaben wir uns zu den Wagen; doch fehlten jetzt einige der Einspannochsen. Wieder hieß es: warten, und erst am Nachmittage konnten die Wagen bespannt werden. Nachdem noch mehrmals die wilden Damarakühe entlaufen und wieder herbeigeholt waren, setzten sich unsere beiden Gefährte in Bewegung. Ich hatte unser Kind neben mir liegen, aber das Gerüttel war mir unheimlich, und ich nahm das Steckkissen mit dem, trotz der schuckelnden Bewegung und des Polterns sanft schlafenden Kinde auf den Schoß. Plötzlich gab es einen Ruck, der Wagen stand, Jakob, der unachtsame Treiber, war gegen einen Baumstamm gefahren, und dieser mußte erst abgesägt werden. Endlich war das geschehen und der Wagen wieder in Fahrt. Da riß bei den vorderen Wagen das eiserne Tau, an dem die Joche befestigt waren — also wieder warten, bis der Schaden repariert war — wieder weiter! Da spannte sich ein Ochse aus, dann brach ein Jochscheit, eine Kiste drohte herabzufallen und mußte von neuem befestigt werden! So ging es langsam weiter. Nach dreistündiger „Fahrt" wurde ausgespannt, da wieder eine Kuh entlaufen war; außerdem brach die Dunkelheit herein. Wir überblickten den zurückgelegten Weg und sahen uns nahe bei Windhoek.

Mein Mann schlug mit Witfoot ein kleines Zelt auf: eine „Kattel" (ein Holzrahmen mit kreuzweise eingespannten Riemen, worauf die Decken kommen und der das Bett darstellt) wurde hier hineingetragen; daneben kam unseres Jungchens Bett, und nach einem frugalen Abendessen zogen wir uns unter das Zelt zurück.

Am nächsten Morgen ging es etwas besser vorwärts, aber nach der Mittagsrast begann ein Weg, dessen Schrecklichkeit nur ermessen kann, wer schon in unkultivierten Ländern gereist ist. Oft fielen die Vorderräder mit Donnergepolter in tiefe Löcher, und mit lautem Krachen folgten die Hinterräder, dann wieder stand der Wagen derartig schief, daß ich fürchtete, im nächsten Augenblicke mit unserem Jungchen unter den Kisten begraben zu werden. Ich sah von meinem erhabenen Sitze aus voll Angst auf den Weg vor uns; sämtliches Wagenpersonal lief neben den Ochsen her, schreiend, kreischend, die armen Tiere mit den Peitschenstielen stoßend, mit der Mackoß schlagend und mit Steinen werfend. Mein Mann war überall, machte hier die Leute auf gefährliche Stellen aufmerksam, lenkte dort durch Zuruf oder Stoß die Ochsen von einem im Wege liegenden Baumstamme oder Steine fort, sah nach der Ladung und erkundigte sich ab und zu, wie es uns bei dieser Fahrt zu Mute sei. Plötzlich sah ich vom vorderen Wagen in hohem

Bogen zwei Säcke herabfliegen, einer, der Reis enthielt, platzte beim Aufschlagen, und der Reis rann auf den Boden. Alle Leute bemühten sich, ihn wieder einzufüllen und den Sack notdürftig zuzubinden. Noch eine Zeitlang gings weiter, dann machten wir Halt hinter dem Berge Aredaregas, wohin in der Regenzeit die Truppe ihre Pferde schickte. Der Ausspannplatz war herrlich. In einem Tal, in dem saftiges Grün den Boden wie eine Wiese bedeckte, standen hohe, schattenspendende Bäume. Ein kleines Revier, in dem jetzt noch mehrere große Pfützen waren, wand sich durch das Tal, und zu beiden Seiten waren hohe Berge. Wir befanden uns in dem Auasgebirge, und wie mir mein Mann sagte, stand uns am nächsten Tage ein ebenso schlimmer Weg, wie der zurückgelegte, bevor. Dann aber sollte die „Pad" besser werden. Vorläufig erholten wir uns bei einem wohlschmeckenden Mahl von den Strapazen des heutigen Weges. Bis jetzt hatte unser kleines Kind unter der unbequemen Fahrt anscheinend nicht gelitten, vielmehr sanft geschlafen. Nun aber machten sich die Folgen von dem unaufhörlichen Schütteln des Wagens, dem Stürzen und Poltern geltend. Der Junge wurde unruhig und weinte dann ohne Unterbrechung die ganze Nacht hindurch; das kleine Köpfchen war glühend heiß. Ich geriet in große Angst; denn das Kind war sonst stets ruhig und gut. Was sollten wir beginnen? Mein Mann riet zum Weiterfahren! In einem gastlichen Hause Rehoboths würden wir Aufnahme finden. Aber wann würden wir dahin kommen, wenn die Reise in dem bisherigen Tempo weiterginge? Und war das Kind wirklich krank, was dann ohne ärztliche Hilfe beginnen?

Nach vielfachem Überlegen im Laufe der Nacht nahm ich meinen noch immer weinenden Jungen am nächsten Tage vor Sonnenaufgang auf den Arm; Witfoot und eine Frau begleiteten mich, und nun gingen, nein liefen wir den Weg nach Windhoek in etwa sechs Stunden zurück. Mit Schrecken denke ich noch an das Waten im tiefen Sande bei der entsetzlichen Sonnenglut; die Zunge klebte mir am Gaumen. Doch während des Gehens beruhigte sich das kleine Geschöpf. Todmüde langte ich zu Hause an und rastete ein wenig, bevor ich mich fertig machte, einen Arzt zu holen. Aber als ich nochmals an das Bettchen des Kindes trat, wie freute ich mich, als dieses mit tiefen Atemzügen ruhig schlief, sichtlich ganz gesund und nach dem Erwachen mich anlachte. Meine Angst war also grundlos gewesen, und um so mehr bedauerte ich nun, umgekehrt zu sein und meinen Mann nicht begleitet zu haben.

29. Traurige Erfahrungen.

Diese Tour nach Rehoboth brachte uns auch sonst noch viele Unannehmlichkeiten und statt des erwarteten materiellen Profites nur Schaden. Unter den von der Bezirkshauptmannschaft meinem Manne mitgegebenen Kühen brach Lungenseuche aus, und nach den Seuchebestimmungen mußten nun auch die Treckochsen mehrere Wochen auf einem Isolierposten zubringen. Nach den eingezogenen Erkundigungen hatte die Bezirkshauptmannschaft selber gegen die von ihr gemachten Bestimmungen gefehlt (daher die Erkrankung der Kühe), und hätte also den entstandenen Schaden zu tragen gehabt; denn während mein Mann den unfreiwilligen Aufenthalt in Rehoboth hatte, ging ihm eine gewinnbringende Fahrt verloren, das Wagenpersonal mußte die Zeit über beköstigt und bezahlt werden, und für ihn selbst war der Aufenthalt in Rehoboth sehr kostspielig. Als aber mein Mann bei seiner Rückkehr seine Ansprüche geltend machte, wurde er vom Bezirkshauptmann mit der Begründung abgewiesen: für derartige „Entschädigungen" seien keine Fonds vorhanden, und der Einzelne müsse für das Wohl der Gesamtheit leiden usw. Sofort nach der Rückkehr von Rehoboth schickte mein Mann die Wagen unter Leitung eines alten Treibers, Peter Kubas, nach Jakalswater. Er hatte von der Proviant-Verwaltung einen Schein darüber erhalten, daß dort Frachten bereit lägen, und die Wagen so schnell als möglich herunterfahren sollten, um diese zu holen. Mein Mann selbst war des Padlebens müde; er wollte sich mehr seiner Familie widmen und hoffte außerdem durch Arbeiten, die er in Windhoek von seinen Leuten ausführen ließ, seinen Gewinn zu erhöhen. Dem alten Kubas konnte er den Transport getrost anvertrauen. Wie groß war jedoch unsere Enttäuschung, als die Wagen ohne Fracht zurückkamen. Durch irgend eine Unregelmäßigkeit der Behörden waren die meinem Manne schriftlich zugesagten Frachten anderweitig vergeben worden, und nicht nur, daß so der erwartete Gewinn ausblieb, mein Mann hatte auch die teure Kost und Löhnung der Leute ganz allein zu tragen ohne jede Entschädigung. Auch diesmal blieben die Vorstellungen der Regierung gegenüber erfolglos, trotzdem meinem Manne durch jene innerhalb von sechs Wochen ein so bedeutender direkter Schaden entstanden war, den indirekten gar nicht gerechnet. Auch ein gegen die Regierung geführter Prozeß hatte negativen Erfolg und brachte meinem Manne hohe Gerichtskosten, ebenso erging es bei dem von ihm angestrengten Berufungstermin.

Die Verhältnisse in Windhoek verschlechterten sich von Monat zu Monat. Die Regierung drückte die Preise für sämtliche Produkte; die Frachtpreise sanken, obgleich kein Grund dazu vorlag; Gemüse galt fast nichts, Kartoffeln, welche die Jahre vorher auf 60, 70, ja sogar 100 Mark der Zentner gestanden hatten, waren auf 30 Mark gefallen. Die Stimmung der Ansiedler war sehr gedrückt, und überall, wo sich einige zusammenfanden, wurde auf die Regierung geschimpft und leider mit Recht. Die traurigen Verhältnisse und Aussichten für die Zukunft drückten auch auf uns Frauen; was hätte ich darum gegeben, meines geliebten Mannes Stirn aufheitern zu können!

Die beiden folgenden, von ihm unternommenen Fahrten

7*

warfen bei dem niedrigen Frachtsatze auch keinen Gewinn ab, und als gar auf der letzten Tour mehrere Ochsen eingingen, waren die Überschüsse für mehrere Fahrten im voraus verschlungen.

Endlich bot sich eine vorläufige, lohnende Beschäftigung. Von der Regierung und mehreren Privaten, die durch anderweitige Geschäfte in Anspruch genommen wurden, sollten Arbeiten für Eingeborene vergeben werden: Steinbrechen, Ziegelformen, Baumaterial heranfahren usw. Mein Mann, dem stets viel Leute zur Verfügung standen, weil sie bei ihm guter Behandlung gewiß waren, ließ diese Arbeiten ausführen. Da die von uns gedingten Eingeborenen gleichzeitig an verschiedenen Stellen beschäftigt waren, so teilten wir beide uns in die Beaufsichtigung der Leute. Mein Mann griff oft selber mit zu, und wenn die schwarze Gesellschaft behauptete, nicht schneller arbeiten zu können, bewies er ihnen diese Möglichkeit durch sein Beispiel. Diese Arbeiten warfen wenigstens so viel ab, daß wir dabei auskommen konnten, ohne von unserem Vermögen zuzusetzen, aber dies Leben war auch sehr anstrengend für uns, und ich konnte mich meinem Haushalte nicht in dem wünschenswerten Maße widmen.

Zum Glück hatte ich an meiner Bergdamara-Anna, die schon vier Jahre bei meiner Mutter im Dienst gewesen war, eine treue und einigermaßen zuverlässige Person, der ich, während ich selbst die Leute beaufsichtigte, unseren kleinen Axel getrost anvertrauen konnte. Nur ließ ihre Sauberkeit viel zu wünschen übrig; in der Beziehung tat es mir leid, meine Herero-Anna von Farm VII nicht mehr zu haben. Diese hatte leider ihr Herz einem Weißen geschenkt, und als die Folgen dieser Liebe nicht ausblieben und sie sich von dem kleinen, gelben, mordshäßlichen Geschöpf nicht einmal für Augenblicke trennte, um den Tisch zu decken, mußten wir sie entlassen. Mit Maria von Farm VII, der leichtsinnigen Koketten, ging es ebenso. Sie war manchmal tagelang spurlos verschwunden, um plötzlich, sich ihrer Pflichten wieder erinnernd, mit der unbefangensten Miene von der Welt aufzutauchen. Spaß machte es uns, zu beobachten, wie ihr Gatte Witfoot diese Exkursionen seiner Frau aufnahm. Eines Tages frugen wir ihn, wo denn Maria wieder wäre, worauf er in wegwerfendem Tone erwiderte: „ik weet doch ni, waar de verdammte frumensch is". Im Innern aber kochte er vor Wut, und als er ausgekundschaftet hatte, daß sie sich auf einer Farm aufhielt, erbat sich Witfoot von meinem Manne ein Pferd, um die treulose Gattin wieder einzufangen. Nach einiger Zeit kamen sie anscheinend in größter Eintracht und Liebe zurück; Maria saß hinter ihrem Gatten und hielt ihn fest umschlungen.

---

30. Unterwegs nach Gobabis.

Die Regenzeit hatte früher als sonst, schon im November, begonnen. Mit ihrem Einsetzen mußten unsere Leute die Arbeiten: Ziegelformen usw. unterbrechen, und mein Mann unternahm nun eine Fracht nach Gobabis. Die Vorbereitungen zur Reise wurden getroffen, und er machte mir den Vorschlag, ihn mit unserem kleinen Axel zu begleiten. Ich kam natürlich sehr gern mit, denn die Reise währte voraussichtlich mehrere Wochen, und in diese Zeit fielen Weihnachten und Neujahr. Indessen fürchtete ich, meinem Mann eine unbequeme Reisegefährtin zu werden, da ich durch Krankheit sehr geschwächt war. Wir hatten uns mit allen Lebensmitteln und den notwendigsten Medikamenten reichlich versehen. Mein Mann hatte im Wagen eine Lagerstatt bereitet, eine „Kattel" war unter die Segeltuchplane geschoben worden, und eine Matratze sowie einige Decken darauf ermöglichten ein angenehmes Liegen. Zur Bedienung hatte ich unseres Buschmanns „au tarras" (alte Frau).

Am Nachmittage des 3. Dezember ging unsere Reise vor sich. Wir beide, mein Mann und ich, saßen auf der Vorkiste, während Klein-Axel, den die Müdigkeit bald überwältigte, im Wagen lag und schlief. Bald machten wir die unangenehme Überraschung, daß der uns so sehr empfohlene Treiber Seymann, ein Herero, vollständig unbrauchbar für sein Amt sei. Er verstand es vorzüglich, regelmäßig im Rivier festzufahren, und jedesmal mußte erst mein Mann herzukommen, um mit größter Mühe den Wagen wieder flott zu machen. Schließlich wurden die Ochsen durch das unvernünftige Schlagen derart kopfscheu, daß sie sich in den Jochen umkehrten, durcheinander liefen und nicht mehr zum Ziehen zu bewegen waren. Vor jeder kleinen Anhöhe blieben sie stehen, ein Teil der Fracht mußte abgeladen, und nachdem die Höhe erklommen, erst wieder aufgeladen werden. Bald gab mein Mann Seymann den Laufpaß und ergriff selber die Swip. Plötzlich entdeckte er, nachdem wir schon 1½ Tage von Windhoek entfernt waren, daß eine Hinterachse einer sofortigen Reparatur bedurfte.

Was nun tun! Der Wagen sollte noch bis auf eine Anhöhe fahren und dort von Buschmann und einigen Leuten, die mein Mann auf der nahe gelegenen Farm des Herrn Rust erbitten wollte, abgeladen werden. Allein mitten in einem kleinen Rivier blieb der Wagen stecken und war trotz aller Anstrengungen nicht herauszubringen. Die Vorderräder hatten sich tief in den losen Flußsand versenkt. Es war etwa 2 Uhr nachmittags; mein Mann ließ ausspannen und eilte mit Buschmann und einem kleinen Jungen, den er unterwegs aufgegriffen hatte, nach der Farm des Herrn Rust, Ondekaremba, um von dort Leute zu holen. Um 7 Uhr hoffte er wieder zurück zu sein.

Kaum war mein Mann fort, da bemerkte ich, daß sich schwarze Wolken zusammenzogen, bald grollte ferner Donner, und näher und näher kam ein Gewitter. Um etwa 6 Uhr begann der Regen in Strömen herniederzufallen. Ich hatte mich mit Axel unter das Zelt zurückgezogen, dieses vorn geschlossen und wartete voll Ungeduld auf das Nachlassen des Regens. Allein unaufhörlich prasselte er hernieder, beim Aufschlagen auf das Segeltuch einen Lärm verursachend, daß man kein anderes Geräusch vernehmen konnte. Ab und zu sah ich durch die Spalten der Plane nach der Färbung des Himmels; alles blieb grau in grau. Dann begann Axel zu weinen. Ich gab ihm sein letztes Fläschchen Milch, und hoffte, bis er wieder nach einer Mahlzeit verlangte, würde sein Vater zurück sein; Buschmann sollte ja frische Milch von Herrn Rust mitbringen.

Die Dunkelheit brach herein. Kein helleres Wölkchen am Himmel deutete auf baldiges Nachlassen des Regens. Mich erfaßte die Angst und mehrere Male rief ich nach „au tarras". — Keine Antwort. Wo war sie nur! Vor Beginn des Regens hatte ich sie beim Wagen sitzen sehen. Wir, Axel und ich, waren also allein in der Dunkelheit und in unbekannter Gegend, vielleicht auf Stunden im Umkreise keine Menschenseele. Schaudernd kam mir dies zum Bewußtsein. Draußen konnte man keine Handbreit weit vor sich sehen. Ab und zu zuckte ein greller Blitz durch das nächtliche Dunkel, und ich bemerkte bei seinem Scheine, daß von dem Berge vor uns Rinnsale, Bäche, Flüßchen zu dem Rivier, in dem unser Wagen stand, strömten. Wieder wartete ich einen Blitz ab, um zu sehen, ob schon Wasser in dem Flußbett stünde und horchte auf das „Abkommen" des Riviers. Bis jetzt war, Gott sei Dank, nur ein leises Plätschern zu hören. An einzelnen Stellen begann es, durch das Segel in den Wagen zu tropfen. Ich legte Axel auf eine Stelle, die mir sicher vor dem eindringenden Regen zu sein schien. Trotz meiner leisen Berührung erwachte er und begann nun zu weinen und verlangte seine letzte Mahlzeit. Ich nahm ihn auf den Arm, aber all mein Zureden blieb erfolglos. — Meine Angst wuchs von Minute zu Minute.

Ich hörte das Herannahen des Wassers in dem kleinen Rivier. Mit welcher Macht mußte es kommen, da doch von allen umliegenden Bergen das Wasser sich hinein ergoß. Vielleicht in der nächsten Minute schon würde unser Wagen umgerissen! Wie oft hatte ich von ähnlichen Ereignissen gehört. — Nun fielen mir alle diese Geschichten ein. Ich hörte das Rauschen und Gurgeln und fühlte die Bewegungen des Wagens mit immer sich steigerndem Entsetzen. Plötzlich wich die furchtbare Nervenspannung der letzten Stunden einer dumpfen Resignation. Ich glaubte gewiß, daß wir den kommenden Morgen nicht erleben würden, aber es kam mir gar nicht mehr schlimm vor, sterben zu müssen. Ich saß zwar schlaflos, aber ohne Unruhe mit meinem Kind im Schoße da, bis gegen 2 Uhr der Regen nachließ und ich das Zelt lüftete, um frische Luft zu schöpfen. Beim Morgengrauen tauchte eine dunkle Gestalt auf dem Wege auf, und voll Freude erkannte ich Buschmann, der mir von meinem Manne die Botschaft brachte, daß dieser sich wohlbehalten bei Herrn Rust befände. Noch jetzt, nachdem der Regen seit einigen Stunden aufgehört hatte, mußte Buschmann bis zum Wagen durch das Wasser waten. Doch nach einer weiteren Stunde hatte es sich vollständig verlaufen. Nun kam auch der Junge mit einer Kanne frisch gemolkener Milch und ihm auf dem Fuße folgte mein Mann.

Er hatte am Abend noch, wie er versprochen, zu mir zurückkehren wollen, aber der Fluß, der Herrn Rusts Farm durchfließt, war abgekommen, und so war er von mir abgeschnitten und ohne Möglichkeit, mich zu erreichen. Er verbrachte die Nacht in dem provisorischen Wohnhause des Herren Rust, das nur aus ungebrannten Lehmziegeln gebaut war; diese konnten den herniederströmenden Regenmassen nicht lange Widerstand leisten, und als die Herren am Morgen eben das Haus verlassen wollten, stürzte die Rückwand, an der die Betten standen, ein, und die zum Beschweren auf die Wellblechplatten des Daches gelegten riesenhaften „Klippen" fielen in den Raum. So waren beide Herren nur mit knapper Not dem Tode entgangen. Wie froh waren wir, uns nach dieser schrecklich durchlebten Nacht wieder in den Armen zu haben. Axel bekam seine Milch und war ruhig und vergnügt, und als Buschmann „au tarras" rief, polterte es im Rückteil des Wagens, und aus einem Berg von Decken kroch die Alte hervor. Sie hatte, wie sie sagte, die Nacht durch gut geschlafen, stürzte sich aber nun mit einem wahren Heißhunger auf die von Buschmann bereitete Kost. Nachdem alle Fracht vom Wagen abgeladen und mit einer Segeltuchplane bedeckt, am Wege niedergelegt war, wurde von neuem eingespannt, und nun zogen die Ochsen mit Leichtigkeit den Wagen aus dem Rivier und brachten uns nach Windhoek zurück. Am 17. Dezember, nachdem der Wagen repariert worden war, wurde von dort die Reise von neuem angetreten.

31. Weihnachten auf der Hereroniederlassung Otjihaenena.

Am zweiten Reisetage erreichten wir den Platz, wo unsere Kisten unter Buschmanns Aufsicht liegen geblieben waren und ließen sie aufladen. Es war ein recht ungemütliches Fahren auf dem mit schwerer Fracht beladenen Wagen, dessen Innenraum so ausgefüllt mit Kisten und Säcken war, daß nur für Axel ein Plätzchen erübrigt wurde, wo er schlafen konnte. Mein Mann und ich mußten auf der Vorkiste Platz nehmen, und trotz der Unbequemlichkeit dieses Sitzes hatten wir tagsüber beständig mit dem Schlafe zu kämpfen; so sehr ermattete die große Hitze.

Nach dem letzten Treck am Abend machten die Leute einen Raum im vorderen Wagen zurecht, wo unsere Matratzen liegen konnten, und dann schliefen wir herrlich, bis beim ersten Tagesgrauen die Stimmen unserer Wagenbegleiter uns weckten. Erst bei Seeis wurde wieder längerer Aufenthalt gemacht. Dort genossen wir das Schauspiel des Kamelzureitens. Die Tiere waren kurz zuvor importiert, um den Versuch einer Züchtung in unserer Kolonie zu machen. Doch wie die vorangegangenen Versuche, mißlang auch dieser; unerklärlicherweise hatte man diesmal zur „Zucht" neunundzwanzig Hengste und eine einzige Stute kommen lassen. Jetzt sollten alle Kamele nach dem Osten geschickt werden, da man sich von ihrem Nutzen in dem dortigen Sandfelde mehr versprach. Man erzählte uns, daß das Zureiten der störrischen Tiere große Schwierigkeiten bereitete.

Nach einigen Trecks erreichten wir am 24. Dezember den Platz Otjihaenena und blieben über den ersten Weihnachtsfeiertag dort. Bei den Hereros hat dieser Platz, der zu beiden Seiten des Nosob sich ausbreitet, noch zwei weitere Bezeichnungen: Otjinoanaua und Otjisauna korumongo. Otjihaenena ist eine große Hereroniederlassung; in weiten Abständen von einander liegen die zahllosen Werften der Eingeborenen. Jede Werft hat ihren eigenen Kapitän; seine und seiner Leute Hütten sind im Kreise um die Viehkrale erbaut; der niedrige Ausgang einer jeden Hütte, durch welchen man nur auf allen Vieren gelangen kann, führt stets nach dem Kral. Die Hütte selbst, ein kuppelförmiges Gebäude, besteht aus einem Gerippe aus Fahlbusch, das mit einer Querschicht von dünnem Rohr oder Zweigen belegt und durchflochten wird. Dieses Nest bestreichen die Frauen von innen und außen mit einer Mischung aus Kuhdünger und Lehm, die bald erhärtet.

Hier in Otjehaenena hatte ich zum erstenmal Gelegenheit, das Feldleben der Hereros kennen zu lernen. Sie waren hier zum größten Teil Christen und beinahe sämtlich europäisch gekleidet, doch boten mir ihre noch ganz ursprünglichen Sitten und ihre Lebensführung viel Neues. Eines wurde mir sehr klar: diesem Volke mangelte jeder Arbeitstrieb. Von unserem Ausspannplatz im Tal des Nosob aus sahen wir auf zwei größere Werften. Vor deren Pontoks hockten fast den ganzen Tag über die Frauen, unablässig sich unterhaltend; nur morgens und abends, wenn die Rinder in den Kralen waren, sahen wir sie beim Melken tätig. Scharen von nackten Kindern liefen um die Pontoks lachend und schreiend, und die Männer schlenderten von einer Werft zur andern und erzählten sich von den Neuigkeiten des Tages; niemand hatte etwas zu tun; sie warteten nur auf irgend ein Ereignis, das ihnen Stoff zu neuem Klatsch böte.

Kaum hatten unsere Leute ausgespannt, da kam auch schon eine ganze Schar Hereros, uns die Hände entgegenstreckend und „morrow" rufend, herbei. Wir erwiderten ihren Gruß und blieben ruhig sitzen, um sie zu beobachten. Es tat uns nur leid, daß wir ihre Sprache nicht verstanden. Da trat ein etwas intelligenter aussehender kleiner Schwarzer hervor und sagte in holländischer Sprache, die Leute seien gekommen, um neues zu hören und zu sehen. Zunächst wünschten sie zu wissen, woher wir kämen und wohin wir gingen. Nachdem sie Auskunft erhalten hatten, frugen sie weiter, ob es auf dem Wagen etwas zu kaufen gäbe; vor allem bäten sie um „Kost". Mein Mann sagte, daß er ihnen gern Reis und Mehl verkaufen würde. Nun verhandelten die Leute untereinander.

Es dauerte etwa eine Stunde, da wurden drei Rinder herbeigetrieben, mittlere Ochsen. Mein Mann war schon gewarnt worden vor der Lust zum Betrügen, die alle Eingeborenen beherrscht. Man hatte ihm erzählt, daß sie stets das Schlechteste aus ihren Herden zum Verkauf heraussuchen: kranke Tiere oder solche, die sie aus irgend einem Grunde los sein möchten. Er prüfte deshalb das gebrachte Vieh auf das genaueste und frug dann nach dem verlangten

Preise. Der Verkäufer, ein baumlanger Herero, nannte eine lächerlich hohe Summe, die den Wert beinahe um das doppelte überstieg. Mein Mann kannte die eigene Art der Leute noch nicht, stets erst zu streiten und zu feilschen, und wandte sich kurz ab, da er glaubte, hier zu keiner Einigung gelangen zu können. Gottlieb, der vorherige Wortführer, trat herzu und drängte ihn, den Preis zu nennen, den er bezahlen wolle. Mein Mann bot nun eine Summe, niedriger als er selbst den Wert des Tieres schätzte, worauf die ganze Gesellschaft in brüllendes Gelächter ausbrach. Nach langem Handeln kam man sich um einige Schillinge näher. Endlich differierten die angebotenen und verlangten Preise nur um eine Kleinigkeit, und nach dem Grundsatze: der Klügste gibt nach, erklärte sich mein Mann einverstanden mit dem letztgenannten Preise.

So war endlich das Geschäft „klar". Jetzt stürzte sich der lange Herero auf den Wagen und ließ ungefragt einen Doppelzentner Burenmehl und einen Sack Reis herunter nehmen und verlangte noch Tabak, Salz, Zucker und Kaffee für eine höhere Summe, als er zu beanspruchen hatte.

Wieder begann das Streiten, Handeln und Rechnen. Er konnte nicht verstehen, daß die geforderten Mengen sein Guthaben überstiegen; endlich hatte Gottlieb ihm dies klar gemacht und er ergab sich in sein Schicksal. Stumm breitete er sein Kopftuch aus und band Kaffee und Salz je in eine Ecke. Wo hinein sollte er aber den vielen Tabak und den Zucker tun? — Rasch entschlossen entledigte er sich seines Rockes, streifte das Hemd über den Kopf, band mit Bindfaden, den er sich erbat, die Ärmel zu und ließ die gewünschten Sachen in die entstandenen Säcke schütten. Uns „morrow" zurufend, lief er seinen Leuten, die mit beiden Säcken sich auf den Heimweg begeben hatten, in eiligstem Schritte nach, wahrscheinlich in der Befürchtung, daß sie unterwegs einen Teil des Sackinhaltes verschwinden lassen würden. —

Es war nun Abend geworden — Weihnachtsabend, und ich begab mich an die Bereitung unseres Mahles. Bei einem Gläschen Sherry saßen wir dann an dem Lagerfeuer. Axel schlief in dem ihm hinter unserer „Kattel" im Wagen bereiteten Bett — das war unser Weihnachten 1900.

Am nächsten Morgen gingen wir etwa eine Viertelstunde weit nach dem Hause des Missionars Lang in Otjinoanaua. Dort fanden wir ihn allein; seine Frau war mit den Kindern vor 1½ Jahren nach Deutschland gereist. Es sah so sauber und nett in den Räumen aus, daß man überall die ordnende Hand der Hausfrau zu spüren meinte. Appetitlich aussehende Butter erweckte in mir das Verlangen nach einigen Pfund, und bereitwillig überließ mir Missionar Lang davon. Er hatte die Butter selbst bereitet und wir fanden sie recht schmackhaft.

Im übrigen machte er, da ihn sein Beruf viel in Anspruch nahm, sich mit Kochen nicht viel Umstände; er sagte, daß er fast ausschließlich von „omeire" lebte, einem Getränk der Hereros. Sie bereiten es, indem sie frischgemolkene Milch in Kalabassen (Flaschen aus Kürbis) füllen — wo sie sehr bald säuert, da die Kalabassen nicht gereinigt werden — und diese unaufhörlich schütteln. Ein Stöpsel, der bis in die Milch hineinreicht und aus der Wurzel einer bestimmten Pflanze geschnitten wird, gibt der Milch einen höchst eigenartigen, manchem Europäer überaus unangenehmen Geschmack.

Von den angekündigten Tieren wurden nur einige gebracht, auch schien die Kauflust nicht mehr sehr rege, die gestern gekaufte Kost sollte heute am Christmeßtage verzehrt werden.

Wieder standen die Eingeborenen um den Wagen und sahen mit gierigen Blicken zu, wie Buschmann die Kost für sich und die anderen Leute bereitete. Jedoch hatte er schon seine Frau „au tarras" instruiert, den Topf, sobald das Essen „klar" sei, in den Wagen zu stellen — sonst hätten die Hereros gewiß bald reinen Tisch gemacht. Als wir mittags unter dem Wagen ausruhten, — dort war der kühlste Platz — wurden wir durch einen Gruß in deutscher Sprache geweckt. Ein in Gobabis wohnhafter Kaufmann und der Missionar waren gekommen, um uns ihren Besuch zu machen. Bei einem Täßchen Kaffee saßen wir an einem improvisierten Tisch (eine große Kiste war mit einer Decke belegt, auch die Sitzplätze bildeten Kisten) in gemütlichem Geplauder.

Am nächsten Morgen, dem zweiten Feiertage, sollte eingespannt werden, allein die Ochsen fehlten. Hier in Otjihaenena galt es als Regel, daß die Ochsen, sollte weiter gefahren werden, verschwunden waren. Alle Frachtfahrer betrachteten dies als ein unabänderliches Übel. Die Leute brachten als Entschuldigung vor, daß die Weide in der näheren Umgegend von Otjihaenena so schlecht sei, daß die Ochsen weit hinaus ins Feld gehen müßten, um ins Gras zu kommen. Indessen bestätigte uns Herr Missionar Lang unsere Vermutung, daß persönliche Interessen der Leute den Grund bildeten. Manchmal trug das Wagenpersonal schuld, indem es die Ochsen möglichst weit forttrieb, um „gesellzen" (Gesellschaft aufzusuchen) und sich an „omeire" laben zu können, manchmal die Werftbewohner, die durch List das Weiterfahren verhinderten, um möglichst viel zu erbetteln.

Weide und Wasserverhältnisse bei Otjihaenena sollten sogar die denkbar günstigsten sein.

Am Nachmittage des zweiten Feiertags, nachdem mein Mann energisch das Herbeischaffen der Ochsen verlangt hatte, konnten wir aufbrechen. Ein Herero, der, wie er sagte, vorzüglich treiben konnte, erbot sich mitzukommen, und mein Mann nahm ihn gern an. Timotheus war ein ruhiger ordentlicher Bursche, den wir etwa zwei Jahre im Dienste hatten.

---

32. Viehhandel — Tracht der heidnischen Hereros.

In Otjiwarumendu, wieder einem bedeutenden Eingeborenenplatz, hatten wir abermals einen längeren unfreiwilligen Aufenthalt. Das Wasser war dort knapp und die Hereros wollten das Tränken der Ochsen nur nach Hinterlegung eines bestimmten Betrages gestatten. Sie hatten dicht an dem Rivier ein tiefes Wasserloch gegraben, aus welchem drei Männer, übereinander stehend, das Wasser in Eimern hinaufreichten; oben wurde es in einen ausgehöhlten Baumstamm gegossen. Wir sahen den Leuten bei ihrer Beschäftigung eine Zeitlang zu und als wir dann zu dem Wagen zurückkehrten, fanden wir wieder eine zahlreiche Gesellschaft schwarzer Herren versammelt.

Gleich bei unserer Ankunft winkte der Kapitän des Platzes meinen Mann hinter den Wagen, ihn dringend um Patronen bittend. Trotz der wiederholt abgegebenen Erklärung, daß mein Mann keine Patronen mit sich führe, kam der Herero stets wieder auf seine Bitte zurück. Es wurde Abend, und die Leute von dem Platze umstanden noch immer stumm den Wagen.

Bei Sonnenuntergang wurden durch Timotheus die Rinder herbeigetrieben. Kaum hatte der Kapitän des Platzes die schöne Halbschlag-Simmenthaler Kuh entdeckt, welche wir mitführten, um Axel auch unterwegs frische Milch geben zu können, als er erklärte: die müsse er haben. Mein Mann gab ihm darauf abschlägigen Bescheid, aber der Herero drängte und bettelte und versprach schließlich am nächsten Tage etwas zu bringen, wofür er gewiß die Kuh bekommen würde. Für heute wurden alle weiteren Anfragen kurz abgeschnitten, und wir und unsere Leute nahmen, nachdem die Schwarzen fortgegangen waren, unser Abendbrot zu uns.

Am nächsten Morgen hatte der Kapitän von Otjiwarumendu sich wieder eingestellt und erkundigte sich nach meines Mannes heutiger Denkweise. Plötzlich stand er auf, ging auf eine Kiste zu und frug, ob er für sein Pferd, welches seine Leute gerade brachten, wohl die Kuh und die Kiste bekommen würde. Anscheinend überlegte mein Mann noch eine kurze Weile; dann erklärte er sich zu dem Tausche bereit. Das Pferdchen gefiel uns wirklich recht gut, und es war fast doppelt soviel wert als die Kuh. Ich jammerte um die uns verloren gehende Milch; da versprach mir der Herero eine gute Ziege zum „Präsent". Bald traf diese ein und mein Mann kaufte noch einige dazu, so daß Axel wieder genügend mit Milch versorgt war.

Gegen Mittag wurde wieder eingespannt, und nach kurzem Treck fanden wir uns in Okasewa, dem Platz des alten Tjetjoo. Es war Sonntag und alle Hereros waren in großem Staat. Von der Straße aus gesehen, hatte der Platz eine malerische Lage. An beiden Seiten des Reviers standen dichte Baumgruppen, große Herden bunter Rinder weideten dazwischen, und von unserm Ausspannplatz aus sah man durch das Grün die Mauern des Missionshauses und der Kirche hindurchschimmern.

Wir gingen nach dem gegenüberliegenden Ufer; da kam uns eine junge Hererofrau entgegen, eine Heidin; denn sie trug noch das Nationalkostüm. Unter lebhaften Morrowrufen näherte sie sich uns und hielt mit den Worten: „tubao makaia" (gib Tabak), ihre Hand hin. Während mein Mann ein Stück Tabak abschnitt — er führte stets zu „Präsenten" an die Hereros einige Platten mit sich —, musterte ich die sonderbare Tracht genauer.

Um den Leib trug die Frau eine Art Korsett, ein sonderbares Kleidungsstück, das ich vorher noch nie gesehen hatte. Mit vieler Mühe streifte sie diesen kleinen Panzer über die Arme und den Kopf, als sie bemerkte, wie neugierig ich ihn betrachtete. Auf feine Riemen waren runde Plättchen von Straußeneierschalen von der Größe einer Erbse aufgereiht, etwa 25—30 wagerechte Reihen, die zwischen mehreren Längsstreifen aus ungegerbtem Leder befestigt waren. Dies Schmuckstück hatte ein tüchtiges Gewicht und als ich es in der Hand hielt, bot die Frau es mir zum Kaufe an; sie verlangte dafür einige Yards Blaudruck. Mein Mann gestattete mir den Handel, und ich war bald im Besitze des Korsetts, das ich als Rarität nach Deutschland senden wollte. Fürs erste hatte es noch einen für unsere Nasen entsetzlichen Geruch an sich, und die Riemen trieften förmlich von Fett. Zu Hause, so beschloß ich, wollte ich es erst tüchtig an der Luft trocknen lassen und womöglich kochen, um den penetranten Geruch zu vertreiben; allein er verlor sich nie, und als in Windhoek sich eine Liebhaberin dafür in einer Hererofrau fand, gab ich es ihr gern. Bei dem ungeheuern Gewicht dieses Kleidungsstückes und dazu dem der hohen eisernen Beinschienen (die Höhe derselben richtet sich je nach dem Reichtum des Mannes und der Beliebtheit der Schönen) kann man sich über den schleppenden, schwerfälligen Gang der Hererofrauen und ihre vornüber geneigte Haltung nicht wundern. Auch an den Armen tragen sie eine große Anzahl Ringe aus Messing, Kupfer oder Eisen geschmiedet. Diese Schmucksachen werden von den Ovambos gefertigt und von ihnen an die Hereros verhandelt. Man sagt, die Frauen trügen diese eigentümlichen schweren Stücke, um ihnen die Möglichkeit eines schnellen Entlaufens von ihren Männern zu nehmen. Ein größeres Stück gegerbten ebenfalls eingefetteten Leders wird um den Oberkörper geschlungen; ein anderes Stück Leder, das mit unzähligen blanken Stahlperlen und vielfach mit bunten Kleider- und blechernen Hosenknöpfen besetzt ist, bildet das Schurzfell.

Die Haare werden bei den Hererofrauen vollständig glatt abrasiert, den Kopfschmuck bilden drei lanzettlich geformte Blätter, die aus Ochsenfell geschnitten sind. Die Ränder derselben umnähen die Männer mit feinen Sehnen. In der Mitte sind Figuren ebenso ausgenäht. Die drei gebogenen Blätter stehen aufrecht in die Höhe und sind an einer nach dem Kopf geformten Haube aus starkem

Leder befestigt. Eine dicke Rolle von weichem schokoladenfarbig gegerbten Leder hängt an beiden Seiten des Kopfes herunter, hinten endigt die Kappe in einen langen Behang, der mit Stahlperlen geschmückt ist. Die Kinder sieht man meist vollständig nackt oder nur mit einem winzigen Schurz umherlaufen.

Äußerst originell ist die Tracht der jungen Mädchen. Diese haben vollständige, bis an die Erde reichende Röcke aus in feinste Streifen geschnittenen Riemen, die ihnen beim Laufen sehr hinderlich sein müssen. Die Jungfrauen tragen nicht die gehörnte Haube; ihnen sind die Häupter auch spiegelglatt geschoren; nur am Wirbel des Kopfes bleibt ein Büschel des krausen Haares stehen, von dem etwa sechs Strähnen durch das Universalmittel Kuhdünger gesteift und mit dünnen Riemen zusammengedreht werden. An den Enden dieser Riemen sind Perlen befestigt. Es ist eine zwar sonderbare, aber keineswegs kleidsame Haartracht.

Die Gestalten fast sämtlicher Hereros, Männer und Frauen, besonders die der Mädchen sind schlank und elegant. Der ganze Körper der heidnischen Hereros ist mit Fett eingeschmiert; das gibt ihrer Haut eine glänzende der Schokolade ähnelnde Färbung, verbreitet jedoch einen widerlichen, ranzigen Geruch. Abgewaschen wird diese Fettschicht nie, wie denn überhaupt das Waschen auch bei den Christen als überflüssiger Luxus gilt. Frauen, die dem Fett als Parfüm noch „Bucko" (ein stark riechendes Pflanzenpulver) hinzufügen, verbreiten einen höchst unangenehmen Duft, der schon lange, bevor man diese „Ölsardinen", wie sie genannt werden, zu Gesicht bekommt, ihre Nähe verrät. Bei den Heiden tragen noch sämtliche Frauen ihre Nationaltracht aus Leder und Metall und verschmähen die Kleider aus gewebten Stoffen. Wie Buschmann sich ausdrückte, „zögen die Heidinnen Fett an" und er nannte sie stets verächtlich nur die „Fettfrumenscher". Die Männer tragen außer einem Schurz unzählige schmale Riemen um den

Leib geschlungen. Man sieht die Leute meist mit ihren keulenartigen kurzen Stöcken, welche uns durch ihr Gewicht in Erstaunen setzten. Diese Keulen werden vielfach aus dem sogenannten Eisenholz geschnitzt. Halsketten aus Metallperlen sind bei den heidnischen Männern auch sehr beliebt und ein enggeschnallter Leibriemen, sowie ein selbstgenähtes Ledertäschchen vervollständigen den „Anzug".

Außer an ihrer Tracht erkennt man die Heiden an den beiden keilförmig ausgefeilten vorderen Schneidezähnen. Diese Prozedur, die im 8. Lebensjahr etwa vorgenommen wird, muß überaus schmerzhaft sein, und welchen Zweck sie hat, blieb uns unbekannt.

---

33. Religion, Vielweiberei, Zählen und Zeitberechnung, Namen und Sprache der Hereros.

Es war uns äußerst interessant, über die Religion der Hereros näheres zu erfahren; aber was wir von Buschmann darüber hörten, war so verworren und unklar, daß wir uns davon kein Bild machen konnten. Die Hereros erzählen selber nichts über ihre überlieferten heidnischen Anschauungen und ihre ererbten Sitten. Sie fürchten, sich dem Gespött auszusetzen.

Das Evangelium hat bei ihnen keine Wurzel geschlagen; dies beweisen die Grausamkeiten, die besonders christliche Hereros in dem letzten Aufstande verübten. Sie können die ererbten tief eingewurzelten Charaktereigenschaften, denen die Gebote des Christentums direkt zuwider sind, nicht auf einmal ablegen, und das Christentum ist nur eine Modesache bei ihnen. Heilig ist den heidnischen Hereros das Feuer und darf daher in ihren Wohnungen nie verlöschen. Sie sind ebenso wie die Hottentotten Fatalisten. An einen bestimmten Gott glauben sie nicht, das Wort mukurru (Gott) soll, wie uns ein eingeborener Schulmeister sagte, erst aus

8*

der Zeit stammen, wo Missionare ihnen das Evangelium predigten. Rührend ist die kindliche Liebe, welche man bei den Hereros sowohl als den anderen eingeborenen Stämmen Südwestafrikas findet; „so wahr as my mama" („bei meiner Mutter" etwa) gilt unter den Hottentotten und Bastards als höchste Beteuerung, und das oberste Gebot ist, den Eltern und den angestammten Häuptlingen zu gehorchen; auf die Nichtbefolgung dieses Gebotes stehen schwere Strafen und Verachtung bei den Stammesgenossen.

Die hervorstechendsten Charaktereigenschaften der Hereros sind brennender Geiz, unbeschreibliche Trägheit, Verlogenheit, Hinterlist und Grausamkeit, dabei besitzen sie einen unglaublichen Dünkel und Stolz. Sie allein sind „Menschen", alle anderen Völker sind „omutua" (Sklaven) oder „Dinger", die Weißen nennen sie „otjerumbu" d. i. gelbe Dinger.

Als Christen befleißigen sie sich vor den Augen ihrer Lehrer (omuhonge) wenigstens einer Lebensführung, wie sie deren Kirche verlangt; aber wir haben immer und immer wieder Gelegenheit gehabt, zu beobachten, daß dies nur Augendienerei ist. Das Gebot, gegen welches, wohl ausnahmslos alle getauften Hereros immer wieder sündigen, ist das sechste. Die Befolgung desselben wäre ihnen auch bei ihrem gewinnsüchtigen Charakter doppelt hoch anzurechnen, denn oft werden sie durch die ererbten Sitten und Gebräuche bei einer Erbschaftsteilung vor die Alternative gestellt, entweder Christ zu bleiben und auf das Erbe an Vieh zu verzichten oder mit diesem Erbe auch die hinterbliebenen Frauen des Verstorbenen zu übernehmen. Selbstverständlich ziehen sie stets das letztere der Erfüllung ihrer Christenpflicht vor.

Auf unserem späteren Platze Okahoa war ein gewisser Langmann, Kaindongo, der mit einigen „Beestern" (Rindern) sechs Frauen übernommen hatte. Sechs Frauen sind aber bei den Hereros keine Seltenheit, die Zahl derselben richtet sich hauptsächlich nach dem Vermögen des Mannes. Die Hererofrauen sind verkäuflich; je nach dem Grade ihrer Begehrtheit werden Beester an den Vater der Frau gezahlt. Ich habe die Beobachtung gemacht, daß die Hereros auf „standesgemäße" Heiraten nur geringen Wert legen. Ihre „gesellschaftliche Stellung" wird der Frau erst durch die Ehe angewiesen und richtet sich nach dem Vermögen des Mannes.

Kajata erzählte prahlerisch, daß er gegen hundert Lebensgefährtinnen besäße. Die Zahl 100 mag wohl etwas hoch gegriffen sein; so schlau er sich sonst dünkte, in der Kunst des Zählens brachte er es wie die meisten Eingeborenen nicht weit. Bei dieser mangelhaften Zahlenkenntnis hat es mich stets gewundert, daß die Viehbesitzer und die Hirten beim ersten Blick in den Kral, auch wenn dieser dicht gefüllt war, das Fehlen eines Stückes Vieh sofort bemerkten. Einige unserer Hirten führten zum Ausweis uns gegenüber Holzplättchen bei sich, an deren Rändern soviel Kerben waren, als wir Vieh hatten. Die Rechnung stimmte ausnahmslos.

Große Schwierigkeiten bereitete es, sich mit den Zeit- und Entfernungsangaben der Eingeborenen zurecht zu finden. Schon unter den Weißen dort richtet sich z. B. die Entfernung von einem Orte zum andern nach der doch sehr unbestimmten Angabe: so und soviel Reitstunden. Oder man erhält zur Antwort: „Bis dahin werden Sie noch so und so oft absatteln müssen". Bei den Eingeborenen, die keinen Begriff von der Dauer einer Stunde haben, erhält man etwa die Antwort: „Es ist weit, aber ein bißchen nahe bei", oder ähnlich. Sein Alter nach Jahren richtig anzugeben, vermag kein Eingeborener, und gerade bei dem Taxieren des Alters täuscht man sich bei ihnen stets. Jahre rechnen die Hereros nach ozombura = Regenzeiten (Einzahl: ombura).

An Stelle der Zahlen erhalten die Jahre ihre Namen

nach besonderen Ereignissen; z. B.: ombura ompessa — das Jahr der Rinderpest (1897), das Kriegsjahr, das trockene Jahr und eines hieß: es ist gebrochen. Als mein Mann sich nach der Ursache dieser Bezeichnung erkundigte, erklärte der Hereroschulmeister Gottlieb, damit sei das Jahr gemeint, in welchem einer der reichsten Häuptlinge, der alte Riarua starb. Die Balken nämlich, welche zum Tragen der Bahre des Toten dienten und die in anbetracht seines ungeheuren Gewichtes schon extra stark gewesen wären, seien vor dem Senken der Bahre gebrochen. Ähnliche, oft weit hergeholte Bedeutungen haben die Personennamen und Ortsbezeichnungen. So hieß einer unserer Leute Kapea, d. h. „er ist eben hier gelaufen", weil er in einem Gefechte gegen die Hottentotten desertierte (seine Mitkämpfer mögen wohl nach dem Verschwinden erstaunt gefragt haben, wo er wäre und darauf die Antwort erhalten haben: er ist eben hier gelaufen); ein anderer hieß Komombumbi (von ombumbi — trockener Kuhdünger) und trug diesen Namen seit seiner Geburt, wo ihn seine Mutter anstatt mit Wasser mit diesem eigentümlichen Reinigungsmittel „abwusch".

Der Name der Farm Ondekaremba ondu karissa ombua bedeutet zu deutsch: die Schafe fressen gut, Okahoa: es gibt dort Katzen, Otjiaha: Schüssel usf.

Die Sprache der Hereros ist im allgemeinen sehr wohllautend, trotz vieler Nasallaute; an Vokalen herrschen o und u vor, die helleren sind äußerst wenig vertreten. Große Schwierigkeiten bereitet das Erlernen nicht, da die Sprache einen geringen Wortschatz besitzt. Nur für Bezeichnungen, die sich auf das Vieh beziehen, z. B. für dessen Farbe, haben sie mindestens dreißig verschiedene Worte. Ebenso steht ihnen für die Formbezeichnung der Hörner eine Fülle von Ausdrücken zu Gebote. Mein Mann und ich ließen uns während der Reise von Buschmann in der Hererosprache unterweisen.

34. Reiseverkehr mit Schwarzen und Weißen. — Terrainschwierigkeiten.

Buschmann belehrte uns auch, durch welche Mittel man sich die Gunst der Hereros erwerbe. Demgemäß sandte mein Mann nach unserer Ankunft in Okasewa dem Häuptling Tjetjoo ein von Buschmann ausgewähltes Geschenk Plattentabak, dazu eine Pfeife, ferner Kaffee und Zucker. Thimoteus überbrachte das „Präsent". Bald darauf erschienen einige Großleute des Platzes; einer davon übergab meinem Manne einen Stock, der sich unserer Meinung nach nicht von anderen Stöcken der Eingeborenen unterschied. Diesen schicke, sagten sie, der große Kapitän Tjetjoo, der heute leider nicht selber kommen könne; er solle für das gesandte Präsent danken. Der Stock also vertrat Tjetjoos Visitenkarte. Außerdem ließ Tjetjoo bitten, wir möchten bis zum nächsten Tage warten. Das war uns jedoch nicht möglich, vielmehr mußten wir die kostbare Zeit ausnutzen, um rechtzeitig in Gobabis zu sein, und fuhren also weiter.

Die Station Witvley war unser nächstes Ziel. Nicht lange bevor wir unserer Berechnung nach dort sein konnten, zogen sich schwarze Wolken zusammen, und ehe wir das Stationsgebäude zu Gesichte bekamen, fielen die ersten schweren Tropfen, und gleich darauf setzte ein überaus heftiger Regen ein. Die Ochsen waren noch nicht abgeschirrt, als die Kleider der Leute schon vollständig durchweicht waren. Es gab einen wahren Wolkenbruch; der Tag wurde zur Nacht; Blitze durchzuckten in allen Richtungen das Firmament und der Donner rollte unaufhörlich. Der Weg erschien wie ein Rivier, überall nichts als Wasser. Für heute mußten die Leute ihre Leibriemen um mehrere Loch enger schnallen; denn an ein Abkochen der Kost war nicht zu denken. Auch wir mußten uns nur mit einem Stück Brot begnügen.

In der Nacht ließen die Ochsenfrösche, welche die Größe einer mittleren Schüssel erreichen, ihre tiefen dröhnenden Stimmen ertönen; dies Konzert unterbrach das gleichmäßige Geräusch des strömenden Regens in rhythmischen Zeiträumen. Es war eine mir unvergeßliche Nacht, die wir in sitzender Stellung, fröstelnd, in den feuchten Kleidern zubrachten. Endlich brach der Morgen herein, und als der Regen nachgelassen hatte, hielt mein Mann Umschau. Da — nicht 200 Schritte vor uns lag das Gebäude der Militärstation, und wir bedauerten nun lebhaft, nicht gestern schon das schützende Dach erreicht zu haben. Mein Mann eilte nach dem Hause und kehrte mit der Aufforderung für mich zurück, zu einer Tasse heißen Kaffees ebenfalls dorthin zu kommen.

Ich ließ mir dies nicht zweimal sagen, denn mein Hunger war riesengroß. Als wir in das Haus eintraten, war einer der beiden in Witvley stationierten Soldaten dabei, den Kaffee zu bereiten, und das schöne frische Roggenbrot mundete uns herrlich dazu. Nach dem Frühstück zeigten uns die Soldaten voll Stolz ihren selbst angelegten kleinen Garten, in welchem allerlei Gemüse prächtig gedieh.

Es war Sylvesterabend, als wir unsere Fahrt fortsetzten. Die „Pad" begann wieder „schwer" zu werden: In dem lehmigen Boden waren durch die reichlichen Niederschläge der letzten Zeit vom Wasser unterirdische Höhlen ausgespült. Diesen „Durchschlag" findet man während der Regenzeit hauptsächlich im Norden und Osten der Kolonie; jeder Frachtfahrer und Händler kennt diese Gefahr, der sogar Menschenleben manchmal zum Opfer fallen sollen.

Oft bringt eine derartige, jäh durchbrechende Vertiefung den Wagen zum Umstürzen, oder die Räder sinken urplötzlich bis an die Nabe in ein Loch. Ein Herausziehen des Wagens ist, wenn dieser nicht gar gebrochen ist, nur durch lange, mühevolle Arbeit möglich. Dies war auch unser Schicksal. Mit Hilfe der Wagenwinde wurde die gesunkene Seite gehoben, Steine unter die schwebenden Räder gelegt und dieses Manöver so lange wiederholt, bis alle Räder in gleicher Höhe standen. Zu dieser Arbeit hatte mein Mann die Leute geschickt angeleitet und selber tüchtig mit geholfen, so daß wir nach etwa einstündigem Aufenthalt die Weiterreise hätten aufnehmen können, wenn nicht die Ochsen von dem anstrengenden Ziehen in dem weichen grundlosen Boden erschöpft hingesunken wären. Kein Peitschenhieb, kein Rufen, selbst nicht das sonst stets wirkende Beißen in die Schwänze wollte sie zum Ziehen bewegen. Es war ein qualvoller Anblick, die matten Tiere immer wieder von Neuem aufgejagt und mit der Peitsche geschlagen zu sehen. Endlich erreichten wir wenigstens das andere Ufer des Riviers, und den armen Ochsen wurde die notwendige Ruhe gewährt. Auch die Kräfte der Leute waren erschöpft und teilnahmslos warfen sie sich auf den Boden; selbst ihre Kost zu kochen schienen sie heute keine Lust mehr zu haben; allein einige Züge aus der Pfeife und ein kleiner Schluck „suppi" gaben ihnen bald neuen Lebensmut. Nun wurde abgekocht, gegessen, und dann schliefen alle, in ihre Decken gehüllt, unter dem Wagen, bis vor Sonnenaufgang mein Mann sie weckte.

---

35. In Gobabis 1901. — Durch das Damaraland.

Vor uns lag Gobabis; die Wellblechdächer glitzerten und glänzten im Schein der aufgehenden Sonne. — Endlich, nach abermals recht anstrengender Tour über die zahllos im Wege liegenden großen Kalkklippen, langten wir am 4. Januar in der „Hauptstadt des Ostens" an. Außer der hübsch gebauten Feste waren noch die Häuser von zwei Kaufmannsfamilien zu sehen.

Nachdem die Ochsen ausgespannt waren, nahmen Axel und ich in dem klaren schönen Wasser des „schwarzen Nosob" ein erfrischendes Bad. Wie wohl tat dieses nach den Anstrengungen der „Pad" mit ihrer unvermeidlichen Sparsamkeit in der äußerlichen Anwendung des kostbaren Wassers! „Au tarras" erhielt unsere Wäsche zum Waschen, und ich begab mich nach einer an uns ergangenen Einladung mit Axel in das Haus der Familie Ohlsen.

Hier wurden wir in liebenswürdigster Weise aufgenommen, erhielten ein freundliches Zimmer und wurden während unseres mehrtägigen Aufenthalts in Gobabis gastlich bewirtet. Ich hatte nun Gelegenheit, einmal einen Einblick in eine andere afrikanische Häuslichkeit zu tun. Frau Ohlsen war eine sehr gute Wirtin; sie leitete nicht nur den Haushalt in musterhafter Weise — ihre schwarze Dienerschaft war vortrefflich dressiert, so daß die Leute selbständig ihre Pflicht erfüllten, ohne fortwährend ermahnt zu werden und auf jeden Wink achteten; ihr schwarzer Koch, ein Bergdamara, leistete wirklich ganz Gutes — sie wußte außerdem noch besser im Geschäft und auf der Farm Bescheid.

Auf dem Platze des Ortes badeten junge Strauße in einem von hohen Dornbäumen umgebenen Tümpel. Diese Strauße liefen frei umher, und es hat mich interessiert, hier später zu beobachten, wie schnell sich die Tiere entwickeln. Wir sahen etwa vierzehn Tage zuvor aus dem Ei geschlüpfte Strauße in der Größe eines Perlhuhns (auch die Gestalt ist in diesem Stadium ähnlich, nur der Hals länger). Dieselben Strauße hatten schon nach zwei Monaten beinah die Größe ausgewachsener Vögel erreicht.

In Gobabis warteten wir das Eintreffen von Handelswaren ab. Es kam dort oft vor, daß Mehl, Reis, Kaffee usw. bis auf das letzte Bißchen in beiden Stores ausgegangen waren und man wochenlang nichts davon bekommen konnte. Mein Mann hatte beschlossen, den Rückweg nach Windhoek durch das Damaraland zu nehmen und zu versuchen, ob der Handel mit den Eingeborenen in etwas größerem Maße, als auf der Herreise betrieben, wirklich einträglich sei. Endlich traf ein Wagen mit Fracht ein und wir konnten die nötigen Einkäufe machen. Die Preise für die Waren stellten sich zu unserer Verwunderung nicht höher als in Windhoek, trotz des bedeutenden Frachtzuschlags.

Am 9. Januar begaben wir uns wieder auf die Reise. Unser Weg führte zunächst nach dem etwa drei Stunden entfernten Hereroplatz Otjimunkandi. Kurz vor der Werft sahen wir links dicht neben dem Wege eine durch die letzten Regen entstandene große Ansammlung von Wasser. Dies hatte derartigen Reiz für uns, daß wir, sobald ausgespannt war, hingingen, um es nochmals ganz in der Nähe zu sehen. Mein Mann hatte schon im Vorüberfahren einige wilde Gänse darauf entdeckt und trug das Gewehr mit sich; leider waren die Gänse nun verschwunden; dafür hatte er das Glück, vier schöne fette Enten zu erlegen, die zwar nur einen kleinen Braten liefern, aber einen sehr schmackhaften. Sehr beglückt über die Abwechslung in unsrem täglichen Tisch kehrten wir zum Wagen zurück. —

Da kamen die Hereros des Ortes herbei, voran ein gemütlich aussehender Älterer, der mit tiefer Bierstimme lebhaft sprach. Es war der Kapitän des Platzes: Karemo. Ein jüngerer Damara, sein Sohn, trug ihm einen kleinen rohgezimmerten Stuhl nach. Derartige Stühle, die wie für Kinder gearbeitet scheinen, sah ich später bei fast allen Kapitänen. Sie tragen diese Sessel stets mit sich oder lassen sie sich nachbringen. Lehne und Sitz bestehen aus starkem Holzrahmen, in den kreuzweise Riemen gespannt sind.

Die ganze Gesellschaft zog, meinem Mann und mir die Hände gebend, vorbei. Dann nahm Karemo uns gegenüber auf seinem Stühlchen Platz; die anderen Hereros saßen oder standen im Kreise um ihn herum, während die herzugekommenen Frauen mehr im Hintergrunde hockten; sie dürfen nicht im Kreise der Männer sitzen. Nach den üblichen Fragen: „Wo gehst du hin? Wo hast du geschlafen?“ sagte er: „Korre“ (d. h. nun erzähle), worauf es Sitte ist zu antworten: „Korro“ (d. h. erzähle du). Jener wiederholt sein „Korre", und hier erfolgt wieder „Korro". Der erste: „Korre mambo" (d. h. erzähle neues), der andere: „henao mambo" (d. h. ich habe nichts neues). Kennt man die betreffenden Leute schon von früher, so folgt nun: „ove onaua?" (geht es dir gut?), was man mit „hm" (ja) oder „hm m" (nein) beantwortet und die Frage zurückgibt: „ove onaua?" — dies sind die ständigen Begrüßungsformalitäten. Im Laufe der nun folgenden Unterhaltung bat Karemo, die Waren sehen zu dürfen. Buschmann mußte die Kisten vom Wagen laden und öffnen. An den Mienen der Leute konnte man schon erkennen, ob sich die Kauflust bei ihnen regte. Dann frugen sie nach den Preisen der einzelnen Gegenstände, und gewöhnlich erklärten sie dieselben für ungeheuere und taten sehr erschrocken. Indessen ist dies nur ein Trick von ihnen, um eine Ermäßigung der Preise zu erreichen. Dann gab Karemo einem seiner Leute einen Wink, und bald kehrte derselbe mit einem kleinen Ochsen zurück. Das Tier wurde an einem der Joche befestigt, und Buschmann belehrte schnell meinen Mann, bei dem ersten Tier, das zum Verhandeln gebracht würde, müsse man einen guten Preis machen. Nach kurzem Hin und Her waren beide einig und Karemo wählte einige Sachen. Mit diesen kehrte er, gefolgt von den Leuten zu seinem Pontok zurück, der nicht weit entfernt war. Dort wurde lebhaft gesprochen und gestikuliert und Buschmann erzählte, daß sie sich gefreut hätten über den guten Kauf. Gegen Abend wurden noch mehrere Stücke Kleinvieh zum Wagen getrieben und meinem Manne zum Kaufe angeboten.

Unter den Hereros gilt es als großes Lob für den betreffenden Händler, wenn er alles kauft, was ihm gebracht wird. Obgleich es manchmal seine Schwierigkeiten hat, dieses Prinzip zu befolgen, da die Eingeborenen sehr zäh im Verfechten ihrer meist zu hohen Forderungen sind, wurde mein Mann doch mit ihnen nach dem landläufigen Ausdrucke „gut klar". Er verstand es überhaupt vorzüglich, mit ihnen umzugehen, und besonders die älteren Leute waren ihm sehr zugetan.

Am Abend überraschten wir unsere Wagenbegleiter bei der ebenso primitiven als grausamen Zubereitung von Leckerbissen: Auf den hohen Bäumen nahe der Werft waren unzählige Nester, aus denen sie am Tage das Zwitschern junger Vögelchen gehört hatten. Sie banden nun an lange Stöcke trockene Grasbüschel und zündeten mit den brennenden Büscheln die Nester an. Die kleinen Tiere fielen in Massen, bei lebendigem Leibe gebraten, herab und wurden sofort verzehrt.

Von Karemo, dem Kapitän, hörten wir, er sei ein großer Jäger und habe oft die Jagd ohne Gewehr, nur mit einer zahlreichen Meute betrieben. Auf seiner Werft wimmelte es denn auch von Hunden, die scheu, mit eingekniffenem Schwanze und brandmager zwischen den Pontoks umherliefen. Diese sogenannten Kaffernhunde sind eine Rasse für sich; sie erreichen lange nicht die Größe eines deutschen Jagdhundes, der Kopf ist bedeutend kürzer als bei diesen, die Schnauze stumpfer, den Schwanz tragen sie fast stets eingezogen; alle Farben sind bei den Kaffernhunden vertreten. Es ist eigentümlich, daß man bei allen Kreuzungen die Abstammung von diesen halbwilden Hunden herauserkennt. An Bildungsfähigkeit kommen sie unseren europäischen Hunden nicht gleich, sie zeichnen sich indes durch ihr scharfes Gehör und feinen Geruch aus. Während der Nacht störten sie uns sehr durch ihr Geheul.

Besonders reich an Wild sollte der Platz Ovingi sein, und Karemo suchte ihn zwecks Ausübung der Jagd öfters im Jahre auf. Mein Mann, der ein passionierter Jäger war, verabredete mit Karemo ein Zusammentreffen dort in etwa zehn Tagen, um auf Strauße, Wilde- und Hartebeester zu jagen.

Am nächsten Morgen verließen wir Otjimunkandi und fuhren nach dem etwa zwei Stunden entfernten nächsten

Hereroplatz. Hier hörten wir zum ersten Male den Hererogesang, der äußerst kriegerisch und wild klang. Die Melodie, wenn man von einer solchen sprechen kann, bewegt sich eigentlich nur in Septimenklängen und der Gesang wird stets von einer Art Tanz begleitet. Die Gesänge sind zum größten Teil Lobeshymnen auf die Rinderherden; der Vortänzer resp. Sänger erzählt von dem Reichtum einzelner Kapitäne oder seiner Vorfahren, von den verschiedenen Posten, auf denen sie die Rinder nach ihrer Farbe getrennt hielten; dann werden einzelnen Tieren, die durch auffällige Merkmale sich von den übrigen unterscheiden, besondere Strophen gewidmet, die Gestalt der Hörner mit den Armen nachgebildet usw. Ferner besingt er wunderbare Begebenheiten und Erlebnisse, wobei er Geräusche nachzuahmen versucht, wie das Fahren mit der Eisenbahn oder gar das Nähen mit der Maschine; auch viel wilde Kriegsgesänge und Tänze werden aufgeführt. Die Frauen stehen zuhörend auf der anderen Seite des Feuers, sämtlich mit den dreiblättrigen Kappen auf dem Kopf, wiederholen den Refrain und klatschen mit merkwürdig hinkendem Takte mit den Händen. Ein Haupterfordernis scheint es zu sein, den Refrain möglichst laut zu brüllen. Der Gesang hat für den Hörer etwas Unheimliches, und ich werde nie den Eindruck vergessen, den er zuerst auf mich machte.

Vom Wagen aus konnten wir das zwischen den Bäumen hindurchschimmernde helle Feuer sehen; unzählige dunkle Figuren hoben sich davon ab. Der Tanz dauerte bis zum Monduntergang fort, und auch wir konnten dann erst ans Schlafen denken.

Die nächsten Orte waren die Hauptplätze im östlichen Hererolande, zunächst Kehoro, der Sitz Traugotts, nächst Asser Riarua und Kambazembi des reichsten Hereros. Traugott war der Sohn von Tjetjoo und hatte sich, wie uns gesagt wurde, von diesem getrennt, weil sein Vater sich nach seiner Ansicht zu wenig um seinen Besitz kümmerte. Auch wollte Traugott nicht zu dicht unter des „omuhonge" (Missionars) Augen wohnen; denn Christ war er nur dem Namen nach und wußte, daß sein unordentlicher Lebenswandel viel Tadel beim Missionar fände. Bald nachdem wir hielten, kam Traugott zum Wagen. Er war ein etwa 35jähriger, schlanker, gewandter und sehr intelligent aussehender Herero. Sein Schnurrbart, die elegantere Kleidung und sein geradezu weltmännisches Benehmen unterschieden ihn vorteilhaft von den anderen Leuten. Er erzählte uns bald, daß er sich ein Jahr in Kapstadt aufgehalten habe. Die Engländer waren ihm sehr sympathisch und im Laufe der Unterhaltung erkundigte er sich, ob „die alte Viktoria" noch lebe, wie es mit den Engländern in Transvaal stände usw. Plötzlich sagte er, er habe gehört, mein Mann sei ein Engländer, und er freue sich sehr darüber, denn die Engländer seien besser als die Deutschen, und als Engländer müsse er auch wissen, wann diese die Deutschen aus der Kolonie entfernen würden. Mein Mann sagte, er sei Deutscher, könne ihm auf seine Frage keinen Bescheid geben, seine Reise verfolge private Interessen. Wenigstens ein Jahr lang stand mein Mann unter den Eingeborenen in dem Rufe, ein Engländer zu sein und machte damals die besten Geschäfte.

Nach Traugotts und seiner Leute Fortgang lagen wir in bequemen Ruhestühlen, die wir uns von Gobabis mitgenommen hatten, unter einem Segel, das bei jedesmaligem Halten neben dem Wagen ausgespannt wurde. Etwas Lektüre hatten wir in Gobabis auch erhalten, und so wurde uns die Zeit auf den einzelnen Plätzen nicht lang.

Am Nachmittag statteten mir die Frauen Traugotts, d. h. seine Frau, Schwester und erwachsene Tochter einen Besuch ab. Die beiden älteren „fochten" sofort um Tabak, und dann, gemütlich das Pfeifchen rauchend, unterhielten sie sich mit mir. Leider ging uns durch Buschmanns unvollkommenes Dolmetschen stets viel Interessantes verloren.

Sie rühmten Tjetjoos Reichtum und seine Gutmütigkeit: er täte nicht einmal einem Bergdamara (diese sind die verachteten Sklaven der Hereros) etwas zuleide, erzählten von Traugotts Geiz und Jähzorn (er könne so wild werden wie das Feuer), und von der Schönheit seiner Tochter und deren Bewerbern, unter welchen sich auch Weiße befänden. Diese Tochter, ein hübsches Mädchen mit freiem Gesichtsausdruck, hörte lachend den Schmeicheleien ihrer Tante zu. Dann sagte sie: „Nun ists genug", und richtig vermutend frug sie: „Wolltest du etwas?", worauf die Tante erwiderte, sie brauche notwendig ein Paar Schuhe, aber sie könne sie nicht bezahlen; Traugott würde es gewiß auch nicht tun, da müsse die Tochter, die ja vieles bei dem Vater durchsetze, ein gutes Wort einlegen. Jetzt wurden die Schuhe in Augenschein genommen und ungeniert auf den, nicht einmal mit Strümpfen bekleideten Füßen anprobiert; aber o Schrecken — kein Paar der „Damenschuhe" wollte passen, obgleich die Kaufleute in Gobabis, die riesenhaften Füße der Hererofrauen kennend, die größten Nummern ausgesucht hatten. Endlich entdeckte sie ein Paar, welches noch einigermaßen paßte, zog es sofort an und machte mit einem Messer vielfache lange Einschnitte in das Leder bei den Zehen, da die Schuhe dort noch drückten. Bald darauf verabschiedeten sie sich, und nicht lange dauerte es, so kam Traugott mit grimmigem Gesicht und klagte: die „Frumenscher" machten ihn noch bankrott.

Als am Abend das Vieh von der Weide eintrieb, gingen wir nach den Kralen, waren aber enttäuscht von den kleinen Herden. Dieses sollte Traugotts Besitz sein, wie er sagte, sein ganzer Besitz! — Wo mochte er nur das viele Vieh halten, von dem wir gehört hatten? Im „Beesterkral" saß Frau Traugott mit Melken beschäftigt; an Bäumen hingen die Kalabassen (Kürbisflaschen), in welche die Milch gefüllt wurde und noch einige sonderbare Gefäße: aus ungegerbten Fellen geformte Töpfe, die mit geschmolzener

Butter gefüllt waren. Die Butter gewinnen sie durch das Abschöpfen der sich beim Schütteln der Omeire bildenden Klümpchen, welche dann auf dem Feuer zerlassen werden. Da die Milchgefäße niemals gereinigt werden dürfen, auch die Milch vor dem Einschütten nicht geseiht wird, kann man sich einen Begriff von der Appetitlichkeit der so bereiteten Butter machen. Die Wurzel einer Pflanze, welche nach der Ansicht aller Eingeborenen ein unerläßlicher Zusatz ist, verleiht der Butter außerdem einen widerlichen Geruch und Geschmack. Ich habe es nie begreifen können, wie Weiße diese zum Kochen, geschweige denn zum Streichen auf Brot verwenden konnten.

Am Abend brachten die Leute einiges Vieh; Traugott besorgte den Handel und kam am nächsten Morgen mit nach Ovikango, wo zahlreiche Hererowerften lagen. Wieder war der Wagen bald von Scharen von Eingeborenen umringt, die voll Interesse unser Kindchen betrachteten und sich am meisten über seine blonden Haare wunderten. Diese trugen ihm den Namen „Katjikusu" ein, d. h. Weißkopf, und er übertrug sich auch auf meinen Mann, da die Hereros dessen Namen nicht aussprechen konnten. Wenigstens im Osten, in der Gobabiser Gegend, sprachen die Hereros nur von dem Wagen und den Ochsen des Katjikusu, während unter den Eingeborenen unseres späteren Wohnplatzes er Kotjunda (Kral) genannt wurde und mir gaben sie den Namen Kambahuma (d. h. paß auf!!), die Beziehung dieses Wortes zu mir blieb mir unbekannt.

Der Kapitän von Ovikango, Kaheikuena, schenkte meinem Mann als Beweis seiner Zuneigung einen schönen Ochsen. In der Folgezeit hätten wir gern auf derartige „Präsente" verzichtet; denn man verlangt stets ein Gegenpräsent von höherem Werte. Aber ein Präsent zurückweisen, wäre die größte Beleidigung gewesen. Während wir noch auf dem Platze uns aufhielten, kamen Boten eines in der Nähe wohnenden Kapitäns Kambombo mit der

Bitte, ihn doch auf seiner Werft zu besuchen. Mein Mann ließ einspannen, und ein Mann von Ovikango übernahm die Führung; denn einen Weg gab es nicht.

Eine kurze Strecke hinter Ovikango beginnt dichter Buschwald, und in der Regenzeit, während welcher wir fuhren, wucherte hohes Unkraut. Die Ochsen weigerten sich, weiter zu ziehen, die Dornen des Unterholzes stachen in ihr Fell, besonders die Hackisdornen (auch „wach en bitje" genannt) verursachten schmerzende Risse. Mit Beilen mußten die Leute dem Wagen vorausgehen und Wege bahnen. Natürlich fuhren wir anstatt der in Aussicht gestellten zweieinhalb Stunden gegen fünf Stunden. Endlich waren wir auf Kambombos Platz angelangt. Ein kleiner älterer Mann kam auf den Wagen zu; mein Mann frug ihn, ob er der Kapitän sei. „Ove Kambombo?" — „boh" antwortete dieser („boh" bedeutet die Zustimmung, ebenso „ih", welche Laute von einem Zurückwerfen des Kopfes begleitet werden). Dem Kapitän folgten nur wenige seiner Leute; die übrigen waren bei einer Totenfeier auf der Werft geblieben. Eine Frau war dort ohne vorheriges Kranksein plötzlich gestorben, und man vermutete, daß sie von einer Nebenbuhlerin vergiftet worden wäre. Mein Mann, der auf Ersuchen Kambombos die Tote in Augenschein nahm, sah, daß ihr Schaum vor dem Munde stand, ein Zeichen für die Richtigkeit des Verdachtes. Die reichen Hereros führen Gift stets bei sich; sie handeln es von den Ovambos ein, die es aus den Giftzähnen der Schlangen gewinnen. Das Töten mit Hilfe dieses Pulvers ist unter den Hereros nichts seltenes. Aus diesem Grunde ist es üblich, daß ein Gast bei den Eingeborenen von der ihm angebotenen Speise den Wirt erst kosten läßt. Eigentümlich erschien es uns, daß unter den Hereros ein Mord sehr leicht bestraft wird; mit einigen Beestern an die Erben bezahlt, ist eine derartige Tat in ihren Augen gesühnt.

Kambombo ließ sich durch den herübertönenden Trauergesang der Weiber nicht in seinem Handelsgeschäft stören. Er suchte für seine Frauen Stoffe zu Kleidern, denn er hatte beschlossen Christ zu werden; fürs erste jedoch blieb er noch bei seinem Harem und machte den Anfang zu seiner Bekehrung, indem er die Frauen einkleidete. Auf meine Frage, wer die Kleider anfertigen würde — da das Nähen bei ihnen eine unbekannte Kunst ist —, erwiderte Kambombo, das Zuschneiden besorge er schon und riß gleich den Stoff in verschieden lange Stücke, die, wie er sagte, zum Rock bestimmt seien. Meine Frage mochte ihn wohl zu der Bitte ermuntert haben, ich möchte ihm das Nähen der Kleider besorgen. Natürlich lehnte ich das ab, wurde aber den ganzen Tag über mit diesem Ersuchen belästigt.

36. Unsere Lebensführung unterwegs.

Wir hielten uns noch den folgenden Tag auf Kambombos Platz auf. Es war eine glühend heiße Zeit, und jeden Nachmittag zog regelmäßig ein Gewitter herauf, während dessen wir im Wagen unterkommen mußten. Dann war natürlich das Kochen, das sonst schon mit viel Unbequemlichkeiten verknüpft war, unmöglich; es wurde ein Stück Brot und kaltes Fleisch gegessen. Der tägliche Speisezettel wies hier unterwegs noch weniger Abwechslung auf, als sonst. Zu dem ständigen Wildfleisch mit Reis bildeten Dörrgemüse und getrocknete Früchte das Zugericht. Solch „Padleben", wie wir es führten, hatte den einzigen Vorzug, wenig kostspielig zu sein. Den Luxus, mit welchem die Beamten im Lande umherreisten, ausgerüstet mit allen erdenklichen Delikatessen und Getränken (sie genossen ja auch völlige Fracht- und Zollfreiheit bei hohem Gehalt), konnten sich Ansiedler, denen diese Artikel oft das dreifache kosteten, nicht leisten; wir waren froh, nur das notwendigste zum Leben zu haben. Recht unbequem war auch das fort-

9*

währende Hinauf- und Herunterklettern vom Wagen; alle unsere Vorräte, sowie die Kücheneinrichtung hatte ich dort in Kisten untergebracht.

Die Sauberkeit unseres Eßgeschirres ließ manches zu wünschen übrig; daran trug indessen „au tarras" allein die Schuld; das Wasser war oft eine dicke Lehmtunke, und der damit hergestellte Kaffee war kein besonderer Genuß; gewöhnlich hatte er einen Beigeschmack nach Rindern. Jede Pfütze im Wege liefert das Trinkwasser, und wie froh wäre man, fände man solches das ganze Jahr hindurch. Besondere Wasserstellen für Trinkwasser gibt es nur wenige; diese sind zur Abwehr gegen das Vieh eingekralt. Übrigens machten wir die Beobachtung, daß das Wasser nie einen fauligen Geruch oder Geschmack hatte.

Mit der Zeit gewöhnt man sich an alles, und der Maßstab, den wir an Sauberkeit und Komfort legten, wurde immer geringer. Von der mitgenommenen Feldkücheneinrichtung verschwand auch bald ein Stück nach dem andern, trotz unserer Achtsamkeit. Für ein verloren gegangenes Tischmesser wurde dann ein Taschenmesser, für eine Gabel eine von Buschmann geschnitzte hölzerne eingesetzt, und anstatt in einer Kaffeemühle wurden die Bohnen auf einem platten Steine gemahlen. — Unseren Leuten paßte dies Zigeunerleben sehr; nach ihren Begriffen schwelgten sie in kulinarischen Genüssen; Fleisch gab es im Überfluß, Kaffee erhielten sie täglich (dieses Getränk ist immer sehr begehrt) und von den Hereros bekamen sie omeire mehr als sie vertilgen konnten. Dabei ließen sie Gott einen frommen Mann sein und taten am liebsten nichts. Mein Mann war ordentlich erfinderisch im Ersinnen neuer Arbeiten, denn nichts ist dem eingeborenen Diener schädlicher als das Faulenzerleben. Da mußten Jochscheite geschnitzt, Struppen zum Einspannen der Ochsen gedreht, die Felle des erlegten Wildes gegerbt werden, und fast bei jedem Halt fanden sich kleine notwendige Reparaturen.

Von dem glühenden Sonnenbrand hatten wir bald die Farbe der Hottentotten, die Haut sprang auf — man vergaß es fast, auf Toilette irgend welche Sorgfalt zu verwenden. Aber bei all den Mißlichkeiten, welche unser Padleben mit sich brachte, verloren wir den Humor nicht. Mein Mann war stets lustig und erfreute mich immer durch neue Improvisationen. Wenn ich ihn nach der Ursache seiner gesteigerten Lustigkeit frug, erwiderte er, das käme davon, daß er „im Felde" den schützenden Beamten in Windhoek etwas entrückt sei und sich nach keiner Verordnung und keinem Erlaß zu richten brauche. Über etwaige Langeweile half uns unser kleines Söhnchen hinweg.

Nach der erdrückenden Tageshitze waren die Abende, vorausgesetzt, daß kein Regen fiel, äußerst angenehm. Dann saßen wir an dem hellodernden Lagerfeuer, suchten in der Erinnerung nach allerlei Erlebnissen und Geschichten, die wir einander erzählten und sahen den Schwarzen zu, welche ihre Kost gierig verschlangen. Die Finger ersetzten ihnen Gabel und Löffel, die Zähne das Messer, und nachdem der letzte Speiserest aus den Kochtöpfen mit den Händen oder einem Spänchen entfernt war, legten sie sich mit der von Mund zu Mund gehenden Pfeife um das Feuer, bis einer nach dem andern in lautes, tiefes Schnarchen verfiel. Nur bei Regenwetter gingen sie nach den Hütten der Hereros.

—

37. Ein Platz mit etwas Bodenkultur — Wildreichtum.

So fand uns auch ein Abend allein beim Wagen, als plötzlich eine Stimme nach meinem Manne rief. Karemo, der Kapitän von Otjimunkandi, war es, der zur verabredeten Jagd sich einstellte. Am nächsten Tage beabsichtigte mein Mann weiter zu fahren, und Karemo erklärte mitreisen zu wollen. Doch zunächst sollte es noch nicht nach dem Jägerdorado Ovingi gehen; vorerst wollten wir noch eine größere Werft besuchen: Oparakane. Es war regnerisches Wetter, als wir fortfuhren; allein der feine Sprühregen hielt uns nicht von der Weiterreise ab, da ein mitgenommener Führer uns den Platz Oparakane als ganz nahe geschildert hatte, in zwei Stunden zu erreichen. Nach der doppelten Fahrzeit wurde mein Mann ungeduldig und glaubte, wir führen irre. Nach weiteren zwei Stunden wollte er auf unsere Spur zurückkehren; denn er sagte, in dieser unbekannten Gegend ohne Weg und Steg weiter fahren zu wollen sei mindestens gewagt und machte dem Führer Vorwürfe. Dieser hatte schon vorher auf allerlei für uns unbemerkliche Spuren hingedeutet, sprang nun vom Wagen, eilte voraus und kehrte mit einem Stück trockenen Kuhdünger, der von unten noch etwas feucht war, zurück, ein Zeichen, daß eine Werft nicht weit sei. So übergaben wir uns wieder seiner Leitung und sahen denn auch bald die rötlichen, kegelförmigen Hütten. Kurz vor diesen fand Buschmann einen menschlichen Schädel; er warf denselben dem Tauleiter zu, und nun hätte ein regelrechtes Ballspiel begonnen, wenn mein Mann nicht Einhalt geboten hätte.

Endlich langten wir in Oparakane an, einem baumreichen, schönen Platz mit prachtvollem Gartenland. Auf einen halben Spatenstich Tiefe fand sich schon Wasser. Die kleinen Anpflanzungen der Eingeborenen standen prächtig; Tabak, Wassermelonen, Pampunen (Kürbis) und andere Gemüse und Pflanzen zogen sie in Menge. Wir waren überrascht von diesem für Kaffern großen Stück bearbeiteten Landes, da sie sonst wenig Gefallen daran finden, ausdauernd und planmäßig in den Gärten zu arbeiten. Schon an manchen Stellen hatten wir wundervolles aber brachliegendes Gartenland gesehen, dessen Bearbeitung nur geringe Schwierigkeiten geboten hätte.

Die Eingeborenen von Oparakane waren auch sehr reiche Viehbesitzer; die Herden der einzelnen Kapitäne zählten nach vielen Hunderten. Doch waren die Leute überaus geizig, und trotz ihres großen Verlangens nach vielen Sachen brachten sie es nicht übers Herz, ein Stück von ihrem Vieh zu verkaufen. Nur für Patronen wollten sie Vieh hergeben, für 10 Stück sogar einen Ochsen. Unaufhörlich drängten sie in meinen Mann, riefen ihn abseits, und mit Schrecken sah ich, wie sie hinter dem Wagen auf ihn einsprachen, sogar seine Taschen befühlten. Lachend über meine Furcht kam mein Mann wieder zu mir; er konnte mit gutem Gewissen sagen, daß er nur wenig Patronen hätte und forderte die Leute auf, ihm ihre Gewehre zu zeigen. Sie brachten einige Henry-Martini-Gewehre an und eine Menge der alten Vorderlader, die man drüben spöttelnd „Paviansbaut" (baut = Vorderfuß) genannt hat. Pulver schien in großem Vorrat vorhanden zu sein; denn als mein Mann frug, wie die Leute mit den alten Gewehren ohne Zündhütchen schießen könnten, spendierte der Kapitän — mit nichts sind die Eingeborenen sparsamer, als mit dem Verbrauch von Schießbedarf — eine Patrone. Diese sah lächerlich genug aus. Obenauf saß eine Bleikugel, etwa von dem Durchmesser eines alten Nickel-Zwanzigpfennigstückes (die Kugeln gießen sich die Leute übrigens selber), die Hülse war derartig verbeult, daß sie nur mittels Klopfen eines Steines auf die Wände in den Lauf geschoben werden konnte. In Ermangelung eines Zündhütchens (toppje) nahm der Herero einen Streichholzkopf, und nach dem dritten Abdrücken explodierte das Geschoß; mit lautem Gesurr, dem Auge sichtbar, flog die Kugel durch die Luft.

Die Leute auf diesem Platz waren mir äußerst unheimlich; ihre Mienen sahen so unfreundlich und verbissen aus, und das zudringliche Gebettel um Munition erschien mir mindestens auffällig. Meiner Ansicht nach hatten wir es nur der großen Ruhe meines Mannes zu danken, daß wir ohne in Streit mit dem Gesindel geraten zu sein, fortkamen. Am folgenden Morgen verließen wir den Platz. Wir hatten wenigstens sehr viele schöne Straußenfedern, Gehörne und einige Leopardenfelle bekommen.

Von Oparakene ging es ein Stück zurück zu den Plätzen Okatjikore, Okatjumba und Okounduwe. Hier begann das eigentliche Jagdgebiet. Unterwegs hatten wir schon unzählige Strauße gesehen. Einmal wies Buschmann auf eine große Herde in geringer Entfernung. Karemo, der erfahrene Jäger, riet, die Ochsen auszuspannen und langsam auf die Strauße zuzutreiben; in ihrer Deckung könnte man sich den Straußen bis auf kurze Entfernung anpürschen. Es begann zu dunkeln, als mein Mann und Karemo der Herde auf Schußweite nahe kamen. Nach den ersten Schüssen stob die Herde auseinander, und in eiligster Flucht verschwanden die Tiere in einem Dickicht. Karemo sagte, daß die Strauße dort gewiß nächtigen würden; früh am andern Morgen wollte er sich auf die Suche begeben, da, wie mein Mann und er gesehen zu haben meinten, ein Strauß angeschossen war. Nach kurzer Nachtruhe nahmen mein Mann und Karemo noch bei der Dunkelheit die Verfolgung auf. Lange Zeit suchten sie vergeblich; endlich erblickten sie, die Sonne war eben aufgegangen, vielleicht dieselbe Herde vom Abend zuvor friedlich grasend. Leise schlichen sie sich an, aber die Tiere hatten eine zu feine Witterung und entschwanden den Jägern bald wieder. Mein Mann kehrte zum Wagen zurück und bedauerte lebhaft, kein Pferd mitgenommen zu haben.

Zu Fuß ist die Jagd auf Strauße, hat man nicht das Glück, sie zu überraschen, vollständig unmöglich, sogar zu Pferde äußerst schwierig und anstrengend. Die Pferde, die den Wettlauf mit Straußen aufnehmen können, sind sehr selten. Auch ist es schwer, einen sicheren Schuß abzugeben, da das Ziel auf größere Entfernungen sehr klein ist. An dem Gefieder prallen die Kugeln meist ab, und wirksam sind meist nur die Kopf- oder Beinschüsse.

Nach Rückkehr meines Mannes wurde eingespannt, und bald fanden wir uns auf dem Platz Kamakas in Okounduwe. Gleich nach unserer Ankunft kam in freudig raschem Schritte Karemo auf den Wagen zu, einige Straußenfedern in der Hand haltend. Er hatte einen, wahrscheinlich noch in der Nacht verendeten Strauß gefunden und brachte als Beweis einige Flügelfedern. Leider war das Tier noch nicht völlig ausgewachsen, und die Federn hatten deshalb einen minder hohen Wert. Buschmann begab sich mit zum Fundorte und holte uns die Schwanz- und Flügelfedern und das Fell. Auch Fleisch brachte er mit. Es sollte eine Delikatesse sein, indessen war das mitgebrachte Stück sehr sehnig und versprach keinen großen Genuß.

In Okounduwe hatten wir noch das Glück, mehrere Pfund Federn, darunter prachtvolle Exemplare, kaufen zu können. Die Eingeborenen schießen die Strauße mit der Kugel oder mit Pfeil und Bogen; sie sind aber leider zur Jagd zu träge, obgleich für gute Federn auch ein guter Preis gezahlt wird. Das Angebot ist gering, daher auch der Export dieses Artikels, und leider hat die Behörde auch auf diesen bisher fast einzigen Ausfuhrartikel einen bedeutenden Zoll gesetzt.

Täglich sahen wir nun größere und kleinere Straußenherden, aber es gelang meinem Mann nie wieder, sich ihnen zu nähern. Doch erlegten er und Karemo viel Großwild. Mein Mann fand lebhaftes Vergnügen an der Jagd, und sie wäre für ihn noch viel reizvoller und erfolgreicher gewesen, hätte er sie zu Pferde ausüben können. Das Fleisch des erlegten Wildes, das wir nicht frisch vertilgen konnten, wurde

„gefleckt", d. h. in Streifen geschnitten und in der Luft getrocknet. Dieses Bülltong wird von den Eingeborenen sehr gern in rohem Zustande genossen; ich benutzte es zum Bereiten kräftiger Suppen.

Nach zweitägigem Aufenthalt in Okounduwe rüsteten wir uns zum Aufbruch, um durch das Damaraland nach Windhoek zu fahren, als ein Bote von Epukiro uns die Weisung des dortigen Stationsvorstehers brachte, nach Epukiro zu kommen. In den westlich gelegenen Gebieten grassierte die Rinderpest, und nach den Seuchebestimmungen durfte mit ungeimpften Rindern nicht von einem Platze zum andern „getreckt" werden. So mußten wir uns auf längeres Stehen in Epukiro gefaßt machen. Auf dem Wege wurde noch eifrig die Jagd ausgeübt.

Die verschiedensten Arten von Wild begegneten uns. Einmal kam ein riesiger Wildebeestbulle auf etwa 30 Schritt Entfernung unserem Wagen zu gejagt; er lief der Herde voraus. Ich werde den Anblick dieses ungemein wild aussehenden Tieres nicht vergessen, das wahrscheinlich vor dem plötzlichen Anblick des Wagens und so vieler Menschen stutzte und nun mit weit ausgestrecktem, peitschendem Schwanze und wie zum Stoß bereitem, gesenktem Kopfe, eine Zeitlang ruhig verharrte. Mein Mann war abwesend, und Timotheus schoß in der Aufregung zuerst mit dem Schrotlauf der Büchsflinte, dann zwar mit einer Kugel auf das fliehende Tier, aber leider vorbei. Besonders zahlreich vertreten waren die Hartebeester. Mein Mann hatte eines Tages auf einen starken Bullen einige Schüsse abgegeben, die, wie er hörte, sämtlich getroffen hatten. Das Tier war niedergebrochen, und mein Mann kam eiligst zum Wagen, den Leuten die Richtung, wo das verendete Wild läge, anzugeben. Wir fuhren nach der Stelle. Mich trieb die Neugierde mit meinem Mann dem Wagen voraus — kein Hartebeest war zu sehen, nur viele frische Blutspuren. Wir eilten ihnen nach, als mein Mann mich plötzlich hinter einen Baum riß. Mit zur Erde geneigtem Kopfe kam im Galopp der Bulle auf uns zu; dicht vor unserem Standorte fiel er nieder, um immer neue Versuche zum Aufstehen zu machen. Nun brachte Timotheus das Gewehr, und endlich, nach einem nochmaligen Schuß, verendete das Tier. Wir fanden dann bei ihm fünf Schuß vor, von denen eigentlich jeder tödlich sein mußte.

Am schmackhaftesten ist das Fleisch der Springböcke; ein Braten davon ist saftig und überaus zart, während das übrige Wildfleisch meist trocken und hart ist. Das „gefleckte Fleisch" füllte bald mehrere Säcke, die wir nach Hause nehmen wollten und diesen Bülltong den Leuten als Zukost geben.

In Epukiro angekommen, verließ uns Karemo, aber es meldete sich bald ein anderer enragierter Jäger: Kanauwi, der uns auch mit frischem Fleisch versorgte und viele riesige Gehörne von Gemsböcken (Säbelantilope) zum Verkauf brachte.

---

38. Das pflanzen- und tierreiche Epukiro.

Mein Mann mußte, bis Antwort aus Gobabis eintraf, ob er die unterbrochene Fahrt fortsetzen dürfte, in Epukiro bleiben. Er versuchte aus der Situation das Beste zu machen, ging viel auf Jagd und handelte mit Kanauwi und dessen Leuten. Diese hatten auf den kleinen Inseln im Epukirorivier schöne Gärten angelegt, und da in geringer Tiefe Grundwasser war, gediehen alle Pflanzen prachtvoll. Der Platz Epukiro ist überhaupt reich an Schönheit. Selten hohe Bäume sieht man dort in Beständen zusammen und einzeln am Rivier entlang. Unsere Spaziergänge führten uns häufig in jene kleinen Wäldchen, in welchen allerlei

Schlingpflanzen, Blumen und Sträuchlein wucherten. Bunter und üppiger, als jetzt in der Regenzeit in diesen Wäldchen, konnte kaum das Vegetationsbild in einem Urwald sein. Um uns die Zeit zu kürzen, beobachteten wir oft stundenlang die kleinere Tierwelt, die viel Interessantes bot. Ameisen und Termiten gab es in allen Größen, Hunderte von geschäftigen Pillenkäfern liefen umher, formten aus dem umherliegenden Dünger Kugeln, die an Größe sie selbst überragten und die sie, eiligst rückwärtslaufend, nach ihren Wohnungen rollten. Vereinzelt sprangen unbeholfene Riesenheuschrecken mit winzigen Flügeln umher, „lebende Strohhalme" (eine Heuschreckenart, die täuschend einem Strohhalm ähnelt) bewegten sich schleichend auf dem Boden vorwärts. Gottesanbeterinnen und Vogelspinnen saßen in gutem Versteck auf Beute lauernd.

An Vögeln jedoch war die Gegend arm; wir sahen dort nur die kleinen Webervögel, und Scharen von Raubvögeln aller Arten umkreisten den Platz. Gegen Mittag sammelten sich auf dem offenen Wasser kleine wilde Enten, die uns gute Braten lieferten. Mehrere Male wurden uns von in der Nähe wohnenden Buschleuten Straußeneier zum Kauf gebracht; eins davon lieferte stets eine große Schüssel voll Rührei, das wir nicht auf einmal vertilgen konnten.

Die in Epukiro stationierten Soldaten waren so außerhalb von jeglichem Verkehr, hatten so selten Gelegenheit, andere Weiße zu sprechen, daß ihr Leben wohl sehr öde und langweilig war, dazu fehlte es ihnen ganz an Beschäftigung.

In Epukiro und seiner Umgebung saßen viele Ovatjimba, Leute des ärmsten Hererostammes. Auch einige Buschleute, die so gut wie gar keinen Viehbesitz haben, kamen zum Wagen; sie sind meist derartig scheu, daß sie schon auf große Entfernungen vor den Weißen Reißaus nehmen.

Sie leben nur von Straußeneiern und Feldfrüchten und von der Jagd, die sie mit Hilfe von Pfeil und Bogen oder Schlingen betreiben; in Hautfarbe und Gesichtsschnitt ähneln sie am meisten den Hottentotten. Mir fielen an ihnen immer die erbärmlich dünnen Beine bei einem unförmig dicken Leibe auf und die winzigen Füße. Zur Arbeit sollen sie wegen ihres schwächlichen Körperbaues unfähig sein, jedoch im Laufen unglaubliches leisten; mehrfach erzählten uns die Hereros, daß die Buschleute jedes Wild, selbst Strauße, bis zur Ermattung jagen könnten.

Die Ovatjimba waren noch im Besitz kleiner Herden Rinder, aber auch sie lebten zum großen Teile von Wild und Feldfrüchten. Eines Tages boten sie uns ein Brot zum Kaufe an, das beinahe die Farbe und Form unseres Brotes hatte, aber ein ungeheures Gewicht. Verwundert frugen wir Buschmann, woraus sie dies gebacken hätten, da doch im Damaraland keinerlei Getreide außer Mais angebaut wird. Er erklärte uns die Zubereitungsweise: kleine, den Rosinen ähnliche braune Beerchen, die sogenannte ovatjimbere werden zerkaut und aus dieser appetitlichen Masse die Brote geformt, getrocknet und aufbewahrt. Wir verzichteten auf das Gebäck, aber Buschmann, der es als große Delikatesse pries, bat meinen Mann dringend, ihm eins zu kaufen. Die kleinen ovatjimbere suchten Axel und ich uns von den Sträuchern; sie schmeckten wirklich wie Rosinen. Auch andere, uns von den Eingeborenen als sehr wohlschmeckend bezeichnete Früchte fanden wir: an einem hübschen Rankengewächs, das an den Sträuchern emporkletterte, hingen die sogenannten wildwachsenden Gurken, die im grünen Zustande von den Eingeborenen geröstet und dann verspeist werden. Wunderschön sehen sie reif aus, ähnlich dem spanischen Pfeffer, im Geschmack erinnern sie ein klein wenig an Pflaumen. Eines Tages erblickten wir einen Baum, der anscheinend über und über voll reifer Kirschen hing. Die Eingeborenen hieben Äste davon ab und steckten

Hände voll dieser Kirschen auf einmal in den Mund; doch ist an diesen Früchten nur eine dünne Schale genießbar, welche den harten Kern umgibt.

Unsere Leute fanden immer neue eßbare Pflanzen: Schoten, allerlei Arten von Onchies, lange weiße Pfahlwurzeln, die gebacken den Geruch gerösteter Kartoffeln verbreiteten, kleine wohlschmeckende Nüsse, Ozombannies genannt, die an einer auf der Erde kriechenden Pflanze wuchsen (später kauften wir sie, da wir sie sehr gern aßen, säckeweise).

Bei Ovikango fuhren wir stundenlang durch eine Gegend, wo die sogenannte Kaffeepflanze der Eingeborenen das Feld bedeckte. Sie trägt lange Schoten; unreif geröstet schmecken die Kerne ganz gut; reif und dann wie Kaffee behandelt, soll es ein Getränk geben, das diesem im Geschmack fast gleichkommt. In ungeheuren Mengen findet man im ganzen Damaralande eine Pflanze verbreitet, deren fleischige dicke Wurzel von sämtlichen Eingeborenen zum Gerben benutzt wird. Sie erinnert in Form und Farbe an die rote Rübe; ihr Grün, das dem Farnkraut ähnlich sieht, wird von den Tieren verschmäht. Da der Gewinn dieses vorzüglichen Gerbstoffes bei der großen Verbreitung der Pflanze geringe Schwierigkeiten bietet, kamen wir öfters auf den Gedanken, ob nicht ein Export dieser Wurzel rentabel sein könnte.

---

39. Rückreise nach Windhoek — Moskito-Plage — Krankheit.

Endlich war aus Gobabis die Nachricht gekommen, daß mein Mann mit den geimpften Treckochsen weiterfahren könne; aber die jungen ungeimpften Rinder wurden in Epukiro zurückbehalten. Mein Mann beschloß, über den uns so gerühmten Platz Ovingi zu fahren, um diesen kennen zu lernen; denn er wollte, wenn ihm Ovingi gefiele, dies als Farm von der Regierung kaufen. Ovingi war ein mit Büschen und niedrigen Bäumen bewachsener Platz; zwei Kalkpfannen, in welchen immer klares Wasser stand, waren die einzigen Wasserstellen, indessen genügten sie selbst für sehr große Viehherden; Gartenland war allerdings kaum vorhanden. Ovingi stand im Damaraland in dem Rufe, das meiste Wild zu besitzen. Unweit der Wasserstelle stand noch das kleine Gebäude einer früheren Militärstation. Sein Lehmdach war vollständig zerfallen, Fenster und Türen fehlten, und innen im Hause war hoher Schutt angehäuft.

Unter einem hohen schattenspendenden Baum, dem ehemaligen Stationsgebäude gegenüber, hatten wir unser Lager aufgeschlagen und es uns für einige Tage, während welcher mein Mann Jagd- und Streifzüge unternahm, häuslich eingerichtet. Es gefiel uns hier herrlich, und mein Mann wünschte nichts sehnlicher, als Ovingi zu besitzen. Er sandte von hier aus nach Gobabis zur Weiterbeförderung an das Gouvernement ein Schreiben mit der Bitte um Genehmigung des Kaufes. Diese Bitte wurde später abschlägig beantwortet.

Gegen Ende Februar langten wir abermals in Gobabis an, wo mein Mann den Warenvorrat ergänzen wollte. Wieder wurden Wagen, die Güter heraufbringen sollten, erwartet, und so mußten wir deren Ankunft abwarten. Anfang März traten wir den Rückweg nach Windhoek an.

Wir kamen an mehreren Ansiedlungen Weißer vorüber. Die Farmen in dieser Gegend waren nach dem Hererokriege 1896 als wasserreiche und vorzügliche Weideplätze schnell vergriffen. Auch etwas ausgedehnterer Gartenbau konnte an dem Ufer des schwarzen Nosob betrieben werden. Landschaftlich gefiel uns die Gegend sehr gut; es war eine große, stellenweise eng mit Bäumen bestandene Fläche. Nur am äußersten Horizont sah man vereinzelt liegende Bergkuppen. Das saftige Grün und das viele Wasser, das jetzt in der Regenzeit überall zu finden war, ließen uns die Gegend im günstigsten Licht erscheinen. Bald sollten wir auch deren Schattenseiten kennen lernen. —

Auf der Farm eines Weißen angekommen (Okambarrare) wurden wir von dem Besitzer und dessen Schwester aufgefordert, den Abend bei ihnen zu verbringen. Wir verlebten ihn bei den netten Leuten in dem freundlichen, auf einer Anhöhe liegenden Hause recht angenehm und kehrten dann zum Wagen zurück, in welchem wir unser Söhnchen schlafend verlassen hatten. Schon von weitem hörten wir sein weinendes Stimmchen und das laute Singen von au tarras. Bei unserer Ankunft fanden wir Schwärme von Moskitos um Axel surren, der trotz des über ihn gebreiteten Moskitonetzes schon ganz zerstochen war; durch kleine Lücken an den Seiten waren die blutgierigen Plagegeister eingedrungen. Was halfen gegen diese Mengen der Rauch der angezündeten Zigarren und Moskitokerzen, das Schwenken mit Tüchern! Dazu herrschte eine drückende Schwüle in der Luft; an Schlaf war nicht zu denken. Wir brachten die Nacht sitzend zu, immer nur auf die Abwehr der lästigen Insekten bedacht. Die Moskitos bilden in den wasserreicheren Gegenden eine entsetzliche Plage; auch in den Häusern kann man sich nur wenig vor ihnen schützen, da sie durch die kleinste Öffnung eindringen. Die in Okambarrare verbrachte Nacht blieb uns darum als eine der unangenehmsten stets im Gedächtnis.

Wir passierten nun zunächst die Orte, die wir auf der vorherigen Reise besucht hatten. Eingeborene von den umliegenden Werften kamen fortwährend und baten meinen Mann, zu ihnen zu fahren, da sie Bedarf an verschiedenen Sachen hätten. So fuhren wir kreuz und quer, jedoch immer die Richtung nach Windhoek einigermaßen einhaltend.

Während dieser Reise gab es bald neue Unannehmlichkeiten. Klein-Axel bekam die so sehr gefürchtete Augenkrankheit, die unglaublich heftige Schmerzen verursacht und sehr ansteckend ist. Bald hatte ich sie auch, dazu kam nach wenigen Tagen bei uns beiden schweres Malariafieber, und wir beschlossen, unseren Aufenthalt im Damaralande möglichst abzukürzen. Als dann noch mein Mann, der uns Patienten aufs Liebevollste pflegte und für uns sorgte, vom Fieber ergriffen wurde, (der Anfall wiederholte sich bei ihm, Gott sei Dank, nur noch einmal unterwegs), wurde der Rest der Fahrt in Eilmärschen zurückgelegt und Anfang April langten wir wieder in Windhoek an. Wie hatte ich mich, besonders während des letzten Teils der Pad, auf unser Heim, auf etwas Komfort, auf Ruhe gefreut und war glücklich, unsere Wohnung in demselben Zustande, wie wir sie verlassen hatten, wieder vorzufinden. Was es heißt, vier Monate lang solch Zigeunerleben zu führen, kann nur der ermessen, der selbst ähnliche Touren im Ochsenwagen gemacht hat. Axel und ich bedurften auch dringend häuslicher Pflege; wir waren beide schwerkrank. Das täglich sich wiederholende Fieber, gegen welches ich vergeblich mehrmals geimpft wurde, und eine infolge des Fiebers eintretende Krankheit zwangen mich zu längerem Liegen.

Der arme kleine Axel aber hatte mit den von Moskitostichen wunden Händchen seine kranken Augen berührt, wodurch schwere eiternde Wunden ausbrachen, die bei dem unsauberen Wasser unterwegs nicht genügend rein gehalten werden konnten. So waren an beiden Händchen Blutvergiftungen entstanden, deren Behandlung, nachdem ein Militärarzt, den wir herübergebeten hatten, uns tagelang warten ließ, der eben erst von Deutschland gekommene Zivilarzt Dr. Bail übernahm. Erst nach mehr als dreimonatiger Behandlung waren die Wunden geheilt: an beiden Händchen aber sind kleine Verstümmelungen geblieben. Die Kräfte des Kindes waren außerdem durch das täglich sich wiederholende Fieber furchtbar geschwächt und es dauerte lange, ehe es sich davon erholt hatte.

Bei all diesem Unglück empfand ich es als ein Glück, daß unsere langjährige Dienerin Anna sich wieder bei uns eingestellt hatte und ihre Pflicht versah, so gut man dies von einem Kaffern, der sich nicht beständig beaufsichtigt weiß, erwarten kann. Unsere Verpflegung freilich ließ, wenn mein Mann abwesend war, viel zu wünschen übrig und wie es in der Küche und den Zimmern aussah, mochte ich gar nicht wissen.

Während unserer langen Abwesenheit hatten sich in Windhoek die von unseren Verwandten geschickten Pakete angehäuft; alle für uns bestimmten Weihnachtsgeschenke lagen noch dort. Wie hatten wir uns all die Zeit über auf diese Gaben unserer Lieben gefreut und nun fehlte es mir an Kraft, sie nur auszupacken und Axel und ich empfanden auch gar keine Freude an den vielen schönen Sachen; selbst die hübschen Spielsachen ließen ihn gleichgültig. Endlich, nach Wochen begannen wir uns langsam zu kräftigen.

40. Unerquickliche Verhältnisse in Windhoek — eine Winterreise, 1901.

In Windhoek hatte sich während unserer viermonatigen Abwesenheit wieder manches geändert. Die Verhältnisse waren indessen durchaus keine erfreulichen. Mehrere Ansiedler und kleinere Kaufleute waren durch die zunehmende schlechte Finanzlage in Zahlungsschwierigkeiten geraten und standen vor dem Konkurs; von einigen größeren Firmen munkelte man dasselbe. Die immer wieder auftauchenden Viehkrankheiten: Lungenseuche, Texasfieber und die Rinderpest, die ja wohl sehr abgeschwächt war, aber immer noch den einzelnen Ansiedlern große Verluste unter dem Großvieh zufügte, Brandseuche unter dem Kleinvieh und das so häufige Eingehen des Nachwuchses entmutigten die Viehzüchter und Viehhändler. Die Produkte der Gartenwirtschaft warfen bei dem von der Truppe herabgedrückten Preise überhaupt kaum noch Verdienst ab. Den Gerüchten von Diamantenfunden im Süden, Goldfunden bei Barmen, großen Kupferlagern an vielen Stellen im Lande glaubte man nicht mehr, da kein Minenabbau begonnen wurde. Die Konzessionen lagen meist in den Händen deutscher Gesellschaften, denen es, wie man sagte, an dem notwendigen Kapital zum Abbau fehlte. Oft hörte man die Klage, in englischen Händen würde die Kolonie viel weiter sein und die deutsche Regierung täte zu wenig zur Erschließung des Landes.

So hatte sich der gesamten Zivilbevölkerung eine bedrückte, hoffnungslose Stimmung bemächtigt. Die vielfach Handel und Verkehr erschwerenden Bestimmungen, die Steuern und Zölle, die durch die Beamten herabgesetzten Preise für alle Produkte erbitterten die Ansiedler gegen die Behörden; aber die Beamten kümmerten sich wenig darum.

So fühlte sich mein Mann während unserer Anwesenheit in Windhoek dort noch viel weniger wohl als früher und sehnte sich fort. Er beabsichtigte, sobald Axel und ich vollständig wieder hergestellt wären und er uns ohne Sorge verlassen konnte, eine abermalige Handelsreise. Auf der letzten Tour hatten wir einen ganz guten Überschuß erzielt.

In den ersten Tagen des Juli wollte mein Mann die Fahrt antreten und wir trafen alle Vorkehrungen dazu. Aber je näher der festgesetzte Tag der Abreise rückte, um so schwerer fiel mir der Gedanke an die bevorstehende lange Einsamkeit in Windhoek, an die Trennung von meinem geliebten Mann mit der beständigen quälenden Sorge um seine Gesundheit, um sein Leben; bei der Art unserer Reisen lauerten ja beständig Gefahren. Ich bat ihn also, uns auch diesmal mitzunehmen, und gern willigte er ein. Besser

10*

gemeinsame Mühseligkeiten und Gefahren ertragen, als getrennt von Angst und Sorge um einander verzehrt zu sein, war unsere Ansicht. Zwar kam einige Tage vorher meine Mitreise wieder in Frage, da ich mir eine Blutvergiftung zugezogen hatte, doch vertraute ich mich gern der ärztlichen Behandlung meines Mannes an, der sich vorzüglich darauf verstand.

Auf dieser Tour schloß sich uns ein Herr, Gr. H., an, der den Osten zwecks späteren eventuellen Ankaufs dort kennen lernen und photographische Aufnahmen machen wollte. Wir freuten uns, durch ihn etwas Unterhaltung zu haben und er und mein Mann rüsteten sich mit einem großen Vorrat an Schießbedarf aus und erhofften viel Vergnügen durch die Jagd.

Zu der Reise, die am 6. Juli, also im Winter, angetreten wurde, hatten wir uns mit vielen Decken und warmen Hüllen versorgt. Die täglichen Temperaturschwankungen sind so plötzlich und so stark, daß man nur allzuleicht eine Erkältung sich zuziehen kann. Trotzdem aber gilt der afrikanische Winter als die gesündeste und angenehmste Reisezeit, da man sich bei einiger Vorsicht vor Erkältungen schützen kann, und die Wärme am Tage nicht lästig ist. Axel und ich erholten und kräftigten uns denn auch bald vollkommen.

Mit Hilfe der Matratzen, Fell- und Wolldecken spürten wir im Wagen während der Nächte wenig von der Kälte, die oft bis 7° C betrug. Schlimm aber war Gr. H. daran, der im Freien schlief. Er trug nach dem Ausspannen denn auch jedesmal zunächst Sorge um etwas wärmeres Nachtquartier und heizte, — nach eigener Erfindung — indem er in einer in der Nähe des Wagens selbst geschaufelten Grube Feuer anzündete und nach vollständigem Verbrennen die Asche entfernte. In diese „geheizte" Grube legte er sich, in die notwendigen Decken eingehüllt.

Unsere Fahrt ging wieder ostwärts über Herrn Rusts Farm Ondekaremba, wo wir sein schönes, eben fertig gestelltes Haus bewunderten und über Opembameva, eine dem Windhoeker Kaufmann Voigts gehörige Farm. Hier wohnten auch noch mehrere selbständige Hereros, und bald begann der Handel. Der Kapitän Bock erweckte den Eindruck eines freundlichen, humorvollen älteren Mannes. Indessen hatten wir auch Gelegenheit, ihn als strengen Richter kennen zu lernen.

Ich komme später auf die Gerichtsbarkeit zurück, welche die Hereros unter sich üben, und die sehr im Gegensatz zu der Nachsicht steht, mit der sie von den deutschen Beamten geübt wird.

Die folgende Werft war Okatumba, wo einer der angesehensten Hereros, der alte Mambo und der „Feldherr" der Hereros Kajata (der im Kriege 1896 auf deutscher Seite gegen seine Stammesbrüder gekämpft hatte), wohnten. Beide erschienen bald mit ihrem Gefolge, zunächst Mambo, ein würdig und freundlich aussehender Alter mit vornehmer Haltung. Er setzte sich an das Feuer und begann die Unterhaltung in der üblichen, schon früher geschilderten Art und dem Bitten um ein Stück Tabak. Ich befahl unseren Leuten, für die schwarze Gesellschaft einen großen Topf voll Kaffee zu kochen, von dem jeder der Großmänner (es waren unter anderen noch Braradjo von Otjihaenena und Julius von Omundjerecke anwesend) einen Becher voll erhielt. Dazu setzte ich einen kleinen Teller mit Zucker in Umlauf; Kajata aber übernahm das Verteilen des Zuckers, indem er in jeden Becher unglaubliche Mengen davon tat und den Teller abermals voll Zucker verlangte. Ich sagte ihm, daß zwei Löffel für jeden genügten, worauf er nach Art eines kleinen Kindes bettelte: Der Zucker schmeckte doch so gut, ich möchte ihm noch etwas davon geben.

Beim Öffnen meiner Vorratskiste erblickte er unglücklicherweise das auf dem Platze vorher gebackene Brot; wieder begann das unausstehliche Betteln, mein Weigern, und wieder endigte es mit Nachgeben meinerseits. Schließlich blieb mir von meinem Brot nur ein kleiner Rest, der kaum für den kommenden Morgen genügte — ich war ganz verzweifelt; da erbarmte sich Gr. H. meiner Not und überraschte uns zur Vesper mit sehr schönen Fettkuchen, die er, während ich schlief, gebacken hatte.

Nun begann das Handeln der Eingeborenen. Buschmann mußte die Kisten vom Wagen laden, und prüfend betrachteten die Hereros die Waren. Ich sah ihnen dabei interessiert zu, mit welcher Gründlichkeit sie alles musterten: an den Schuhen wurden die Sohlen untersucht, ob sie nicht wie bei so vielen aus Kapstadt bezogenen aus Pappe beständen; bei den Kleidungsstücken guckten sie durch den Stoff gegen das Licht, rieben, pusteten hinein, es durfte kein Hauch hindurchkommen usw. Manches hatte ihr Verlangen erregt und am nächsten Morgen sollte der eigentliche Handel beginnen.

Am Abend, nachdem die Kühe gemolken waren, brachten die Eingeborenen der umliegenden Werften Gefäße mit omeire zum „Präsent"; unsere Leute delektierten sich daran, und wir hatten wieder Gelegenheit, ihren unglaublichen Appetit zu bewundern; denn außer dieser omeire wurden ihnen große Mengen Fleisch von — wie wir später erfuhren — an Rinderpest gefallenen Tieren gebracht. Dieses und ihre tägliche Ration an Reis nahmen sie stillschweigend hin und bevor wir uns zur Ruhe begaben, war alles vertilgt.

In Okatumba kauften die Eingeborenen die Waren reißend, nach knapp drei Tagen hatte mein Mann etwa 25 Stück Großvieh eingehandelt; aber da während der kalten Zeit die Hauptnachfrage nach Proviant ist und wir damit nicht genügend versehen waren, so beabsichtigte mein Mann, den Wagen nach Windhoek zu senden, um Kost zu holen. Wir wollten während dieser Zeit in einem schnell aufgeschlagenen Zelt in Opembamewa wohnen bleiben.

Auf dem Rückwege zeigte es sich, daß eine der gekauften Kühe die Rinderpest im höchsten Grad hatte. Nach den Bestimmungen mußte nun sämtliches ungeimpfte Vieh, das wir mitführten, bei der nächsten Wasserstelle festgehalten und der Fall der nächsten Polizeistation gemeldet werden. In Opembamewa schlugen wir, in der Voraussicht, mehrere Wochen stehen bleiben zu müssen, ein Zelt auf und ließen, da der Raum zu klein war, einen Pontok bauen, in welchem die Waren untergebracht wurden und wir uns tagsüber aufhalten konnten. Den Wagen schickte mein Mann nach Windhoek und ließ von dort Proviant holen.

Inzwischen übernahm der von der Siedelungsgesellschaft auf deren Farm Opembamewa angestellte Bur Els, ein sehr erfahrener und praktischer Mann, das Impfen unserer Rinder. Es gingen im Verlaufe der nächsten Wochen noch mehrere Stücke ein und es stellte sich heraus, daß auf dem Platze Okatumba die Rinderpest während unseres Aufenthaltes dort geherrscht hatte. Auf die diesbezüglichen Fragen meines Mannes hatten die Hereros stets erwidert, unter ihrem Vieh sei keine Rinderpest. Auch der Verkäufer Willibald hatte genau gewußt, daß die von ihm verkaufte Kuh schon krank war; mein Mann kannte damals die Anzeichen der Krankheit noch nicht. (Diese sind blutunterlaufene Augen, Schlagen mit den Flanken, Scheu vor dem Wasser usw.). Einige Tage standen wir bereits in Opembamewa, als Willibald, wahrscheinlich in der Befürchtung, mein Mann könne den Betrug bei der Polizei melden, sich einstellte und eine andere Kuh als Ersatz für die eingegangene brachte.

Gr. H. kehrte mit dem Wagen nach Windhoek zurück und wir fuhren, als dieser nach Opembamewa kam, in östlicher Richtung weiter. Unser Treiber hatte sich in Windhoek eine Ziehharmonika erstanden und spielte allabendlich beim Wagen. Es war stets dieselbe nur aus wenig Tönen bestehende Melodie und bei dieser sich immer wiederholenden

Musik schliefen wir bald ein, während die Eingeborenen derselben stundenlang andächtig lauschten.

Unser Weg führte uns abermals nach Okatumba, ferner nach Otjihaenena, Okahoa, Ondekawerahona, wo wir die Bekanntschaft eines äußerst komischen, steinalten Herero machten. Sein Name war Katjiwiqua; wegen seines hohen Alters hatte man ihm noch den Beinamen Kamutenje (Sonne) — er sei so alt wie die Sonne — gegeben. Man sagte uns, er sei schon zu Jugendzeiten des Vaters von Samuel Maharero genau so alt gewesen wie heute. Kamutenje stellte eine wunderbare Figur dar und ich bedaure, mit meiner Feder kein Bild von ihm geben zu können. Der spärliche Rest von Haaren bildete nur noch am Hinterkopf einen ganz schmalen Halbkreis, jedoch war dieser für gewöhnlich mit einem roten Kopftuch und einem darauf gesetzten Hut verdeckt, der die Größe eines Wagenrades und etwa das Alter Katjiwiquas hatte. Die Mode ist auch bei den Negern veränderlich; in früheren Zeiten konnten die Hüte nicht groß genug sein; später erschienen ihnen diese Ungetüme lächerlich. Die Bekleidung Katjiwiquas bestand in einem uralten, zerfetzten Mantel, dessen Ecken durch die beinahe kriechende Haltung Katjiwiquas ganz abgeschleift waren; die Nägel an Händen und Füßen hatten die Länge eines Fingers und waren abscheulich anzusehen. Katjiwiqua war trotz seines Alters noch sehr lebendig; es wirkte ungemein komisch, wie er mit erhobenem Stock hinter einem jüngeren Herero herlief, welcher irgend ein Vergehen sich hatte zuschulden kommen lassen. Seine hervorstechendste Eigenschaft war brennender Geiz; obgleich er sehr reich war, hungerte er lieber, ehe er ein Tier aus seinen Herden schlachtete oder Proviant kaufte. Das einzige Geschäft, das man mit ihm abschließen konnte, bestand im Tausch: er verhandelte nur seine zur Zucht unbrauchbaren Tiere gegen gutes Muttervieh.

Die Gegend, die wir nun passierten, sah jetzt zur

Winterszeit recht öde und traurig aus; Sträucher und Bäume waren kahl; das nur hier und dort in vereinzelten Büschen stehende Gras unterschied sich kaum von dem nackten Boden, und mit Wasser war es schlimm bestellt. Bei den außerordentlich geringen Niederschlägen der letzten Jahre war das Grundwasser zurückgegangen, sodaß selbst im Rivier erst tiefe Brunnen gegraben werden mußten und auch nicht an allen Stellen mit Erfolg. Omitara jedoch war wasserreicher. Hier hatten die Eingeborenen an vielen Stellen Wasserlöcher in dem Flußbett des Nosob angelegt, und für die Winterszeit hatten sich viele Werften der Umgegend dort zusammengezogen, so daß Omitara sehr bevölkert war.

Dort lernten wir auch den reichen Kapitän Katjiwappa kennen, der Christ zu werden beabsichtigte und unter den Hereros den Ruf eines sehr frommen Mannes genoß, obgleich er noch nicht getauft war. Sehr gern erzählte er die Geschichte von einem Gesicht, das er gehabt habe, wo Gott ihm dreimal erschienen sei und ihn mit gewaltiger Stimme gerufen und aufgefordert habe, Christ zu werden. Damals war es Katjiwappa anscheinend ernst um sein Seelenheil; bei einer späteren Reise meines Mannes aber hatte sich sein Sinn geändert: Katjiwappa war wieder Heide geworden und hatte die ihm vom Missionar und dem Schulmeister beigebrachten Begriffe von der christlichen Religion als unnützen Ballast abgeworfen.

Wie häufig beobachteten wir dieselben Fälle! Die Kaffern ließen sich taufen und wurden Christen aus Nachahmungstrieb. Das innere Verständnis für die Religion fehlte ihnen.

Von Omitara aus fuhren wir querfeldein über Otjiua, Omberendende nach Okahoa, wo der Kapitän des Platzes, Kagnahaene (Luther war sein Taufname), meinen Mann gebeten hatte, einen Store zu eröffnen. Die Frage meines

Mannes, ob er diesen Platz auch kaufen könnte, wurde ihm von Luther bejaht, und mein Mann beschloß, den Kaufvertrag mit Samuel, sobald es ginge, abzuschließen. Wir wählten den Platz für das Haus; er war nicht sehr idyllisch, indes fand sich kein besserer und von der Anhöhe aus, auf welcher das Haus stehen sollte, hatte man einen weiten Ausblick. Bei der Wahl des Platzes für den Hausbau mußte auch berücksichtigt werden, daß das Wasser nicht zu weit entfernt war.

---

41. Okahoa. Unser Hartbeesthaus.

Wer aber sollte das Haus bauen? Die Eingeborenen verstanden keine Arbeit, und ob es uns gelingen würde, einen Weißen nach Okahoa zu bekommen, war fraglich. Eile mit dem Bau tat aber not, da schon in zwei Monaten die ersten Regen fallen konnten. Wir beratschlagten lange darüber. Mein Mann beabsichtigte mit Hilfe von Schwarzen, die ihm hier in jeder Zahl zur Verfügung standen, den Bau selbst auszuführen. Es wurden Lehmziegeln geformt, und gleichzeitig legte mein Mann das Fundament zu dem Hause.

Die ungewohnte Arbeit ging indessen nicht so schnell von statten, als er gedacht hatte. Die Hereros waren beim Ziegelmachen bodenlos faul, und trotz der 10 Leute schritt die Arbeit nur langsam vorwärts; es war mit Sicherheit vorauszusehen, daß bis zur Regenzeit das Haus noch nicht unter Dach sein konnte. So richtete mein Mann ein vorläufiges Häuschen her. Ich war inzwischen mit Axel nach Windhoek gefahren, um das Aufladen unserer Möbel zu beaufsichtigen. Es war dies die erste Reise, die ich im Ochsenwagen allein unternahm. Zwei Hereros, Timotheus und Kanganga, ein Hirte, den wir drei Jahre in Dienst hatten, begleiteten mich. Während meiner Abwesenheit mußte die alte Maria, welche wir auf Okatumba als Dolmetscherin gemietet hatten, das Kochen und Brotbacken für meinen Mann übernehmen. Ich trieb die Wagenleute zu äußerster Eile an, um sobald als möglich wieder bei meinem Mann zu sein. Nach noch nicht zwei Tagen Fahrt (während wir sonst fast drei Tage gebrauchten), erreichten wir Windhoek. Ich begab mich an das Einpacken der Sachen und entdeckte dabei, daß selbst bei zweimaligem Herausfahren unsere Einrichtung, die uns doch ziemlich bescheiden erschien, nicht fortgebracht werden konnte. Ich ließ den so voll als möglich geladenen Wagen nach Okahoa fahren und blieb bis zu dessen Rückkehr in Windhoek.

Die Kaffernfrau Anna, deren Mann in Windhoek arbeitete, hatte ich bei meiner Ankunft sehr erfreut durch zwei Ziegen, die ich ihr schenkte. Jedes Eingeborenen Verlangen geht auf Viehbesitz, aber ich fürchtete, daß diese Tiere trotzdem das Schicksal früher geschenkter Ziegen ereilen würde, nämlich in Ermangelung anderer Kost geschlachtet zu werden. Eines Tages kündigte Anna mir an, daß sie beschlossen habe, mit nach Okahoa zu kommen, ihr Mann wolle davon zwar nichts wissen, aber hier in Windhoek könnten sie und die Kinder Hungers sterben; Arbeit für sie fände sich nicht, und der Lohn ihres Mannes Abusseb reichte für die große Familie nicht aus. Abusseb hatte noch eine zweite Frau, Annas Schwester, und eine sehr zahlreiche Kinderschar.

Die Aussicht, daß Anna mitkäme, freute mich sehr; als jedoch nach acht Tagen der Wagen ankam, war und blieb sie verschwunden. Wie ich später erfuhr, hatte Abusseb Annas Kinder fortgebracht und sie dadurch veranlaßt, in Windhoek zu verbleiben.

Ein Brief meines Mannes brachte mir die Nachricht, daß draußen ein provisorisches Haus fertiggestellt und die Mauern des großen Hauses schon in Angriff genommen wären. Leider teilte er mir auch mit, daß unter den Rindern abermals die Pest ausgebrochen sei, und wir verloren in deren Verlauf gegen 40 Stück. Das war eine betrübende Nachricht, aber um so mehr zog es mich mit Macht hinaus zu meinem Mann, der schon die Tage zählte, bis sein Söhnchen und ich wieder bei ihm waren.

Und wie mußte mein lieber Mann hier in der Zwischenzeit gearbeitet haben! Das „Hartebeesthaus" war vollendet und wartete meines Einzuges, und rings umher traf ich Spuren der fleißigen, fürsorglichen Tätigkeit meines geliebten Mannes und dankte ihm von Herzen dafür. Ich war sehr froh, ihm nun einen Teil seiner Arbeitslast abnehmen zu können; es hatte zuviel auf ihm allein gelegen und nur der Gedanke an uns hatte ihm, wie er sagte, immer neue Kräfte und Schaffensfreude verliehen.

Zu diesem Hartebeesthause hatte mein Mann Fahlbusch herzuschleppen und die schlanken Baumstämmchen eng nebeneinander in den Boden stecken lassen. Hererofrauen flochten die Stämmchen in mehrfachen Reihen mit schmalen Riemen zusammen und bedeckten die dünnen Wände von außen und innen mit einer Lehmschicht; auch den Fußboden bildete eine mit dem Harz der Anabäume vermischte Lehmschicht. Oben auf das Haus kam ein Grasdach, mit zwei Segeltuchplanen darüber. Derartige Häuser hatte ich schon mehrfach bei den Farmern gesehen; auch in Gobabis war das eine Geschäftshaus von O. so hergestellt, und wegen seines starken Lehmdaches zeichnete es sich in der heißen Zeit durch erquickliche Kühle aus. Nur den Nachteil haben diese Hartebeesthäuser, daß in der Regenzeit fortwährende Reparaturen an den Dächern vorgenommen werden müssen.

Unser Häuslein bestand aus drei Räumen: dem Store, dem Schlaf- und dem Wohnzimmer. Waren diese auch schrecklich klein und niedrig, so erschienen sie uns doch ganz gemütlich. Die Wände hatte ich mit rotem Möbelkrepp verkleidet und unter dem Dach weißes Zeug gespannt. Alle Möbel konnte ich freilich nicht unterbringen; zum großen Teil standen sie draußen unter einem Segel. Als Küche diente fürs erste ein etwas abseits gelegener Pontok, der zwar geräumig war, aber wegen seiner Entfernung unbequem zu benutzen, besonders im strömenden Regen und in der Sonnenglut des Mittags.

Am Neujahrstage 1902 brannte uns diese Küche ab; nur mit Mühe gelang es meinem Mann zu verhindern, daß die vom Winde nach dem Hause zu getriebenen Flammen dieses ergriffen. Die Küchengeräte hatte ich zwar zum größten Teil, aber doch nicht alle, aus dem Feuer gerettet und mußte mich lange Zeit ohne die nötigen, nun verbrannten Sachen behelfen. Auch das nunmehrige Kochen am Herde im Freien, bei den staubaufwirbelnden Mittagswinden, bei Regenwetter usw. war noch viel mühseliger, als in dem bisherigen Küchenpontok. Doch mein lieber Mann schaffte bald Abhilfe; nach Verlauf eines Monats hatte er mir eigenhändig eine Küche aus Lehmsteinen erbaut, die bald mein Lieblingsaufenthalt wurde. Sie war geräumig und hoch und besaß ein großes Fenster, während die Fenster im Hartebeesthause winzig klein waren.

42. Geburt unseres zweiten Kindes, 1902 — Wohnhausbau — Glückliches Familienleben.

Etwa ein Jahr diente uns jenes kleine Haus zur Wohnung. Dort wurde uns am 22. April 1902 abermals ein Söhnchen geboren. Ein seltsames Himmelszeichen war an diesem Tage zu unseres Friedels (das Kind erhielt nach seinem Vater den Namen Friedrich) Geburtsstunde zu sehen: eine Mondfinsternis, welche auch in Deutschland beobachtet wurde. Damals begegneten sich unsere Gedanken mit denen unserer Lieben daheim; denn in den nächsten Briefen schrieben unsere Angehörigen, daß sie beim Erblicken dieser Himmelserscheinung lebhaft an uns gedacht und sich gefragt hätten, ob wir sie wohl auch beobachteten, und denselben

Gedanken hatte mein Mann damals ausgesprochen. Ich, die ich etwas abergläubisch bin, deutete dieses Ereignis so, daß dieses Kindchen, das ich so unendlich liebte, einer bedeutenden Zukunft entgegenginge. — Es erlebte aber noch nicht seinen zweiten Geburtstag; nach namenlosen Qualen starb es mir auf unserer Reise nach Deutschland am 9. März. Dieses Geschöpfchen war meinem Herzen ganz besonders teuer; von Geburt an zarter, als unser stämmiger kleiner Alexander, bedurfte es gleich zuerst sorgsamerer Pflege als dieser. Es war, wie mein Mann scherzend sagte, mein spezielles Kindchen, während Axel nur für sein Vaterle Augen und Ohren hatte.

Ich hatte in dieser Zeit viel mit Malaria zu kämpfen gehabt, und meine Kräfte waren sehr erschöpft; allein lange Schonung gab es nicht. Klein-Axels wegen mußten wir schon $1^1/_2$ Wochen später nach Windhoek fahren, und nach unserer Rückkehr war ich schwer krank.

Während der Regenzeit im Hartebeesthause, wo das Wasser durch die von Termiten gefressenen Löcher in dem Segeldach wie durch ein Sieb in die Räume drang, und wir uns, nachdem wir durch Bedecken der Sachen und Unterstellen von Gefäßen unser Hab und Gut notdürftig geschützt hatten, eng zusammen um den Tisch setzten, gelobten wir einander, unter diesem leckenden Dach keine zweite derartige Regenzeit zu verbringen. Als dieselbe vorüber war, wurde mit Macht der Hausbau betrieben. Die Vorarbeiten waren bald soweit gediehen, daß, um mit dem eigentlichen Bau schneller vorwärts zu kommen, mein Mann einen Weißen zu Hilfe nahm. Dieser, sowie ein zweiter erwiesen sich leider als unbrauchbar: erst kurz vor Beginn der nächsten Regenzeit gelang es meinem Mann, einen tüchtigen Maurer zu bekommen, und Weihnachten 1902 fand uns in dem neuen Hause. Hier fühlten wir uns wieder Menschen.

Es bestand aus vier großen und sehr hohen Räumen;

Schlafzimmer und Store bildeten den vorstehenden Giebelteil des Hauses, Wohnzimmer und Küche waren quer angebaut. Später beabsichtigte mein Mann einen ebensolchen Giebel an die andere Seite des Mittelbaues anfügen zu lassen, und der Raum zwischen den Giebeln, vor den beiden Mittelzimmern sollte die Veranda werden.

Mit welcher Seligkeit widmete ich mich in diesen Räumen meiner Hauswirtschaft! Es dauerte zwar lange, ehe wir eingerichtet waren; die häufige Abwesenheit meines Mannes, abermaliges längeres Krankenlager und sonstige Zwischenfälle hinderten mich daran. Dann, als ich die Gardinen aufmachen wollte, welche ich in einer Kiste aufbewahrt hatte, machte ich die unliebsame Entdeckung, daß sie durchweg von Termiten zerfressen waren und handgroße Löcher aufwiesen. Fast einen Monat hatte ich mit dem Stopfen der Gardinen nach deren Muster zu tun, was mir schließlich zu meiner Freude gut gelang.

Die Termiten fügten uns häufig großen Schaden zu; über Nacht hatten sie in die Proviantsäcke Löcher hineingefressen, beim Heben entleerte sich dann der Inhalt. Sie verschonten nichts; eines Tages fand ich ein Bild an der Wand derartig mit Lehm an dieser festgeklebt, daß es beim Lostrennen zerriß. Es gehörte von nun an mit zu meinen täglichen Obliegenheiten, die Möbel zu rücken, die Bücher zu untersuchen, die an den Wänden hängenden Gegenstände zu bewegen. Im Store mußten die Leute fast alle Tage die Proviantsäcke auf andere Stellen rücken. Durch diese Vorsichtsmaßregeln werden die Termiten etwas in ihrem Vorgehen zurückgehalten, sicher aber ist man nie vor ihren Zerstörungen; oft fraßen sie über Nacht auf dem Fußboden stehende Schuhe an. Früher einmal hatten wir gehört, daß ein Missionar eines Tages die unliebsame Entdeckung gemacht hatte, daß von seinen sämtlichen Büchern nur noch die Rücken verhanden waren — die Deckel und das Papier waren von den Termiten vollständig zerstört.

War mein Mann unterwegs, so schrieb er mir, so oft ein Bote nach unserer Gegend ging, manchmal täglich, dann wieder acht bis vierzehn Tage nicht. Ich sorgte mich stets sehr um ihn, und man kann sich meine Freude denken, wenn eines Tages von der letzten Wasserstelle vor Okahoa aus ein Briefchen mit der Botschaft kam, daß wir unser Vaterle noch heute oder am nächsten Morgen zu erwarten hätten. Guduis, das Kindermädchen, mußte vor der Türe Ausschau halten. Winkte dann vom letzten Höhenrücken herüber das weiße Zelt des Wagens, so eilte ich, Axel an die Hand nehmend, das Baby auf dem Arm, dem so heiß Ersehnten entgegen. Wie glücklich waren wir dann zusammen! Wie freute sich mein Mann an den Seinen, wie bemühte ich mich, ihm jeden Wunsch abzulauschen, und war stolz und froh über die mir von ihm gespendeten Lobsprüche. Die Kinder überraschten ihren Vater mit den Fortschritten, die sie gemacht hatten. Axel sprach ein wunderbares Gemisch aus Deutsch, Namaqua (das er von seinem gleichaltrigen Spielgefährten Jonas lernte) und holländisch. Er und Jonas übten gemeinschaftlich so manchen bösen Streich aus, erwürgten meine kleinen Hühnchen und faßten eines Tages gar den schlimmen Plan, ein Ziegenlämmchen zu schlachten. Zu diesem Zwecke fingen sie es, wie sie von den Schwarzen gesehen hatten, an einem Bein, zogen es in Annas Pontok und Jonas holte einen kleinen Holzlöffel, der die Stelle eines Messers vertreten sollte, sowie einen Teller zum Auffangen des Blutes. Um die Wiederholung eines derartigen Streiches zu verhüten, erhielt jeder der Missetäter eine fühlbare Strafe.

Axel hatte ein wunderbares Gedächtnis für jedes einzelne Tier, wußte jedes Kälbchens und Schäfchens Mutter aus der Herde zu finden, und zu komisch war es, wenn er mit auf den Rücken gelegten Händchen ernsthaft zwischen den Ziegen einherging; auf besonders schöne und große Tiere zeigend, erklärte, dies sei ein „Afrikaner-Büllbock" (letzteres Wort freie Erfindung) und mit wegwerfendem Tone von einem kleinen Tier sprechend, dies sei „nur ein Damaravieh" („Afrikanervieh" gilt als das bessere; es wird von Buren und Bastards gezogen, während das von den Hereros gezüchtete „Damaravieh" viel geringwertiger ist).

Das kleine Fritzel gedieh zu unserer Freude, und jeder, der das niedliche, rotbäckige Geschöpfchen sah, mußte es lieb haben.

Unsere beiden Kinderchen waren unser ganzer Stolz und unsere Freude.

43. Bewirtung der Großleute.

Auf einer Handelsreise im Oktober 1901 hatte mein Mann Okahandja aufgesucht, um mit dem Oberhäuptling Samuel Maharero den Kaufvertrag für unsere Farm abzuschließen. Samuel war nicht dort anwesend, wollte uns aber binnen kurzem persönlich besuchen. — Mein Mann hatte aus Karibib allerlei gute Sachen, u. a. auch ein Faß Kapsherry für uns mitgebracht. Die Kunde davon hatte sich auf Okahoa schnell herumgesprochen, und kaum hatten die Leute die Fracht abgeladen, als sich die Hereros fortwährend herandrängten, um einen Schluck von dem Feuerwasser bettelnd. Nur der Kapitän Luther und seine beiden Unterkapitäne erhielten je ein Gläschen. Der mit in dem Raume sitzende Schulmeister Willibald schlug den Trank aus: denn Wein zu trinken sei eine Sünde, so stehe in der Bibel. Seine begehrlichen Blicke wanderten aber immer von neuem nach den gefüllten Gläsern.

Bis nach Okatumba und den andern umliegenden Plätzen war das Gerücht von dem Fäßchen Wein gedrungen, und in Erwartung eines Schluckes davon kamen am folgenden Nachmittag drei Großleute: Mambo und Kajata aus Okatumba und Kaningati aus Otjihaenena. Kajata brachte mir ein schönes fettes Schaf zum Geschenk, mit dem ausdrücklichen Bemerken, das Tier bald zu schlachten. Um dem Gegenpräsent zu entgehen (zugleich war es diplomatisch, sich mit den Großleuten gut zu stellen) machte mir mein Mann den Vorschlag, sie zum Essen aufzufordern und ihnen dabei ein Gläschen des heiß ersehnten Feuerwassers zu verabreichen. Mehr als die Hälfte des großen Schafes wanderte in einen Kessel, dazu wurde ein großer Topf Milchreis gekocht. Maria mußte für die vier Großleute draußen einen Tisch mit Tellern, Messern und Gabeln decken, und dann die Gäste herbeirufen. Mambo, der älteste und angesehenste unter ihnen, machte auch den zivilisiertesten Eindruck; der robuste Kajata mit den groben Gesichtszügen und den blutunterlaufenen Augen war eine wenig sympathische Figur; Kaningati, der Häuptling der Ovambandjerus, war von schwächerem Körperbau, er schien ein überaus nervöser Mensch zu sein. Bewunderungswürdig war sein dramatisches Talent: er kopierte einzelne seiner Stammesgenossen sowohl wie den Gouverneur, und besonders das Nachahmen des letzteren wirkte äußerst komisch, da Kaningati außer einigen, gewöhnlich recht drollig angebrachten Ausdrücken kein Wort holländisch oder deutsch verstand. Luther endlich, der Kapitän von Okahoa, war ebenfalls ein älterer Mann mit stupidem Gesichtsausdruck und schlappem Wesen.

Ich hielt es für meine Pflicht, mit den Leuten ein kleines Gespräch anzuknüpfen und erkundigte mich zunächst, wer von ihnen der jüngste sei. Da brach ein förmlicher Streit unter ihnen aus; jeder wollte älter als der andere sein; schließlich einigten sie sich darin, daß Mambo in dieser Beziehung die Krone gebühre.

Da kam Maria mit den mit Reis und Fleisch gefüllten Schüsseln, und mein Mann sagte, auf dieselben deutend: „Ihr könnt davon nun soviel essen als ihr wollt, und wenn ihr dies alles vertilgt habt, werdet ihr gewiß morgen auch noch keinen Hunger verspüren." Kaningati zog dies jedoch in Zweifel, indem er, sich niedersetzend, einen seiner Lieblingsaussprüche gebrauchte: „Erst seen!" Völlig schweigsam widmeten sich die vier Tischgenossen dem Vertilgen des aufgetragenen Mahles. Jeder suchte das Beste für sich heraus und gönnte dem andern keinen Bissen; je mehr die Speisen sich ihrem Ende zuneigten, um so mehr ließen sie alle Formalitäten außer acht, und jeder langte mit dem Löffel in die Schüssel und führte zuletzt das Fleisch mit den Händen zum Munde. Seinen Leibriemen ein wenig lockernd, sagte Kaningati: „My pens (Magen) is banja vull, mar ik soll darum noch freet (aber ich werde trotzdem noch essen)". Endlich waren die Schüsseln geleert — da erklärte Mambo: er könne noch mehr essen; er sei zwar zufrieden, aber mein Mann habe ihnen in Aussicht gestellt, daß sie nach dem heutigen Mittagbrot auch morgen noch keinen Hunger haben würden. Ich warf einen ratlosen Blick auf meinen Mann, und dieser erklärte: dann könnten sie nur noch etwas trockenes Brot erhalten. Brot bedeutet für die Kaffern eine besondere Delikatesse, und von meinem eben erst aus dem Ofen genommenen Brot verschwanden unheimliche Quantitäten, so daß ich voll Besorgnis an unser Frühstück am nächsten Tage dachte. Den Schluß dieses quantitativ großartigen Mahles bildete das in Aussicht gestellte Gläschen Wein, dem mein Mann auch noch ein zweites folgen ließ. Mambo bat um abermaliges Füllen, nachdem er auch sein zweites Glas geleert hatte. Doch erklärte mein Mann sehr bestimmt, nun sei es „opuo", es gäbe jetzt nichts mehr. Mambo wandte sich darauf an mich, erhielt natürlich den nämlichen Bescheid. Endlich wurde mir klar, was er bezweckte. Er hatte, wie die übrigen, sein Glas bis auf die Neige geleert und stellte mir nun vor, er habe schon oft mit den Offizieren und dem „Major" getrunken und wisse, was sich für einen Großmann gehöre: Jene ließen immer einen kleinen Rest für die Bambusen (Dienstboten) im Glase. Sein Wunsch wurde ihm erfüllt. Nun

11*

aber verabschiedete mein Mann die schwarzen Gäste, weil er neue Betteleien befürchtete, und als ich mich erkundigte, ob sie alle gesättigt seien, erwiderte Kaningati für alle, indem er seinen Riemen noch mehr lockerte: „my pens is now banja full".

Nach dieser Bewirtung glaubte Kajata bei seinem jedesmaligen Besuche bei uns Einkehr halten zu können und forderte in unverschämtester Weise Brot, Tabak, Kaffee usw. Das Betteln nahm überhaupt kein Ende. Vom frühen Morgen bis zum späten Abend hieß es unaufhörlich „tubao makaia!" (gib Tabak). Sie hielten die Pfeife hin und machten allerlei auf das Füllen derselben bezügliche Pantomimen. Mein Mann ging oft scherzend darauf ein, nahm die Pfeife wie mißverstehend an sich, und durch sein lustiges Wesen und die Scherze, die er mit den Leuten machte, erwarb er sich zunächst die Zuneigung aller Hereros.

44. Wir als Ärzte — Wunderkuren — Aberglauben.

Mit allen ihren Klagen und Anliegen wandten sie sich an meinen Mann, und es war für uns unterhaltend und oft recht komisch, was für Bitten um Ratschläge sie an ihn richteten. Da hatte ein Herero dem anderen Vieh geraubt: wie konnte man dieses ihm wiedernehmen, ohne sich der Gefahr einer tüchtigen Prügelsuppe auszusetzen? Eine Frau war entlaufen: wie bestraften die Deutschen eine derartige Handlung? Ein Pferd war krank: wie war es zu heilen? usf. An unsere medizinischen Kenntnisse und an unsere Apotheke stellten sie häufig allzu hohe Anforderungen. Für die unglaublichsten Fälle sollten wir Mittel kennen und haben. Rhizinusöl war das Universalmittel. Bei äußerlichen Verletzungen wurde Wagenschmiere angewandt. Zur Abwechslung legte mein Mann auch Senfpflaster auf. Ich denke noch daran, wie er einmal, als uns die fertigen Senfpflaster ausgegangen waren, für Luther, den Zahnschmerzen übel plagten, eigenhändig eines verfertigte und den Senf beinahe fingerdick auf das Papier strich. Einige Tage danach kam der Patient, beschwerdeführend, mit einer ganz roten Backe zu mir: das Pflaster habe derartig gebrannt, daß er nicht habe schlafen können und es deshalb entfernte; mit dem Papier sei aber auch die Haut abgegangen. Seit der Zeit bewies Luther mir mehr Vertrauen. So übergab er mir eines Tages einen Kranken, seinen „besten Freund“ Katsamunika von Okahoa. Dieser litt schon viele Monate an Asthma und Dysenterie. Sollte der Alte in meiner Pflege genesen, so versprach Luther mir eine junge Kuh zu geben.

Daß bei der Krankheit des Alten Rhizinusöl von Übel sei, war mir klar, aber ohne irgend welche Anleitung wagte ich auch die Anwendung anderer Medikamente nicht. Mein einziger ärztlicher Ratgeber war „Kneipps Wasserkur“; aber bei der ungeheueren Wasserscheu der Hereros hätte mir deren Anwendung nur Hohn eingetragen. So gab ich meinem Kranken mehrere Male täglich Hoffmannstropfen auf Zucker, die, wie er behauptete, Wunder bewirkten. Ich schrieb dies nur seiner Vorliebe für Zucker zu, und als ich, unter dem Vorwande keinen Zucker mehr zu besitzen, ihm die Tropfen ins Wasser verabfolgte, ließ die angebliche Wirkung plötzlich nach. Überdies sah ich, daß die Angehörigen Katsamunikas ihm die notwendigste Nahrung vorenthielten, so daß seine Kräfte rapide abnahmen. Ich schickte ihm öfters Speisen, war aber im Zweifel, ob er dieselben wirklich erhielt, und da ich einsah, daß dem Alten nicht zu helfen sei, überließ ich ihn seinem Schicksal. Nach einigen Tagen hörten wir auch das Totengeheul, welches die Frauen bei jedem Todesfall, wie auf Kommando, mit regelmäßigen Pausen anstimmten. Allein ihre „Trauer“ kam zu früh; wunderbarerweise erholte sich Katsamunika nochmals, und wir erfuhren dann, daß er erst mehrere Monate später wirklich gestorben sei.

Unter den Eingeborenen gibt es auch sogenannte „Doktors". Es scheint aber, als nähme mit der zunehmenden Kultur der Glaube an die Heilmittel dieser Charlatane ab. Eines Tages kam nach Okahoa ein Kaffer, der auf seine medizinischen Kenntnisse im Lande umherreiste und anscheinend recht gute Geschäfte machte. Für jede seiner Wunderkuren, sie waren es im buchstäblichen Sinne des Wortes, verlangte er ein „Euschaf" oder einen „Eubock" (Mutterschaf, Mutterziege). Als Verwandter eines unserer Leute wohnte er einige Tage in deren Pontoks. Maria, unsere Dolmetscherin, phantasierte mir von einer eigentümlichen Krankheit vor und beschrieb sie ungefähr folgendermaßen: Erst beginne es in der Brust zu pochen, zöge dann nach dem Kopf, um im Handumdrehen ihr in den Beinen zu sitzen, so daß sie nicht gehen könnte usw. Vertrauensselig gab sie sich dem „Doktor" in Behandlung. Es war an dem Tage gerade ein Schaf geschlachtet worden; von diesem nahm sie etwas Fett — frisches Fett mußte es sein — briet es aus, trank es noch flüssig herunter, dabei eine Sehne des Schafes verschluckend. Gleichzeitig machte ihr der Doktor einen Schnitt in den linken Oberarm, und seine Behandlung war beendet. Er prophezeite, daß nach einigen Tagen, während denen die Schafsehne im Körper arbeiten würde, jene plötzlich zur Wunde am Arm herauskommen werde; dies wäre dann das Zeichen des Erfolges der Kur.

Interessiert erkundigten wir uns nun täglich bei Maria nach ihrem Befinden und ob die Sehne noch nicht bald zu dem ihr angewiesenen Ausgang herauskäme. Täglich wurden Marias Mienen enttäuschter, der Erfolg blieb aus. Wir hätten gern mehrere Kuren des Doktors kennen gelernt, aber er litt keine Zuschauer. Trotz Marias Warnung gingen wir doch einmal, von Hans geführt, nach dem

Pontok, wohin man jenem ein krankes Kind gebracht hatte, an welchem er unter laut gesprochenen Zauberformeln seine Heilversuche anzustellen schien. Aber als Hans sich seinen Kreisen zu sehr näherte, wäre er beinahe übel davon gekommen; mit drohender Gebärde stürzte der Doktor hervor und erhob einen Stein, den er nach Hans zu werfen versprach, wenn dieser noch einen Schritt näher käme. Ob bei dem Kinde seine Kur ihre Wirkung getan hat, ist mir leider nicht bekannt.

Der Aderlaß ist unter den Eingeborenen ein mindestens ebenso gebräuchliches Heilverfahren, wie er es bei unseren Vorfahren war. Da sie aber keine Schröpfköpfe und keine Blutegel kennen, werden Arme, Beine, Rücken oder Brust mit einem scharfen Messer wie ein Beefsteak gehackt, 30 bis 40 Schnitte und mehr konnte man oft zählen. Ich sah einige Male dieser Prozedur zu; das Blut rann in Strömen aus den Wunden, dies galt schon als ein gutes Zeichen. — Auch der Atem einzelner Personen gilt als Heilmittel. Anna pustete ihren Kindern in den Mund, wenn der Magen nicht in Ordnung war oder auf Wunden, die sich dadurch schließen sollten.

Verschiedenen Speisen schreiben die Eingeborenen die wunderbarsten Eigenschaften zu: sie alle glauben, daß der Genuß des Fleisches männlicher Tiere mehr Kraft verleihe als das weiblicher Tiere. Hasenfleisch gilt manchen als unrein und wird von den Klippkaffern und den Bandjerus nicht gegessen, Hereros genießen es. Anna sagte mir, daß ihre Vorfahren durch den Genuß des Hasenfleisches schwarz geworden wären, und wenn ich sie darauf aufmerksam machte, daß ihr Teint nun einmal verdorben sei und sie jetzt ruhig auch Hasenfleisch essen könne, meinte sie ganz entsetzt: nie würde sie das tun. Ihr Vater habe ihr gesagt, dann müsse sie sofort sterben. Fett aus dem Innern eines Tieres darf eine Frau, die nicht auf Kindersegen verzichten will, nicht essen. Derartige Aberglauben bestehen in Unmengen und werden von den alten Leuten gewissenhaft befolgt; die jüngere Generation dagegen befreit sich mehr und mehr von diesen Überlieferungen.

---

45. Justiz der Hereros unter sich.

In Abwesenheit meines Mannes ließ ich eines Tages einen Streitfall durch den Kapitän Luther schlichten. Die Sache war folgende:

Durch Nachlässigkeit unseres Kuhhirten waren über Nacht einige Rinder auf der Weide verblieben. Am nächsten Morgen erzählte mir Anna, daß einer der Ochsen, die durch Ettapamoes Schuld im Felde geblieben waren, von einem „Wolf" (Hyäne) geschlagen worden sei. Das verwundete Tier läge nicht weit entfernt. Ich kleidete die Kinder und mich rasch an und begab mich mit Axel, unter Führung zweier Hirten des Häuptlings Braradjo von Otjihaenena, nach der bezeichneten Stelle. Auffällig erschien es mir, daß diese Leute mir fortwährend rieten umzukehren; allein der wunderschöne Morgen reizte mich zum Weitergehen. Nach etwa einer halben Stunde wiesen denn die beiden Leute auf eine durch große Blutlachen gekennzeichnete Stelle, wo anscheinend die Hyäne den Ochsen zuerst angefallen hatte. Dann mußte er noch eine Strecke weit gelaufen sein, wir konnten deutlich seine Spur erkennen. Zu meinem Erstaunen fanden wir beim Verfolgen der Spur den Ochsen abgezogen, das Fleisch, von dem nur noch wenig vorhanden war, zerteilt. Bald ersah ich an verschiedenen noch glimmenden Feuerstellen, daß hier in der Nacht ein großes Festessen abgehalten worden war. Es schien mir nun zweifelhaft, ob die Erzählung, eine Hyäne habe den Ochsen getötet, auf Wahrheit beruhe, und ich erteilte den Leuten den Befehl, Fleisch sowohl als Fell nach dem Hause zu tragen. Daran konstatierte dann Luther, den ich zum Beistand herbeirufen ließ, daß wirklich eine Hyäne den Ochsen erst geschlagen hätte, dann aber sei er geschlachtet worden.

Luther war aufs äußerste empört, daß Braradjos Leute ohne meine Genehmigung von dem Fleisch gegessen hatten: Das müsse bestraft werden, ich solle angeben, was ich zur Entschädigung verlangte. Da ich nicht wußte, welche Buße ich den Missetätern auferlegen sollte, aber auch die Sache nicht ungestraft hingehen lassen wollte, aus Besorgnis, daß dann häufiger eine Hyäne ein Stück unserer Herde töten würde, bat ich Luther die Angelegenheit zu ordnen.

Er versprach mir vier Ochsen, von denen er einen für seine Bemühungen beanspruchte. Ich erteilte ihm Generalvollmacht, da ich die Rechtsprechung der Eingeborenen nicht kannte und mich nicht weiter mit der Sache befassen wollte.

Noch an demselben Tage kamen Braradjo, dessen Großleute und die beiden Missetäter, ferner Luther mit seinem Stabe, um bei unserem Hause „Kantor" abzuhalten (d. h. die Sache zu besprechen). Nachdem ich sie alle mit Kaffee regaliert hatte, bat Luther um Tabak, und bei der im Kreise herumgehenden Pfeife wurde verhandelt. Bald überließ ich den Hohen Rat sich selbst und sah erst nach einer Stunde, wie weit das Kantor gediehen sei. Einer der Vertrauten Luthers, Gambanderu, kam mir bis in die Küche nach und sagte, ich solle mich mit dem Angebot, das mir Braradjo machen würde, auf keinen Fall zufrieden geben; er sei ein Schakal. Nun kam Braradjo; meine Hand ergreifend und mich „sein Kind" nennend, suchte er mich unter allerlei Schmeicheleien: — ich sei die beste deutsche Frau im Lande u. dergl. m. — zu überzeugen, daß ein schönes fettes Schaf genüge, das Unrecht wieder gut zu machen. Ich wies diesen Vorschlag entrüstet zurück: mit dieser geringen Entschädigung und Strafe würde ich mich nicht zufrieden geben. Nun verlegte Braradjo sich aufs Betteln:

Er wolle gewiß das beste und fetteste Schaf seiner Herde heraussuchen. Doch ich blieb fest: das reichte nicht!

Nach abermals langer Beratung mit Luther kam er wieder: „Jetzt, mein Kind, wirst du gewiß zufrieden sein. Ich will dir ein schönes, schönes Kalb geben." Luther machte mir eine abweisende Gebärde und ich verweigerte abermals die Annahme dieser Entschädigung und schloß, da es Abend wurde, das Kantor, d. h. forderte die Leute zum Nachhausegehen auf. Am nächsten Morgen begann die Fortsetzung und ich mußte wieder Kaffee und Tabak verabfolgen. Am Mittag endlich war die Verhandlung so weit gediehen, d. h. ich erklärte mich trotz Luthers gegenteiligem Rat einverstanden mit dem Angebot, daß ich einen großen Ochsen erhalten sollte; gegen Abend sollte er eintreffen.

In Erwartung des Tieres hielt ich mich draußen auf. Da wurde ein kleines, hinkendes brandmageres Öchslein in den Kral getrieben. Gleichzeitig erschien Braradjo, beteuernd, daß dies sein bestes Stück Vieh sei: er könnte nicht mehr geben, gewiß würde ich Mitleid mit ihm haben. Das hatte ich aber nun doch nicht, nachdem die Verhandlungen so lange gewährt und mich bereits viel Tabak, Kaffee usw. gekostet hatten. Braradjo zählte außerdem zu den reichsten Hereros. Tausende von Rindern sollten ihm gehören. Ich stellte mich also aufs äußerste entrüstet. Da wurde aber auch schon auf ein Zeichen Braradjos an seine Leute, die sich hinter Büschen versteckt hielten, ein schöner großer Ochse in den Kral getrieben und ich war im Begriff, zu erklären, daß die Sache beigelegt sei, als Luther vortrat und sagte, sie sei noch nicht beendigt, die Bezahlung an ihn für das „Kantor" stünde noch aus und er wolle sich gleich aus Braradjos Kral die beiden schönsten Schafe holen. Ich ließ sie diese Angelegenheit unter sich ausfechten. Ich fand Braradjo hart genug bestraft für die Dreistigkeit seiner Leute; doch es ist feststehende Sitte unter den Eingeborenen, daß der Kapitän für die Vergehen seiner Leute aufkommt und auch ihre Schulden bezahlt, wenn sie es nicht selber tun können. Ein anderes Beispiel für diese Gepflogenheit erlebten wir auf einer früheren Reise in Opembamewa bei Kapitän Bock.

Diesem hatte ein benachbarter Herero, kurz bevor wir kamen, einen Hirten anempfohlen und besonders dessen Zuverlässigkeit gerühmt. Nach kaum acht Tagen war der Hirt verschwunden und mit ihm eine Anzahl Kleinvieh von Bocks Leuten. Dieser verlangte nun Auslieferung des Diebes und von dem Herero, welcher ihn empfohlen hatte, für jedes gestohlene Stück drei andere. Der Herero widersetzte sich anfangs und legte bei Kajata und Mambo, den beiden Großleuten dieses Distriktes, Berufung ein. Doch bestätigten sie das Urteil und verlangten für ihren Richterspruch jeder abermals die Zahl der gestohlenen Böcke für sich dazu. Wir waren erstaunt über diesen harten Rechtsspruch; aber lachend erklärten die Hereros, es sei ihre Art, die kleinsten Verbrechen unerbittlich streng zu strafen; die Art der Weißen zu richten sei ihnen unbegreiflich.

Wie die Hereros ein Vergehen untereinander bestrafen, zeigt ferner folgender Fall, der mir zugleich einen Beweis ihres hinterlistigen, unberechenbaren Charakters brachte. Ein Arbeiter aus Okahandja, David, war von dort entlaufen und besuchte mit seiner Frau deren Verwandte auf Okahoa, um sie zu plündern und bei ihnen zu nassauern. Die reicheren Verwandten scheinen die moralische Verpflichtung zu haben, diesen „Rundloopers" immer wieder aufzuhelfen und von ihrem Besitz abzugeben. Überall trifft man diese Bummler an und ihr Geschäft muß ganz einträglich sein; denn einzelne von ihnen aus Okahoa kamen von ihrer „Handelsreise" immer mit ganz ansehnlichen Kleinviehherden zurück.

David stand unter den Hereros nicht im besten Ansehen und Rufe, hauptsächlich wohl, weil er kein rassereiner Herero war. Er trat entsetzlich großspurig auf und entnahm bei mir im Handumdrehen für mehrere Pfund (die Eingeborenen rechnen gewöhnlich nach englischem Geld, Maß und Gewicht) Waren, hauptsächlich für seine Frau, die er aufs schönste herausputzen wollte. Im Store lagen einige Korsetts, wie sie von „gebildeten Hererodamen" gern gekauft werden. Davon mußte sie eines haben, zog es zu meinem Ergötzen über dem Kleide an und stolzierte in den nächsten Tagen so umher. Ich hielt David seinen Reden nach für einen reichen Herero und gab ihm alles, was er forderte. Als aber mein Mann zurückkehrte und den hohen Schuldposten im Buche entdeckte, erkundigte er sich bei seinem „Tolker" (Dolmetscher) nach dem Vermögen Davids und erhielt nun die denkbar schlechteste Auskunft. David wurde gerufen und mein Mann frug ihn, wie er sich bei seinen Verhältnissen die Bezahlung seiner Schuld dächte. David beruhigte ihn: ein kluger Herero brauche nicht einen Bock sein eigen zu nennen und würde doch stets Mittel und Wege finden, seine Schulden zu bezahlen. Wirklich beglich er sie schon am nächsten Tage. Es verging einige Zeit, wieder war mein Mann abwesend, da kam David an und verlangte von neuem Waren, die ich ihm jedoch diesmal verweigerte. Während ich noch mit ihm sprach, sah ich von der Werft zahlreiche Hereros heraufkommen, mit Stöcken bewaffnet. Auch David sah sie und wurde augenscheinlich unruhig. Grüßend kam die Schar heran; ich stand in der Tür und frug, was all die Leute hier wollten. Da erwiderte Gambanderu: Sie wären auf dem Wege nach Okatumba. Mambo habe sie rufen lassen. Plötzlich höre ich den Ruf: „onjocka" (Schlange), der von allen lebhaft wiederholt wird und sehe auch schon David gefesselt auf dem Boden liegen und das ganze Volk sich auf ihn stürzen. Ich mochte nicht zusehen, mich überlief es eisigkalt. Anna, die herbeigekommen war, sagte, so sei der Charakter der Hereros, man könne ihnen nie trauen, vor allem nicht, wenn sie freundlich wären. Dem David aber sei recht geschehen. — Ich hörte nachher, daß er es bei allen Kaufgeschäften in

Okahandja und in der Umgegend ebenso gemacht und überall Vieh zusammengestohlen habe. Die Hereros lieferten ihn dann der deutschen Polizei in Okahandja aus.

Oft erlebten wir Proben von der Meisterschaft der Hereros in der Verstellungskunst und im Betrügen. Ein alter Herero, Kakapihi, der des reichsten Herero, Asser Riarua von Okahandja, Postenhalter war (Wächter über einen Teil Rinder), hatte von dem ihm anvertrauten Gut viel für sich verbraucht. Er lebte in den Tag hinein, bis die Nachricht von Assers baldigem Kommen nach Kekuja zu ihm drang. Da erinnerte er sich seiner Sünden und fürchtete seines Herrn gerechten Zorn. Um den Verdacht von sich abzuwenden, kam er auf einen schlauen Gedanken. Am Tage vor Assers Ankunft brachte Kakapihi sich eigenhändig mit dem Kirri (keulenartige Waffe der Eingeborenen) am ganzen Körper Schläge bei und schickte Asser Boten entgegen mit der Nachricht, daß fremde Leute Vieh gestohlen hätten und ihn dabei halbtot geschlagen. Er bäte Asser, doch so schnell als möglich die Räuber zu verfolgen. Bald stellte sich die Unwahrheit dieser Ausrede heraus und Kakapihi wurde nach Okahandja gebracht, wo er in Assers Garten arbeiten mußte.

Mich selbst täuschte auch einmal ein Herero auf die frechste Weise. Ein mir unbekannter Schwarzer stellte sich mir als Gottlob Kaweseri von Okahandja vor und bat um Waren. Unbedenklich gab ich ihm die gewünschten Sachen, denn die Familie der Kaweseri ist im ganzen Lande als eine der reichsten bekannt. Kaum war der angebliche Gottlob Kaweseri fort, als Luther mir sagen ließ, daß er sofort Boten ausschicken würde, jenen einzufangen; es sei der größte Schuft im ganzen Lande. Am nächsten Morgen führten sie ihn zu meinem Mann, der inzwischen eingetroffen war. Trotz der gegenteiligen Versicherung aller Leute beteuerte der Betrüger, daß er nicht der Mann vom Tage zuvor sei. Luther ließ ihn abführen. Aber unterwegs warf er sich zu Boden und fingierte den Ohnmächtigen. Weder eine kalte Douche noch Stöße und Püffe entlockten ihm ein Zucken; die Leute griffen zu, um ihn fortzutragen, da sprang er plötzlich auf und entfloh mit Windeseile.

---

46. Handelsgeschäfte. — Erfolgreiche Arbeit.

Mein Mann unternahm in den ersten 1½ Jahren auf Okahoa häufige Züge zu den Eingeborenen im Gobabiser Distrikt. Diese Reisen dauerten in der Regel 4—5 Wochen und es lagen zwischen ihnen höchstens zweimonatliche Pausen. Die Touren, die meinen Mann fast ausschließlich in die östlichen Gegenden führten, waren immer sehr erfolgreich, und besonders günstig war es, daß er bei diesen den Wert der Waren sofort in Vieh bezahlt erhielt, während der „Platzhandel“ ausschließlich Kreditgeschäft war.

Sehr hart und entbehrungsreich waren diese Touren in die Wildnis und doch unternahm mein Mann sie unverdrossen. Er hatte, gottlob, eine eiserne Gesundheit, die es ihm erlaubte, die Strapazen zu ertragen. Aber zuletzt machten sich auch bei ihm die Folgen dieser anstrengenden Lebensführung geltend: er bekam ein Herzleiden, die Krankheit der meisten Afrikaner, und unternahm im letzten Jahre auf meine Bitten keine Handelszüge mehr.

Während der Abwesenheit meines Mannes hatte ich den Handel auf dem Platze zu führen, der in der Regenzeit wenig bedeutend war, da die Hereros dann genügend Milch von ihren Kühen haben, dagegen während der trockenen Jahreszeit, in welcher die Kühe fast gar keine Milch geben, einen großen Aufschwung nahm. Oft war ich von dem Handel derartig in Anspruch genommen, daß ich nicht einmal Zeit hatte, an unser Mittagbrot zu denken und Axel und ich uns an Eiern und Brot genügen lassen mußten.

Die Hereros sind keine bequemen Käufer; sie verbringen ihre Tage mit Nichtstun und haben niemals Eile. Man muß mit ihnen eine riesige Geduld haben; oft stehen sie stundenlang im Store, besehen alles, erzählen einander, kaufen dann für einen Sixpence oder einen Schilling, um, sobald man den Store verlassen will, nochmals eine Kleinigkeit kaufen zu wollen. Schon am frühen Morgen kamen sie mit ihren Wünschen und es war oft schwer, sich eine Stunde für die nötige Ruhe zu verschaffen. Ich hatte mich aber doch an ihre Art bald gewöhnt und wurde mit den Hereros gut fertig. Aber während der Abwesenheit meines Mannes lag zu viel auf mir. Unsere Arbeiter machten mir die Tage und Wochen, welche ich allein auf Okahoa wirtschaftete, nicht leichter. So lange mein Mann zu Hause war, wagten sie keine Ungehörigkeiten; seine Abwesenheit aber benutzten sie, um sich zu amüsieren, anstatt zu arbeiten, oder sie stellten sich krank, um gemütlich in den Pontoks bleiben zu können, abwechselnd rauchend und schlafend. Die Arbeiter meines Mannes rekrutierten sich hauptsächlich aus Hereros, aber auch Vertreter aller anderen Eingeborenenstämme waren darunter.

Zur Hilfe im Haushalt diente mir unsere Dolmetscherin, die Hererofrau Maria. Sie hatte, wie sie erzählte, ein sehr bewegtes Leben hinter sich: in jungen Jahren war sie von den Hottentotten geraubt worden und bei diesen in Dienst gewesen. Aus dieser Sklaverei soll Mambo selber sie bei einem Kriegszuge gegen die Hottentotten befreit haben. Später war sie mit ihrem Mann und zahlreichen Herden über die Grenze bis Kimberley gezogen; doch hatte es ihnen dort nicht gefallen und sie waren wieder zurückgekommen — die Viehherden waren auf der Reise immer mehr zusammengeschmolzen und vollständig verarmt ging die Familie zu Bastards in Dienst; da soll nach langen Jahren Mambo sie abermals zurückgeholt und ihnen einige Stück Vieh gegeben haben, damit sie ihr Leben fristen könnten.

Nun war der Mann lange tot, Marias Enkelin im heiratsfähigen Alter, allein sie hielt nach einem zweiten Gemahl Umschau. Unter unseren Leuten hatte es ihr unser Viehhirt Kanganga angetan, den sie selber als einen „krummen, dummen Kerl" bezeichnete. Mambo begünstigte Marias Heiratsabsichten und so war die „Affäre" bald „klar".

Maria war, wie alle ihre Stammesgenossen, unbeschreiblich faul und dabei sehr anspruchsvoll; auch war ihr wenig zu trauen, allein wir mußten, da sie als nahe Verwandte vieler Großleute sozusagen eine einflußreiche Person war, über vieles hinwegsehen und durften ihr nicht ohne einen recht triftigen Grund den Stuhl vor die Türe setzen. Manchmal konnte sie meine Geduld auf eine harte Probe stellen und ich bedauerte ihren Weggang nicht, als im Mai 1902 Anna zu uns nach Okahoa kam und wir einen hererosprechenden Bastard als Dolmetscher hatten, Maria wurde dadurch vollständig überflüssig.

Der Dolmetscher Hans Losper, dessen Vater bei unserer Reise von der Küste im Jahre 1893 einer unserer Wagentreiber gewesen, war ein Bastard. Au Klaas, ein Hottentott, versorgte mit seiner Familie den Garten, Kakerob, der älteste Sprößling von Anna, der Bergdamarafrau, hütete die Schweine. Ein ganzer Troß von Arbeitern, die ständig wechselten, war mit Steinemachen und beim Mauern beschäftigt.

Besonders im Anfang unseres Aufenthalts in Okahoa ging das Geschäft reißend; mein Mann hatte eine frische Ladung Waren von Karibib gebracht, wo sie billiger als in Windhoek waren, und schon am zweiten Tage nach seiner Rückkehr war der größte Teil der mitgebrachten Waren verkauft, und er wurde bestürmt, den Wagen abermals nach Karibib zu senden. Die Hereros hatten sämtliche Waren auf Kredit genommen, so ungern dies mein Mann zugab; denn es war ihm schon oft erzählt worden von der Lässigkeit der Hereros im Bezahlen ihrer Schuld und dem vielen

Ärger, den man beim Eintreiben derselben hatte. Doch konnte er sich von dieser allgemein üblichen Unsitte nicht gut ausschließen. Wenigstens ging er sehr vorsichtig dabei zu Werke, indem er die Hereros, die bei uns im Dienst waren, über den Vermögensstand des Kreditfordernden befragte. Untereinander wissen die Hereros stets über die Finanzen des anderen Bescheid. Oft bekam er dann die Antwort: „Er hat nichts, bezahlt aber immer; wir Hereros wissen schon, wo wir Vieh herbekommen". Damit deuteten sie auf die Manier der „Rundloopers" hin, die von einer Werft zur andern, von einem Verwandten zum andern gehen, um Vieh zu erbetteln.

Die Zahlen im Schuldbuche wuchsen trotz aller Vorsicht. Mein Mann versuchte mehrere Male andere Händler der Gegend zur Abschaffung des Kreditgebens an die Eingeborenen zu bewegen; allein bei dem Konkurrenzneid und der Uneinigkeit der Weißen unter sich war ein derartiges Bündnis nicht zu erreichen.

Außerdem wurde von einzelnen Händlern bei diesem Schuldgeben eine Methode angewandt, durch welche ihr Verdienst bedeutend vergrößert wurde: man rechnete für die Tiere, welche die Eingeborenen zur späteren Begleichung ihrer Schuld brachten, einen bedeutend geringeren Preis, manchmal nur die Hälfte des wirklichen Wertes.

Ich will gleich hier anführen, daß mein Mann nie derartige Geschäfte gemacht hat, die oft eine unglaubliche Übervorteilung der Eingeborenen bedeuteten. Andererseits ist es in vielen Fällen einem Händler durchaus nicht zu verargen, wenn er Unkosten, die ihm durch Mieten von Leuten, welche beim Einziehen der Schuld helfen oder durch manchmal tagelanges Fahren mit dem Wagen nach den Werften der lässigen Zahler erwachsen, bei der Schuld aufschlägt. Ich werde später auf diese Verhältnisse und ihre Wandlungen im Laufe der Jahre zurückkommen.

Mit großem Eifer nahm sich mein Mann, wenn er zu

Hause war, unseres Gartens an, dessen Anlegung große Schwierigkeiten bereitete. Der Boden war überwuchert von den Gerbpflanzen, deren Ausroden aus dem harten, trockenen Boden nicht leicht war, wegen ihrer tiefgehenden Wurzeln. Dann mußte das Land erst planiert, die Wasserstellen (Pützen) geöffnet werden usw.

Eigenartig war die Lage der Wasseradern. Der Garten grenzte an das Rivier, lag jedoch bedeutend höher als dieses. Während nun in den Pfützen des Riviers erst in großer Tiefe Wasser stand, hatten wir solches in dem Garten dicht unter der Erdoberfläche, und trotz der äußerst geringen Niederschläge in den Jahren 1901 und 1902 hielt es sich und wir hatten davon genügend für unseren Garten.

Der alte Hottentott, au Klaas, baute im Garten seine Hütten und übernahm mit seinen Frauen dessen Pflege. Mein Mann ließ immer neue Anlagen machen, arbeitete selbst viel mit und war immer voll froher Zuversicht, daß der Lohn unserer Arbeit nicht ausbleiben werde; denn auch ich war, soviel ich konnte, im Garten tätig.

Es liegt ein besonderer Reiz darin, bisher wildes Land in Kultur zu zwingen und da zu säen und zu ernten, wo vorher keines Menschen Hand dem Boden einen Tribut abrang.

In dem ersten Jahr waren die Gartenerträge nur geringe: die sorgsam gepflegten Kartoffeln erfroren durch unzeitigen Frost, der Mais verdorrte in der Sonnenglut, Krähen, Erdmännchen (diese sind den Eichkätzchen ähnliche Tiere, die in der Erde leben) und allerlei Gewürm taten viel Schaden, so daß unsere Ernte sich auf Melonen und einzelne Gemüse beschränkte. Im nächsten Jahre — 1903 — gedieh im Garten alles über Erwarten gut. Dazu trugen hauptsächlich die starken Regengüsse bei; oft waren die Pflanzen über Nacht um mehrere Zentimeter gewachsen. Ein kleineres Gurkenbeet lieferte die Früchte zentnerweise; zwischen den hohen Blumenkohlpflanzen spielten Axel und Annas größere Kinder Verstecken. Diese üppige Vegetation auf dem kleinen Stückchen Land war eine Pracht und wir hofften, uns mit der Zeit ein rechtes Eden zu schaffen.

Doch sahen wir voraus, daß noch Jahre vergehen würden, ehe wir soviel urbares Land gewinnen konnten, wie zu unserem Unterhalt nötig war. Die Bewässerung einer größeren Fläche war nur durch Anlegen von Pump- und Rieselanlagen zu erreichen und die verursachten große Kosten.

Bei Sonnenuntergang ruhte die Gartenarbeit; dann kam stets die Hauptfreude des Tages, der Eintrieb der Herden, die für die Farmer dieselbe Quelle des Glückes bilden wie für die Hereros. Unsere Rinderzucht war nach den schweren Verlusten an Rinderpest gleich nach unserer Ankunft in Okahoa stetig vorangegangen; die damals entstandene Lücke hatte sich durch Zuwachs und Handel schnell gefüllt. Auch einige gute Pferde besaßen wir und mein Mann beabsichtigte, später eine größere Pferdezucht anzulegen. Die Schweinezucht erwies sich nicht so rentabel, wie wir erwartet hatten. In der trockenen Zeit fanden die Tiere im Felde zu wenig Nahrung, der Boden war zu hart zum Wühlen und wir mußten sie im Stall mit Milch und Mehl ernähren; das ist aber bei den hohen Mehlpreisen zu kostspielig und wir beabsichtigten deshalb, diese Zucht wieder aufzugeben.

Das Melken der Kühe besorgten drei Frauen. Anfangs genügte die Milch nur für uns und zur Butterbereitung für unseren Haushalt; aber bis zum Beginn der Regenzeit 1903 hatte sich der Viehstand derartig vergrößert und die Kühe gaben so viel Milch, daß ich kaum wußte, wie ich dieselbe verwenden sollte. Unsere Leute, die Hühner und Schweine erhielten so viel saure Milch, als sie mochten. Von der übrigen wurde Käse bereitet und als Hühnerfutter für die kalte Zeit getrocknet. Die geschmolzene Butter füllte schon alle irgend entbehrlichen Gefäße. Nach Windhoek konnte ich sie leider nicht verkaufen; denn es war während

12*

dieser Monate mit Butter geradezu überschwemmt. — Eine schöne Einnahme für mich bildete dagegen der Verkauf der Eier. Für diese war in Windhoek stets Nachfrage und der Preis ein recht guter. Das Dutzend Eier kostete drei Mark. Meinen Hühnerstand hatte ich bald sehr vermehrt und weit über 100 Küken mir herangezogen. Sie legten zwar nicht soviel, wie in deutschen Hühnerhöfen, aber man muß in Rechnung ziehen, daß die Fütterung wenig Unkosten bereitete; Milch war reichlich vorhanden, dann wurden die Abfälle aus dem Garten für sie gekocht und von den Eingeborenen kaufte ich viele Säcke voll Onchies, die ein sehr begehrtes Futter für Hühner und Schweine sind. Ein eigenartiges Futter ließ ich von Anna oft bereiten: Mein Mann fing fast täglich in einer Falle Raubtierzeug, besonders Schakale und manchmal Hyänen; das Fleisch dieser Tiere, deren Felle unsere Leute gerbten, wurde gekocht und klein gewiegt den Hühnern gegeben; eine Hyäne lieferte auf mehrere Tage reichliche Fleischkost. Ebenso wurde das Fleisch eingegangener Ziegen oder Schafe und die Abfälle beim Schlachten als Viehfutter präpariert.

Wir sahen unseren Wohlstand sich mehren und glaubten die Zeit nicht mehr fern, in der unsere Mittel uns eine Reise nach Deutschland und einen kürzeren Aufenthalt dort erlauben würden. In die Heimat zurückkehren, um dort für immer zu bleiben, das wollten wir beide nicht. Auch auf uns hatte das öde, traurige deutsche Südwestafrika seine unerklärliche Anziehungskraft ausgeübt wie auf jeden seiner Bewohner.

Unserem Hause gegenüber lag mein Blumengärtchen (der Gemüsegarten war weiter entfernt), das ich mit viel Freude und Sorgfalt pflegte, dahinter das im Tal sich windende Rivier und die mit Büschen und Steinen bedeckten niedrigen Anhöhen; den östlichen Horizont begrenzte ein hoher dunkler Bergzug — so sehe ich die Landschaft noch vor meinen Augen. Sie übte einen großen Reiz auf uns aus, ebenso wie unser sorgen- und entbehrungsreiches Leben. — So einförmig es auch im großen und ganzen dahinfloß, lieferte es uns doch immer genügend Gesprächsstoff. Jeden Abend, wenn unsere beiden Lieblinge schlafend in ihren Bettchen lagen, hielten wir vor der Tür ein gemütliches Plauderstündchen. Als wir noch im Hartebeesthause wohnten, bildeten die Pläne und Anschläge für den Hausbau und die Einrichtung ein interessantes Thema oder mein Mann erzählte von seinen Reisen im Lande. Die angenehmste Abwechslung in dem stillen Farmerleben brachte die von Deutschland kommende Post. Die Nachrichten aus der Heimat wurden heiß ersehnt und mit Freude stürzten wir uns auf die Briefe, Zeitungen und auf die Pakete, in welche die Hände unserer Lieben daheim für jeden von uns eine Überraschung gelegt hatten. Jeder in Deutschland noch so gering erscheinende Gegenstand hatte drüben großen Wert für uns. Ein Bote brachte diese Postsendungen von Seeis, der nächsten Post- und Polizeistation.

Unser Lesevorrat war gewöhnlich schnell wieder erschöpft; denn in die, alle 4 Wochen von zu Hause meinem Mann zugeschickten Zeitungen vertieften wir uns am Abend mit größtem Eifer. Bald waren alle neuen Nachrichten gelesen, und während der nächsten Wochen mußten wir uns mit den längst gelesenen Büchern begnügen, wenn wir uns am Skatspiel zu Zweien genug gelangweilt hatten.

Nur selten erhielten wir Besuch; manchmal vergingen zwei Monate, ohne daß ich einen Weißen gesehen hätte. Ich fühlte mich auch so wohl in unserer Einsamkeit, daß ich selten oder nie das Verlangen empfand, mich mit Gleichstehenden aussprechen zu können. Dennoch freute auch ich mich von Herzen über jeden Besuch eines Weißen, er mochte sein wer er wollte. Wir empfingen alle Ankommenden den Umständen nach so gut wir vermochten; manchmal kostete es ziemliches Nachdenken, schnell ein schmackhaftes Mahl herzustellen, wenn Fleisch, Butter oder Brot gerade ausgegangen waren. Aber es ging doch, und gerade diese unerwarteten Gäste waren mir die angenehmsten.

An den Sonntagen, die von allen Eingeborenen, ob Heiden oder Christen, streng innegehalten werden, unternahmen wir gern Spaziergänge. Das Ziel bildete fast regelmäßig ein schattiges Plätzchen an einer zeitweilig viel Wasser haltenden großen „Pütz", die am Weg nach Windhoek lag. Hier rasteten wir stets einige Zeit; mein Mann ging, von Waldmann geführt, den Spuren der dort zahlreich lebenden Steinböcke und Duiker nach und erbeutete deren an manchen Tagen mehrere. Auf dem Rückwege trugen wir abwechselnd Axel, der es sich nicht nehmen ließ, seinen Vater auch auf der Jagd zu begleiten, während Klein-Fritzel, auf dem Rücken seines Kindermädchens reitend, den ganzen Weg getragen wurde.

---

47. Ein Brief in die Heimat. — Bezirksverein.

Als Illustration unseres Lebens und mancher Verhältnisse füge ich hier einen Brief ein, den ich im Jahre 1902 nach Deutschland schrieb:

„Seit einigen Tagen sind wir von einer Tour nach Windhoek wieder glücklich hier zu Hause angelangt. Die Reise brachte mir eine Menge neuer Eindrücke, und in meiner Einsamkeit werde ich an den vielen Erlebnissen noch lange zehren. Euch aber will ich sogleich ausführlich von der Reise erzählen, da Ihr gewiß auf Nachrichten von uns wartet.

Fritz mußte in geschäftlichen Angelegenheiten nach Windhoek reisen. Er hatte seit längerer Zeit bereits die Absicht, sich von den Stores in Windhoek unabhängig zu machen. Indessen ist das doch nicht so günstig als man denkt. Die Waren, die wir aus Deutschland direkt uns schicken ließen, sind ja von bedeutend besserer Qualität und billiger, aber man kann erst viele Monate nach Absendung der Bestellung auf Eintreffen der Waren rechnen und bei den Verhältnissen hierzulande verspätet sich die Ankunft häufig noch um zwei Monate und mehr. Der Haupthinderungsgrund besteht in der Schwierigkeit, das Bargeld zu beschaffen, welches man zu den Bestellungen in Deutschland für die Tilgung der Transportunkosten und der Zollgebühren gebraucht. Nur die Truppe zahlt bar aus. — Heute kauft die Proviantverwaltung irgend welche Produkte, Schlachttiere usw., morgen schon ist der Bedarf gedeckt. Da man die Verhältnisse nie im voraus kennt, so ist es das Einfachere, die Waren von den Kaufleuten in Windhoek zu beziehen, da sie auch Vieh in Zahlung nehmen.

Fritz hatte vor unserer Reise die Absicht, in diesem Monat eine Tour nach dem Osten zu machen. Jetzt hat er davon Abstand genommen, da seine Anwesenheit zu Hause notwendig ist. Er schickt in diesen Tagen den früheren Hereroschulmeister Gottlieb, der Allerweltsvertrauensmann ist, fort, Schulden bei den Eingeborenen einzutreiben.

Fast während der ganzen Fahrt nach Windhoek lag das kleine Baby ununterbrochen schlafend auf dem ihm bereiteten Lager, während Axel, dem nichts mehr Spaß macht, als das Fahren, mit einer „Swip" bewaffnet zwischen uns auf der Vorkiste saß und sich über einen faulen Ochsen sehr ärgern mußte.

Mittags kamen wir nach etwa vierstündigem Treck nach Okatumba, wo wir den alten Mambo, der im Sterben lag, besuchen wollten. Er war uns stets der sympathischste Herero. Einige Tage zuvor hatten wir ihm auf seinen Wunsch Pain-Expeller geschickt, dem die Eingeborenen das Gelingen von Wunderkuren zuschreiben und etwas Tee und Kuchen der Sendung beigefügt. Bei der Ankunft auf unserem gewöhnlichen Ausspannplatz — Fritz hatte bei unserer ersten Anwesenheit einen Platz unter einem hohen, breitästigen Baum ausgewählt, neben welchem ein umgebrochener Baumstamm lag, der uns gleich die Stühle ersetzte — sahen wir eine ganze Schar Hereros nach Mambos Pontok strömen. Einer davon brachte eine wunderbare Musik hervor durch Schlagen mit einem Stöckchen auf die Saite eines riesigen Bogens, den er im Munde hielt und durch unartikulierte Laute, die er zur Begleitung dieses Spiels hervorstieß. Fritz rief ihn herbei. Auf die Frage nach des Kapitäns Befinden erwiderte er, daß es bald mit dem zu Ende sein würde; jetzt gingen alle Leute zu einem großen Schmause zu Mambo, der aus Anlaß des Besuches vieler Kapitäne einen Ochsen hatte schlachten lassen. Zu derartigen Festen versammelt sich dann immer der ganze Ort.

Ich begleitete Fritz zu Mambos Pontok. Julius, der Kapitän von dem benachbarten Omundjerecke, trat heraus und forderte uns zum Eintritt auf. Mit größter Mühe gelangten wir durch den niedrigen Eingang in das einem Rauchfang ähnliche Innere.

Ein dicker Rauch entströmte hier einem kohlenden Baumstamm. Nachdem wir uns auf zwei Stühlchen gesetzt hatten, welche Mambos Frau, die von aller Welt, so auch von uns „Tante" angeredet wurde, herbeibrachte, bemerkten wir, daß etwa zwanzig Personen anwesend waren, unter denen die „Tante" die einzig weibliche war. Der Nächstsitzende der Leute streckte meinem Mann die Hand entgegen mit den Worten: „Morrow Kotjunda" (Kotjunda — der Fritz von den Hereros gegebene Name), und nun wurde jedem die Hand geschüttelt.

Dann sahen wir uns nach Mambo um. Bei der herrschenden Dunkelheit erkannten wir ihn erst nach einer Weile. Er lag, in eine Decke gewickelt, am Feuer, entsetzlich abgemagert, schon einer Leiche ähnlich. Er wies die „Tante" an, das Feuer anzuschüren, damit es etwas heller würde; Fenster sind bekanntlich in einer Eingeborenenhütte nicht vorhanden; nur hier und da haben die Frauen, die Baumeister, kleine Löcher von Fingerstärke gelassen, durch welche sie mit einem Auge hinausgucken können. In würdevollster Haltung, welche die Tante stets bewahrt, kam sie dem Befehl nach.

Mambo klagte, daß es mit ihm zu Ende ginge; bald würden die Leute die von ihm für sein Ableben aufgesparten Ochsen schlachten. (Nach dem Tode eines Herero ist es Brauch, daß sämtliche Verwandte sich auf der Werft zusammenfinden zu einem großen Leichenschmaus, dann fallen, ist ein Großmann gestorben, oft Hunderte von Ochsen, die er auf einem besonderen Posten zu diesem Zweck schon aufbewahrt hat und dort fett werden ließ. Nachdem das Fleisch vertilgt ist, wird der Besitz des Toten geteilt, was nie ohne Streit abgeht.)

Fritz sagte, er würde es sehr bedauern, wenn Mambo stürbe, denn er hielte ihn für den besten Herero. Mambo erwiderte darauf: Das ginge nun einmal immer so in der Welt, die guten Menschen stürben fort, die schlechten blieben am Leben. Gerade so wäre es während der Rinderpestzeit mit den Ochsen und Kühen gegangen: die geringen Tiere nur seien übrig geblieben. Beim Abschied sprach er die Bitte um eine Flasche Wein aus, die würde ihm das Sterben erleichtern. Von Seeis aus sandte ihm mein Mann eine Flasche Wein zurück und diese übte eine derartige Wirkung auf ihn aus, wie er uns bei unserer Rückkehr erzählte, daß er wieder ganz vergnügt und gesund uns entgegenkam. Er hatte sich von seinem Sterbelager wieder erhoben und fühlte sich äußerst wohl. Nur noch einen Schluck „suppi" möchte er haben; und da Mambo bei Fritz zu den Bevorzugten gehört, so wurde ihm noch ein Becher von dem „omeva omuriro" (Feuerwasser) verabfolgt. Es ist merkwürdig, welche feine Spürnase die Herero haben. Wenn wir einmal Wein oder Bier für uns mitführen, so merken sie dieses sofort — gewiß erzählen es unsere Leute als erste Neuigkeit — und betteln auf das zudringlichste.

An den Fahrten meines Mannes nach Windhoek nahm

ich nur selten teil. Die fünftägige Tour im Ochsenwagen mit den Kindern war nicht angenehm. Eine nette Unterbrechung der Reise bildete nur immer der Aufenthalt in dem gastfreien Hause des Herrn Rust auf Ondekaremba; hier hatte dieser zuerst ein Jahr als Junggeselle gelebt. Dann hatte er eingesehen, daß solch Alleinleben in der Fremde gar zu trostlos war und brachte von Deutschland eine junge Frau mit auf die Farm; von nun an stieg jeder Durchreisende um so lieber auf Ondekaremba ab.

Die letzten zwei Stunden vor Windhoek erwecken in mir viel liebe Erinnerungen. Wie oft fuhren, ritten oder gingen wir hier, als wir noch auf Farm VII wohnten. Jeden Baum, jeden Stein, möchte ich sagen, kenne ich, und Fritz und ich machten uns gegenseitig darauf aufmerksam. — Kurz vor Windhoek begegnete uns viel Volk, Weiber und Kinder, die ausgingen, Onchies zu buddeln, die sie in Asche rösten. Manchmal sieht man am Abend im Felde große Feuer, die auch von den Onchies suchenden Leuten herrühren. Achtlos verlassen sie dann die Feuerstelle, ohne sie vollständig auszulöschen, und es entsteht häufig dadurch ein Präriebrand, der großen Umfang annimmt, zwar nie die Gefahr der amerikanischen erreicht, da das Gras zu dürftig ist, immerhin aber großen Schaden anrichtet. Eine Gegend, welche von dem Brande betroffen ist, macht einen sehr traurigen Eindruck. Die wenigen großen Bäume leiden natürlich auch durch die Flammen und gehen ein.

Es hat wohl die Behörde auf das Anzünden eine Strafe gesetzt, doch gilt die Bestimmung, wie ja fast alle, nur für die Weißen. Wer will bei den Eingeborenen in jedem einzelnen Fall den Täter finden! Im Hererolande ist es sogar üblich, von Zeit zu Zeit die Grasflächen anzuzünden; nach einigen Tagen sprießt wunderbarerweise aus dem so trockenen Erdreich grünes Gras hervor, welches allerdings bald wieder die braune Farbe annimmt und ebenso dürr ist wie das vorige.

Eine ganze Schar eingeborener Kinder von etwa zwölf Jahren bis herab zu drei und vierjährigen kleinen Geschöpfen in allen Farbenschattierungen zog an uns vorüber, mit Bogen und Pfeil bewaffnet, um im Felde Mäuse und Vögel zu erlegen. Vorne an erkannten wir Galatheas mordshäßlichen Jungen, der auf einer Riedpfeife spielte.

Wir fuhren durch die Aviser Pforte, vorbei an einer kürzlich entstandenen Brauerei, der ersten im Schutzgebiet, in das Klein-Windhoeker Tal. Alles hier war unverändert. Die Leute arbeiteten in ihren Gärten, und Fritz rief ihnen einen „Guten Morgen" zu, während ich mich, aus Rücksicht auf meine Toilette, in den Hintergrund des Wagens zurückzog. Erst als der Wagen vor dem Hotel hielt und Fritz bei dem Wirt ein Zimmer bestellt hatte, stieg ich mit den Kindern herunter und verschwand in dem uns zur Verfügung gestellten Raum, um die Garderobe zu wechseln.

Fritz begab sich dann bald wieder fort, um seine Geschäfte zu erledigen. Am Nachmittage begleitete ich ihn und ließ die Kinder unter Aufsicht von Guduis zurück. Windhoek machte auf mich einen ganz großstädtischen Eindruck. Früher grüßte fast jeder mir Begegnende, jetzt kannte ich etwa nur den Fünften. Die Damen trugen sich sehr elegant. Unbekleidete Eingeborene sieht man kaum mehr. Manche sind wie Gigerl mit hohen Kragen, Schlipsen und Uhrketten ausstaffiert und schreiten sehr selbstbewußt einher. Die Verhältnisse und Gewohnheiten scheinen sich sehr verfeinert und die Grenzen zwischen den einzelnen Gesellschaftsklassen noch verschärft zu haben.

Unsere früheren Bekannten suchten wir nicht auf, wir sind allen entfremdet und haben auch nicht das Bedürfnis nach Verkehr. Wird uns über diesen oder jenen erzählt, dann sind es immer die haarsträubendsten Klatschgeschichten. Man möchte glauben, daß nur der Abschaum der Menschheit sich hier zusammenfindet. Gewiß ist's in Wahrheit nicht so schlimm, und wer weiß, was die bösen Zungen über uns zu berichten wissen.

Nach einer solchen Tour nach der Residenz kommt es uns erst recht zum Bewußtsein, wie einsam, still und friedlich wir hier draußen leben, und Fritz erklärte erst neulich, daß er nicht mit einem der mitten in der Geselligkeit Stehenden tauschen möchte. Sein Heim und seine Familie sind für ihn alles.

Wie es viele Farmer fertig bringen können, auf ihren von den Plätzen anderer Weißer meilenweit entfernten Farmen Monate hindurch allein zu hausen, nur mit einem eingeborenen Weibe, das keinerlei geistige Interessen hat, die nicht einmal die einfachsten Speisen zubereiten kann, ist uns unbegreiflich. Fritz hat öfters beobachtet, wie diese Weiber mit anderen Kaffern sich über den Mister lustig machen. Die aus den Ehen hervorgegangenen Mischlingskinder finde ich abschreckend häßlich. Mit einer eingeborenen Frau sinken die Weißen fast ausnahmslos zu den Eingeborenen hinab.

In Windhoek wurde mehr denn je über das geringe Entgegenkommen der Regierung geschimpft. Hauptsächlich ist es die den Eingeborenen gegenüber befolgte Politik der Nachsicht und Güte, die bei der gesamten Zivilbevölkerung getadelt wird, weil diese darunter am meisten zu leiden hat. Die Eingeborenen erlauben sich dem Ansiedler gegenüber oft die unglaublichsten Unverschämtheiten; sie gelten, wie bereits früher gesagt, bei dem Gouverneur und dem Bezirkshauptmann alles. Diese können sich nicht genugtun in Auszeichnungen des eingeborenen Gesindels. Hendrik Witboy mit seinem Stabe, Samuel Maharero, Kajata (ein spezieller Günstling) werden eingeladen und reich beschenkt. Man erzählt sich, Kajata — vielleicht auch andere Eingeborene — habe in dem Munitionsschuppen sein eigenes Patronenlager, er erhalte Truppenausrüstungsgegenstände usf.

Die Beamten kennen die Stimmung unter den Ansiedlern und deren Meinung, daß es mit der Politik der ewigen Güte zu weit getrieben sei. Aber sie beachten diese Stimmung nicht, sie kennen ja nur einzelne Kapitäne, die sich als gehorsame Untertane aufspielen. Im Grunde betrachtet sich kein Eingeborener als Untertan Leutweins; wohlgemerkt; nur dessen Person könnte in Frage kommen! Was wissen sie vom Deutschen Reich! Wir alle sind nach Ansicht und dem Ausspruch vieler Hereros Leutweins „Bambusen" (Diener).

Ob wohl wirklich, wie Fritz jetzt hörte, an die Ausbeutung der Mineralschätze geschritten wird? Ihr Vorhandensein ist nicht zu leugnen, auch wir glauben, Schätze entdeckt zu haben. In geringer Entfernung von Okahoa ist ein Platz Ondekawerahona, wo Kupfer anscheinend in großen Mengen vorhanden ist. Wir beabsichtigen, in den nächsten Wochen einen Ausflug dorthin zu machen und wollen tüchtig buddeln. Ich denke, Gott kann das Land nicht so armselig geschaffen haben, als wie es auf den ersten Augenblick den Anschein hat. Es birgt gewiß Schätze, die zu heben späteren Zeiten vorbehalten ist.

Jetzt spricht man in Windhoek viel von der Wünschelrute, die das Vorhandensein von Wasser nachweisen soll. Welch ein Segen wäre es, wenn man die Stellen, wo Wasseradern sind, erkennen könnte!

Die Geschäfte in Windhoek wickelten sich glatt ab. Auf der Rückreise nahmen wir noch einige zurückgelassene Möbel mit hinaus. Bei unserem ersten Ausspannplatz hinter Windhoek machte ich die unliebsame Entdeckung, daß durch das Um- und Aufladen die Kiste, welche unsere Mundvorräte für die Reise enthielt, zu unterst verstaut war. Es war spät abends, die Kinder schliefen längst, und ich wollte sie nicht durch das Abnehmenlassen der Kisten wecken. Wir aber waren sehr hungrig geworden in der kalten Nachtluft; Tee und Zucker fanden sich in der Vorkiste, aber zu essen nichts. Fritz ordnete das Schlachten eines der Schafe an, die mit den Milchziegen für unterwegs mitgenommen worden waren. Innerhalb zehn Minuten war das Fleisch zerteilt und Fritz ließ durch Timotheus ein sogenanntes Hottentottenbeef bereiten: das Rippenstück wird auf Asche gebraten. Nach einigen Minuten war das Fleisch fertig, und Timotheus servierte es auf einem Teller. Fritz rühmte diese Zubereitungsweise als ausgezeichnet; es duftete auch so verlockend, und es hat mir wunderbar geschmeckt, besser als je gekochtes oder gebratenes Hammelfleisch. Dieses Hottentottenbeef zog ich unterwegs allen anderen Zubereitungsweisen von Fleisch vor. Den Kopf des Schafes sollte Timotheus bis zum nächsten Morgen braten. Er grub dazu ein Loch in die Erde, legte erst glühende Asche, dann den Kopf mit Haut, Haaren und Hörnern hinein und darauf abermals Asche. Damit war Timotheus Arbeit beendigt; am nächsten Morgen sollte der Kopf fertig sein. Zum Frühstück kam er denn auch sehr schön warm noch auf den Tisch. Das Aussehen war zwar wenig einladend, wegen der anhaftenden schwärzlichgrauen Aschenkruste, aber Fritz sah mit Kennerblick, daß der Kopf vorzüglich gebraten sei und trennte die Haut ab. Darunter saß wunderschönes, zartes Fleisch, welches das Hottentottenbeef noch bei weitem übertraf. Wir aßen Brot und tranken unsern Kaffee dazu und fuhren weiter.

Fritz war in Unruhe, wie wir unsern Besitz vorfinden würden und trieb die Leute zur Eile. In Okatumba begegneten uns mehrere Ochsenreiter, in denen wir Leute von hier erkannten, im schnellsten Tempo. Laut keuchend blieben die armen Tiere auf ein Ziehen an den Riemen stehen; diese Riemen sind an Pflöcken befestigt, die durch die Nase des Tieres gebohrt sind. Die Reiter erzählten, daß bei uns zu Hause alles in bester Ordnung sei. Ich war auch nicht in Sorge; ich kenne meine Anna, sie ist eine treue, ehrliche Person, wie man sie nur in Ausnahmefällen unter den Eingeborenen findet. Sie hütet unseren Besitz, und die beiden zurückgelassenen Hirten scheuen sich vor ihr, da sie wissen, daß Anna uns alles erzählt.

Ein in Okatumba sich aufhaltender Weißer kam an unseren Wagen und brachte einen Krug selbstbereitetes Zuckerbier mit. Ich kostete es zum ersten Male und wunderte mich, wie manche Leute diesem faden Getränk, das wohl in geringem Grade berauscht, Geschmack abgewinnen können. Es wird aus Zucker und Wasser hergestellt, denen man Hefe beifügt. Wie diese gewonnen wird, will ich verschweigen; in Geruch und Geschmack erinnert sie an richtige Hefe. Nach jedesmaliger Benutzung wird sie getrocknet und in Säckchen aufbewahrt. Sie ist sehr begehrt; ihre Zubereitungsweise ist nur den Bastards bekannt, und nur wenige Hereros sind so glücklich, etwas von dieser „omonocko" (Lehm), wie sie wegen ihres Aussehens heißt, zu besitzen.

Spät am Abend langten wir vor unserem Hause wieder an. Die Fahrt hatte uns doch alle recht angestrengt; nun mußten noch das Abladen beaufsichtigt, den Leuten die Kost verabfolgt und unsere Lagerstätten bereitet werden. Todmüde sanken wir darauf hin.

Am nächsten Morgen weckte uns schon ganz zeitig Anna, welche das Zimmer nebenan reinigte. Wir standen auf, und Fritz ging hinaus, die Rinder und das Kleinvieh zu zählen. Ich begab mich an das Auspacken der Kisten. Der mitgebrachte Kleiderschrank wurde seines Inhaltes entleert; es lag darin auch die kleine Bronzebüste des Kaisers, die Fritz drüben als Preis für Entfernungsschießen bekommen hatte. Luther, der sich, natürlich nach suppi schnüffelnd, bereits eingestellt hatte, sah die Figur interessiert an und meinte dann: unser Kaiser sei doch ein Hottentott, er sähe doch gerade so braun aus! Dann betrachtete er den noch auf der Erde liegenden Kleiderschrank von allen Seiten. Dessen Zweck und Verwendung waren den Leuten unbekannt, und sie disputierten viel darüber. Schließlich kam einer auf den Einfall, daß es ein Sarg wäre. Ein baumlanger Herero wollte sich zur Probe hineinlegen, bemerkte aber dabei, daß der Sarg für ihn zu kurz wäre. Nun verglichen sie meine Größe mit der des Schrankes und kamen darin überein, daß er für mich gearbeitet sei.

Die Arbeiten hier auf der Farm sind, seit ein Weißer den Hausbau übernommen hat, vermehrt. Eine Menge Kaffern sind bei den Arbeiten zu beaufsichtigen, und es möchte mit der Bestellung des Gartenlandes begonnen werden. Wir freuen uns schon sehr auf unser Gärtchen. Man hängt doch an so einem Besitz, an jeder selbst gezogenen Pflanze, an jedem Tier; man tut alle Arbeiten gern, denn man sieht, daß es zu etwas nützt. Das ist wohl auch der Grund, daß jeder hier an diesem Dornenlande hängt und nach Deutschland zurückgekehrt, immer Sehnsucht danach hat. Den Leuten drüben, die nur Nachteiliges von der Kolonie hören, ist das freilich rätselhaft.

Ihr fragt immer voll Sorge, wie wir mit den Eingeborenen auskommen. Das ist nicht so schlimm; wir haben uns schon vollständig an den Verkehr mit ihnen gewöhnt und uns in ihre Denkungsart hineingefunden. Viel Ärger kommt durch das Kreditgeben, aber man kann sich davon nicht ausschließen. Fritz lernt auf seinen Reisen Land und Leute sehr gut kennen und weiß viel darüber zu erzählen.

Die Kinder entwickeln sich gut. Axel wird ein strammes Bürschchen; er zeigt jetzt schon viel Interesse und Neigung fürs Farmerleben und wird wohl einmal in seines Vaters Fußstapfen treten. Unser kleines Baby ist ein sehr niedliches Kind, an dem ich mich jeden Tag mehr freue. Bei seiner Geburt bekundeten uns die Eingeborenen ihre Freude an dem Ereignis und priesen mich. Ein männlicher Sprosse ist stets sehr erwünscht, und die Geburt eines solchen wird mit Jubel begrüßt. Die Mutter mehrerer männlicher Nachkommen genießt hohes Ansehen."

In Windhoek hatte sich einige Jahre zuvor der Bezirksverein gebildet, dem fast sämtliche Farmer, Handwerker, Ansiedler und Kaufleute angehörten; auch mein Mann trat ihm bei. Die Verhältnisse für die gesamte Zivilbevölkerung waren so schlecht als möglich, die Behörden zeigten gar keine Teilnahme für die Stimmung der Ansiedler und berücksichtigten deren Interessen nicht. Es hatten sich jedoch im Laufe der Jahre immer mehr Ansiedler niedergelassen, die unter Deutschlands Schutz hofften, sich eine Existenz zu gründen. Sie wollten ihre Interessen gewahrt wissen, und dies konnte nur dadurch geschehen, daß an der Verwaltung der Kolonie Personen aus der Zivilbevölkerung teilnahmen. Zweck des Bezirksvereins war es nun, in den Sitzungen über Mißstände und deren Abhilfe zu beraten und die Beschlüsse und Vorschläge durch die Beiräte dem Gouvernement zu übermitteln. Das Gouvernement mußte denn auch den Wünschen der Bevölkerung mehr als früher Rechnung tragen, seit diese zielbewußt vorgehend ihre Wünsche äußerte. In der Person des Dr. B. hatte der Verein einen sehr geeigneten Vorsitzenden, dessen Verdienst es auch war, das Interesse an der Sache immer von neuem angeregt zu haben.

Mein Mann besuchte den Verein fast regelmäßig; es freute ihn, daß nun endlich ein Wandel zum Besseren in der Regierung der Kolonie eintreten sollte. Und wie viele Maßnahmen bedurften einer Änderung! Da war das umständliche Verfahren beim Patronenverkauf. Mein Mann mußte z. B. stets erst durch einen Boten einen Erlaubnisschein von Windhoek holen lassen für den Kauf von 50 Patronen, mehr erhielt kein Privatmann monatlich, und so dauerte es jedesmal acht Tage, ehe wir Patronen bekamen.

Dann plante die Regierung trotz der miserablen Geschäftslage im Schutzgebiet eine neue Erhöhung der ohnehin enormen Steuern, eine ebensolche des Eisenbahntarifs um das doppelte. Die Bevölkerung lehnte sich dagegen auf; denn sie hatte genug an den alten Steuern und Abgaben, sie machte auch Vorschläge für die Erschließung des Landes. Mein Mann lenkte in den späteren Sitzungen das Interesse auf die Lösung der Frage, wie die Schuldverhältnisse der Eingeborenen gerecht zu regeln seien. Er wandte sich dieser Angelegenheit mit größtem Eifer und Enthusiasmus zu; leider drang er mit seinen Vorschlägen nicht durch. Gerade damals kam die neue Verordnung heraus, nach welcher die Schulden der Eingeborenen nach einem Jahr verjährten. Diese Verordnung hat sehr viel Unheil gestiftet. Davon später.

48. Übergriffe Kajatas, 1903.

Einem Herero darf man nie glauben. Er ist ein Meister im Übertreiben und Lügen; trotzdem fast nach jedem Satze, den er spricht, die Beteuerung „Chirri, chirri" (es ist wahr) erfolgt. Die Herren der Regierung, welche den Charakter der Hereros nicht kennen, nehmen leider alles für bare Münze, was ihnen so ehrlich vorgelogen wird, und das Zeugnis dieser Menschen, denen Wahrhaftigkeit total fremd ist, wird dem eines Weißen oft gleichgestellt.

Kajata, der beim Gouverneur von jeher einen Stein im Brett hatte, weil er 1896 auf seiten der Deutschen gekämpft hatte — er tat es nur aus Berechnung —, war nach Ansicht aller Weißen der ärgste Gauner und Schuft. Vom Gouverneur hatte er damals einen Säbel und eine Medaille bekommen. (Übrigens erklärte Herr Leutwein später, den Säbel nicht gegeben zu haben, woher Kajata ihn dann hatte, blieb trotz der Nachforschung meines Mannes ein unaufgeklärtes Rätsel.) Diese Waffe spielte in Kajatas Leben eine große Rolle. Er rühmte sich, denselben Säbel wie der „Major" zu tragen und pochte auf dessen Freundschaft mit ihm, um bei anderen Hereros Räubereien ausführen zu können. Wie er dabei zu Werke ging, beweist folgender Fall, der meinem Mann öfters und von den verschiedensten Seiten so erzählt wurde:

Mit einem Troß bewaffneter Reiter kam er auf eine Werft, die er zu plündern im Auge hatte, gab vor, vom Gouverneur geschickt zu sein: Dieser habe die Schimpfreden, welche der betreffende Kapitän über die deutsche Regierung führe, gehört und Kajata gesandt, ihn zu bestrafen. Gaben die Leute nicht gutwillig was er verlangte, so trieb er mit seinem Troß soviel Vieh von der Weide, als er für gut befand.

Im Osten durfte er sich nicht mehr sehen lassen; der in Gobabis stationierte Offizier hatte es ihm ebenfalls untersagt. Dort hatte er versucht, eine ganze Werft, auch angeblich im Auftrage Leutweins, aufzuheben („abzuschießen" wie dafür der Ausdruck ist) und die Leute nach Okatumba zu bringen, um von ihrem Besitz mit genießen zu können. Bald trieb er es so arg, daß Mambo ihn von Okatumba wies, da er, wie der Schulmeister Gottlieb sich ausdrückte, „unrechtach affairens" (unrechtmäßige Sachen, Diebstähle usw.) machte. Kajata hatte es bei seinem Verfahren zu großem Wohlstand gebracht, aber seine Habgier war nie befriedigt; er nahm auch skrupellos armen Leuten das letzte Vieh fort.

In Okahoa wohnte ein durch den Krieg 1896 — er war ein Bruder des von den Deutschen erschossenen Kahimema — und durch die Viehseuche ganz verarmter Herero, Kavitumbure. Im Jahre 1897 (die Sache beweist, wie langsam die Hererogerichtsbarkeit verfährt), entlief ihm eine Kuh von der Weide und fand sich zu Kajatas Vieh. Ein Jahr lang suchte Kavitumbure vergebens nach seiner Kuh; endlich fand er sie dort und reklamierte sie, erhielt aber zur Antwort, daß er sie nur gegen vorherige Bezahlung der Weide und des Wächterlohnes zurückerhalten würde. (Lohn bekommen die Diener der Eingeborenen aber niemals.)

13*

Kavitumbure brachte einen Eimer voll Honig und die Federn eines männlichen Straußes, die bis zu zweihundert Mark wert sind; mehr konnte er nicht geben. Trotzdem bekam er seine Kuh nicht. Nach wiederholten erfolglosen Beschwerden bei Samuel wandte er sich endlich 1901 an die deutsche Polizei in Seeis, wurde aber dort abgewiesen, da die Polizei den Befehl hatte, sich nicht in die Händel der Eingeborenen zu mischen. Kavitumbure klagte meinem Mann sein Leid, und dieser bat die Polizei nochmals, sich der Sache anzunehmen. Kajata wurde verurteilt, die Kuh mit Nachwuchs herauszugeben; doch erst auf wiederholte Mahnungen erstattete er die alte, inzwischen unbrauchbar gewordene Kuh mit einem Kalbe zurück. Die noch fehlenden Rinder bekam Kavitumbure niemals.

Kajata wußte, daß mein Mann dem Alten bei Erlangung seines Rechtes geholfen hatte; seit der Zeit war ihm jener ein Dorn im Auge, und da der schlaue Häuptling auch wußte, daß er sich alles erlauben durfte, ritt er im Juni 1902 nach Windhoek, um meinen Mann bei der Behörde zu verleumden. Die Wiedergabe seiner Lügen würde zu weit führen; schon bei der Voruntersuchung ergaben sie sich als solche. Aber bei dem im Dezember 1903 stattfindenden Termin änderte einer der schwarzen Zeugen seine Aussage. Der Gouverneur brachte vor, daß ihm schon mehrfach Klagen über die im Damaralande wohnenden Weißen zu Ohren gekommen seien; und in anbetracht, daß Kajata ein tapferer Mann sei, der den Deutschen im Kriege 1896 große Dienste geleistet hätte und dem schon deswegen eine bessere Behandlung zukäme, bäte er um strenge Bestrafung der Schuldigen. (Kajata hatte gleichzeitig gegen zwei andere Ansiedler geklagt.) Darauf wurde mein Mann zu einer kleinen Geldstrafe verurteilt; er wollte dagegen Berufung einlegen; allein leider versäumte er durch die Unkenntnis der in Streitsachen mit den Eingeborenen kürzeren Berufungsfrist den zulässigen Zeitpunkt. Merkwürdig und unerklärlich blieb es meinem Mann, daß auf eine im Juli 1903 erstattete Anzeige gegen Kajata, welcher einem Weißen aus dessen Kral Vieh gestohlen hatte, nichts erfolgte, trotzdem mein Mann die Bezirkshauptmannschaft noch später schriftlich daran erinnert hatte. Auf Verlangen mehrerer Weißer, die nach Kajatas Diebstahl ihr Eigentum nicht mehr sicher glaubten, sandte mein Mann die Beschwerde und die Strafanzeige nach Windhoek. Der Richter, welcher im Dezember 1903 den Prozeß gegen meinen Mann führte, wußte nichts über den Verbleib der früheren Anzeigen. Obgleich ein zur Untersuchung der Angelegenheit Anfang August entsandter Offizier meinem Mann und den anderen Ansiedlern strengste Bestrafung Kajatas zugesagt hatte — der Offizier war ganz empört über die Unverschämtheiten dieses Kaffern, die ihm zu Ohren kamen — muß doch die Anzeige in Windhoek liegen geblieben sein.

Daß den Ungebührlichkeiten und Vergehen der Eingeborenen durch diese fortwährend angewandte Nachsicht und Güte nur Vorschub geleistet wurde, daß „Güte und Milde" von ihnen für „Schwäche und Feigheit" ausgelegt würden, glaubten die Beamten nicht. Der Respekt vor den Weißen sank bei den Schwarzen in dem Maße, als ihnen neue Frechheiten durchgingen; sie glaubten, die Regierung habe Angst vor ihnen und wurden in diesem Glauben bestärkt durch die Pensionszahlung an die Großleute, mit welcher, wie sie meinten, der Frieden erkauft werden sollte. Sie waren schlau genug, herauszufinden, daß die allen Bewohnern der Kolonie gegebenen Gesetze tatsächlich nur für die Weißen existierten, und nachdem sie weiter bemerkt, daß nicht einmal die Polizei unbeschränkte Ausübungsgewalt besaß, fürchteten sie auch diese nicht mehr.

Kajata z. B. entzog sich hartnäckig dem Bezahlen der Wagensteuer, die jeder Besitzer eines Gefährtes an die Polizei entrichten mußte, trotzdem diese ihn daran gemahnt hatte. Nach Verlauf von fast zwei Monaten ritt der Polizist selber zu ihm und verlangte die Steuer, nebst der auf unpünktliches Zahlen gesetzten Strafe. Da erwiderte Kajata: Der Polizist sei ja nur „Bambuse" (Diener) und nicht der „Major"; er würde nicht zahlen. Schließlich tat er es dennoch. Für den betreffenden Beamten war die Sache an und für sich unangenehm und schmählich genug, geradezu empörend aber war es, daß Kajata durch dieselbe Polizeistation auf Befehl von Windhoek das Geld zurückerhielt. — Tableau! —

Anfang 1901 reisten wir im Distrikt Gobabis und waren auch noch zu dem Termin, an welchem die Wagensteuer fällig wurde, unterwegs. Sofort nach unserer Rückkehr erhielt mein Mann eine auf das Doppelte der Wagensteuer lautende Strafverfügung — und uns half kein Einspruch. —

19. Ursachen des Aufstandes.

In dem ersten Jahre unserer Anwesenheit auf Okahoa war mein Mann sehr beliebt unter den Eingeborenen. Er bewahrte stets große Ruhe und Geduld ihnen gegenüber. Kleine Ärgernisse kamen wohl vor; die Hereros versuchten es z. B. anfangs, ihn bei dem Verkauf von Vieh durch alte oder kranke Tiere zu betrügen; dann mußten sie stets gesunde Tiere dafür einstellen, was sie als etwas Selbstverständliches taten. Unter einander bestrafen sie Betrug ja sehr schwer; aber mein Mann legte in derartigen Fällen nie ihren Maßstab an.

Er brachte auch ihrer Lässigkeit im Bezahlen ihrer Schulden anfangs viel Langmut entgegen. In späterer Zeit nahm die Zuneigung der Schwarzen in dem Maße ab, wie mein Mann nachdrücklicher beim Eintreiben der Schulden wurde. Aber was blieb anderes übrig als zu mahnen und immer wieder zu mahnen, da er keinerlei Machtmittel in Händen hatte, auch nicht durch Zuhilfenahme der Polizei und er selber nicht gewaltsam den Leuten das Vieh wegnehmen wollte, wie das viele Händler taten. Nach Möglichkeit vermied er jeden Konflikt.

Hier möchte ich etwas auf die Schwierigkeiten eingehen, mit welchem die Händler zu kämpfen hatten, da diese Schwierigkeiten von Unbeteiligten oft unterschätzt wurden. Das Schuldenmachen der Eingeborenen hatte einen unglaublichen Umfang erreicht; und doch konnte kein Händler sich dieser Unsitte entziehen. Was half es, wenn er diesem oder jenem schlechten Zahler den Kredit verweigerte! Der Kunde ging dann in einen anderen Store, erhielt dort, was er verlangte und brachte zu diesem seine letzten Zahlobjekte oder ließ sie sich mit Gewalt nehmen, und der erste ging leer aus. Die Rentabilität des Handels ging mit den Jahren zurück, wie die Zahl der handeltreibenden Weißen zugenommen hatte. Ohne Handel lebte schließlich kein Ansiedler im Damaralande. Man erzielte ja erst schöne Überschüsse, aber durch die immer steigende Konkurrenz wurden für das Vieh höhere Preise gezahlt, während diejenigen für die Waren beständig sanken. Und da trotz dieses schmäleren Verdienstes einzelne Händler in kurzer Zeit, koste es was es wolle, reiche Leute werden wollten, so gaben sie den Hereros gern so viel auf Schuld, als sie nur irgend verlangten, um ihnen dann das Vieh zu Spottpreisen abzunehmen; denn gutwillig bezahlten die Schwarzen nie. Man kann sich von ihrer Saumseligkeit im Bezahlen überhaupt keine Vorstellung machen; man konnte darüber in Verzweiflung geraten. Manchmal erst nach jahrelangem Warten ließ der Herero sich herbei, eine Kleinigkeit seiner Schuld abzutragen; ganz tilgte er sie nie, sondern nahm gewöhnlich in demselben Betrage wieder neue Waren auf Kredit. Dann war bei einer Mahnung die ständige Antwort: „Ich habe doch eben erst bezahlt".

Sehr häufig zogen die Schuldner in eine ganz entfernte Gegend, selbstverständlich ohne den Händler davon in Kenntnis zu setzen. Man schickte dann Leute zu ihnen, um ihnen

Vieh in dem Betrage abzunehmen oder, was das Sicherere war, unternahm selbst eine Reise, um die Außenstände einzuziehen. Davon hatte der betreffende Händler nicht nur Mühe, sondern auch materielle Unkosten durch Zeitverlust und Löhnung und Beköstigung der notwendigen Leute. In diesen Fällen war es nur recht und billig, die Unkosten auf die Schuld aufzuschlagen.

In früheren Zeiten war es, wie schon erwähnt, Brauch, daß der Kapitän für die Schulden seiner Leute aufkommen mußte. Durch eine Verfügung der Regierung aber wurde diese Haftbarkeit der Kapitäne aufgehoben, und einzelne Weiße hatten die Hereros aufgeklärt, daß nach deutschem Gesetz auch die Verwandtschaft des Schuldners nicht verantwortlich gemacht werden könnte. Wollte man die Hilfe der Polizei in Anspruch nehmen, um zu seinem Gelde zu kommen, so hatte man wenig Nutzen und viel Unannehmlichkeiten davon; denn diese Maßregel empörte die Eingeborenen erst recht. Die Handhabung der Angelegenheit war dann folgendermaßen: Nachdem man ein detailliertes Verzeichnis seiner Außenstände nach Windhoek eingesandt hatte, wurde dieses, nach Verlauf längerer Zeit, an die zuständige Polizeibehörde geschickt mit dem Bemerken: die Eingeborenen seien zur Zahlung anzuhalten. Ein Polizist brachte ihnen dann die Rechnung und ermahnte sie zur Zahlung — weiter gingen die Befugnisse eines Polizisten nicht —, und damit war die Hilfe der Regierung erschöpft. Nach viel Schreibereien tat die Behörde, aber nur in äußerst seltenen Fällen, einen Schritt weiter, indem sie Samuels Hilfe anrief, und dieser die Zahlung veranlaßte. Der Händler sah sich also auf Selbsthilfe angewiesen; diese bestand darin, Vieh im Werte des Schuldbetrages aus dem Kral zu nehmen, was, wie er wußte, nicht erlaubt war und ihn selber in Lebensgefahr brachte. (Beispiele die Ermordung von Klaasen und Dürr durch Hottentotten.) Andere Fälle, daß die Eingeborenen den Weißen beim gewaltsamen

Schuldeneintreiben tätlichen Widerstand entgegengesetzt hätten, sind mir nicht bekannt. Mein Mann hat diese Art immer vermieden. Nur in einem Falle wurde er dazu gezwungen.

Einzelne Händler schlugen bei dieser Art des Einziehens ihrer Außenstände ungeheure Unkosten auf und rechneten das Vieh zu den schlechtesten Preisen. Diese Händler gehörten zwar zu den Ausnahmen, aber warum griff hier die Regierung, die die Mißstände gut kannte, nicht energisch ein? — Es war auch eigentümlich, daß die Hereros immer wieder zu den Händlern, bei denen sie so üble Erfahrungen gemacht hatten, zurückkehrten. Sie glaubten eben nicht mehr, ohne die von den Europäern ihnen gebrachten Waren und Kulturprodukte sein zu können; so sehr sie an ihren Herden hingen, brachten sie doch ein Stück nach dem andern zu den Händlern, und der Rückgang ihres Besitzstandes konnte sie nicht abhalten, ihre Begierden zu befriedigen. Die Schulden einzelner Hereros wuchsen auf diese Weise ins Ungeheure, und wir fragten uns manchmal, was aus den zur Arbeit so wenig geneigten Leuten werden sollte, wenn sie ihren letzten Besitz hergegeben hätten.

Mein Mann machte im Bezirksverein Vorschläge, wie durch die Behörden dem Kreditgeben Einhalt getan und die Schulden eingetrieben werden könnten, so daß dabei weder die Weißen, noch die Eingeborenen übervorteilt würden. Da kam die vom Gouverneur erlassene Verfügung, welche die Schwierigkeiten nur vergrößerte, indem bereits nach einem Jahre die Forderungen verjährt sein sollten. Damit wurde natürlich nur das gewaltsame Eintreiben der Schulden begünstigt. Die Eingeborenen hatten von diesem Gesetz Kenntnis erhalten, und ein großer Schrecken bemächtigte sich ihrer. Ohne an die Folgen, an das Bezahlen zu denken, hatten sie sich in Schulden gestürzt und glaubten nun, ihr ganzer Besitz würde ihnen genommen werden. Dazu kam die Einteilung des Landes in Reservate, nach welcher ihnen im Verhältnis nur kleine Gebiete blieben; sie erfuhren auch von verschiedenen Maßnahmen, welche die Regierung in Vorschlag gebracht hatte und die ihnen mit neuen Beschränkungen drohten. Der Hereroschulmeister Gottlieb frug eines Tages meinen Mann, ob es wohl wahr sei, daß sie künftig Hütten- und Viehsteuer bezahlen müßten, daß der Impfzwang der Rinder eingeführt werde usw. Alle diese Verhältnisse und Maßnahmen beunruhigten das Volk sehr und erbitterten es gegen die deutsche Herrschaft; aber die Ursache zum Aufstande waren sie nicht. Dieselbe war eine andere, gewissermaßen idealere. Man muß bedenken, daß die Hereros früher ein freies Volk waren, das keinen Herrscher als seinen angestammten über sich erkannte, und wissen, wie eingebildet und stolz sie sind. Schon längst strebten sie, die fremde Herrschaft abzuschütteln; aber einzelne Kapitäne, auch der Oberhäuptling Samuel Maharero, sahen voraus, daß sie den Deutschen nicht gewachsen wären und hielten ihre Leute zurück. Die nach Krieg verlangenden Hereros waren jedoch in der Überzahl, und bei nächtlichen Zusammenkünften schmiedeten die Großleute die Pläne zu dem Aufstande, von denen das Volk nichts erfuhr. So geheim wußten sie ihre Anschläge zu halten, daß selbst die seit vielen Jahren unter ihnen lebenden Weißen nicht die geringste Ahnung von den Absichten hatten.

Man hatte zwar ausgedehnten Patronenschmuggel an der Grenze beobachtet und auch die Behörde darauf aufmerksam gemacht; ein Missionar im Norden, der die geheimen Zusammenkünfte beobachtet hatte, unterrichtete die Behörden über die vielleicht drohende Gefahr; allein man maß dem allen keine Bedeutung zu. Einen so allgemeinen planmäßigen Aufstand hielt niemand für möglich. Unter den Ansiedlern selbst war nicht die geringste Besorgnis wegen eines Aufstandes vorhanden und daß sich Samuel mit seinen Leuten einem solchen anschließen würde, schien uns ein Ding der Unmöglichkeit.

---

50. Letzte gemeinsame Reise — Heimkehr — Letzte Reise meines Mannes.

Als wir im November 1903 von dem Aufstande der Bondelswaart-Hottentotten im Süden hörten, nahmen wir an, daß es sich um eine unbedeutende Sache handle. Die Truppe war bereits zwei Tage nach Eintreffen der ersten Nachrichten in Marsch gesetzt; wir waren weit von dem Gebiete der Kriegführenden und glaubten im Damaraland nichts befürchten zu müssen. Nachrichten über den Verlauf des Krieges drangen nicht zu uns.

Einige Tage vor Weihnachten 1903 unternahmen wir wegen unseres an Darmkatarrh erkrankten jüngsten Kindes eine Reise nach Windhoek. Die von dem Arzte angewandte Kur schien bei unserm kleinen Liebling guten Erfolg zu haben; da trat Fieber hinzu, und wir schoben unsere Heimreise auf einige Tage hinaus. Bald besserte sich sein Befinden wieder; wir verlebten noch Heiligabend in Windhoek, waren jedoch in keiner Feststimmung, und am folgenden Tage brachen wir auf. Wir hatten uns bereits acht Tage länger aufgehalten, als in unserer ursprünglichen Absicht gelegen, und mein Mann war in Unruhe, ob draußen auch alles im Rechten wäre.

Die Fahrt begann mit so viel Schwierigkeiten und Hindernissen, daß wir schon vorhatten, sie aufzugeben. Zuletzt entlief das eben gekaufte, wertvolle Pferd, auf dessen Besitz mein Mann so stolz war. Er hatte es nur einige Minuten, um die Gangart zu prüfen, geritten. Wie ich jetzt glaube, handelte der Wächter bereits, indem er angeblich das Pferd verloren hatte, im Auftrage eines anderen Herero oder in der Voraussicht der kommenden Dinge. (Zwei ausgesandte Boten brachten das Tier auch nach zweiwöchentlichem, angeblichen Suchen nicht zurück.) Wir fuhren trotzdem weiter, und ich erinnere mich noch aller Einzelheiten dieser letzten gemeinsamen Fahrt.

Bis zum Abend des ersten Feiertags gedachten wir die

Farm des Herrn K. zu erreichen, die an unserem Wege lag. Doch das Mißgeschick verfolgte uns noch weiter, und wir gelangten erst am folgenden Morgen dorthin. Unterwegs hatten wir, während die Kinder im Wagen ruhten, auf der Vorkiste sitzend, allerlei Luftschlösser gebaut. Wir ließen die bisher durchlebten arbeits- und sorgenvollen Jahre an unserem Geiste vorüberziehen, und mein Mann sprach voll froher Zuversicht die Hoffnung aus, daß wir endlich besseren, leichteren Zeiten entgegengingen. Während er so sprach, wurde ich stiller und stiller; auf meine Seele legte sich wie ein Alp die in letzter Zeit so häufig wiederkehrende Furcht vor einem nahenden Unheil. Ich bat meinen Mann, die Pläne nicht weiter zu spinnen und erzählte ihm, daß ich schon öfters das Gefühl gehabt hätte, als sollte das Jahr 1904 für uns ein sehr kummervolles werden. Er streichelte zärtlich meine Hand und sagte beruhigend: „Aber Schatz, was kann uns denn zustoßen! Jetzt können wir getrosten Mutes in die Zukunft blicken. Wir haben die fünf Jahre hindurch schwer genug gerungen; nur unsere Liebe hat uns darüber hinweggeholfen. Warum sollen wir jetzt nicht froh sein? Das kleine Kapital, welches mir jetzt zugefallen ist, trifft zu einer Zeit ein, in der wir es kaum nötig haben."

Am Morgen des zweiten Feiertags trafen wir auf Farm Zukunft ein und wurden dort freundlichst zum Mittagessen aufgefordert. Nachmittags ging die Reise weiter, und am Abend kamen wir zu der so liebenswürdigen Familie Rust. Ein wunderhübsches, selbstgefertigtes Christbäumchen stand mitten in dem behaglichen Zimmer; Frau Rust bat uns, mit ihnen das Abendbrot einzunehmen; dann zeigte und erklärte mir Herr Rust einen Brutapparat, den mein Mann bei ihm als Weihnachtsgeschenk für mich kaufen wollte. Nach einem Brutapparat ging schon längst mein Wunsch; denn ich beabsichtigte, eine große Geflügelzüchterei anzulegen.

Als wir dann noch weiter fahren wollten, zeigte es sich, daß einige Ochsen, verführt durch das saftige, frische Gras, sich überfressen hatten und zu ersticken drohten. Herr Rust und mein Mann wandten sofort die helfenden Mittel an, und nach kurzer Zeit konnten die Tiere wieder eingespannt und die Reise fortgesetzt werden.

Am 28. Dezember mittags langten wir vor unserem Hause an. Klein-Fritzel hatte sich auf der Reise wunderbar erholt, und von einer großen Sorge erleichtert, sahen wir der Zukunft entgegen. Im Hause fanden wir alles in schönster Ordnung. Anna zeigte mir stolz den in unserer Abwesenheit gesammelten Vorrat Butter. Sie hatte vier große Eimer damit gefüllt. In Schüsseln lagen die Eier, und an einer Reihe von Hölzchen, die sie am Rande mit Kerben versehen hatte, ersah ich den täglichen Ertrag. Über das ihr von meinem Manne gespendete Lob war Anna sehr glücklich und erzählte ihm, daß er auch an dem Garten und dem Vieh seine Freude haben würde. Mehrere Kälbchen waren geboren, und Axel bat uns, sie mit ihm anzusehen. Danach gingen wir nach dem Garten, in welchem nach den überaus starken Regengüssen der vorhergegangenen Tage das gepflanzte Gemüse, aber auch das Unkraut, derartig wucherten, daß die Kinder darin Verstecken spielen konnten. Die Blumenkohlpflanzen z. B. erreichten fast Meterhöhe. Es war uns allen eine Freude wieder daheim zu sein, und mein Mann sagte, wie so oft: „Hier zu Hause ist es doch am besten; ich wünschte gar nicht mehr fort zu müssen! — Aber die Reise nach Windhoek bald nach Neujahr ist leider unaufschiebbar!"

Am 29. Dezember feierten wir nachträglich noch Heiligabend. Die Leute vom Platz wurden mit Kaffee und Kuchen gespeist, und unsere eigenen erhielten Kleidungsstücke und jeder eine Ziege. Mein Mann hatte unser altes schadhaftes Christbäumchen mit frischen grünen Spargelzweigen umwunden und mit Schmuck reich behangen. Es sah wirklich reizend aus, nur schade, daß wir uns seiner nicht im Lichterglanz erfreuen konnten; aber es war unmöglich, die

Kerzen zu befestigen und anzuzünden, da sie schon im nächsten Augenblick traurig herabhingen; in der hohen Sommertemperatur waren sie vollständig erweicht. Am Abend hatte sich mein Mann durch allerlei Vermummungen unkenntlich gemacht und trat als Weihnachtsmann auf. Axel lauschte atemlos der tiefen Stimme und eilte dann auf mein Rufen seinem geliebten Vaterle, das schnell die Vermummung abgeworfen hatte, in die Arme. Glückselig war das Kind über das Gewehr, den kleinen Ochsenwagen und die Swip und lief im Dunkeln noch zu Annas Pontok, um seinem kleinen Spielgefährten Jonas die Herrlichkeiten zu zeigen. Auch für diesen hatte das Christkindchen ein Gewehr gebracht, und beide Bübchen wollten sich sofort auf die Jagd begeben.

Am 5. Januar unternahm mein Mann eine kleine Geschäftsreise zu einem Ansiedler in der Nähe und kehrte am 7. Januar zurück. Jeden Nachmittag regnete es in Strömen, und mein geliebter Mann blieb im Hause und saß Zeitung lesend oder schreibend bei uns. An den Vormittagen machte er sich im Garten zu schaffen; dann begleiteten wir alle ihn hinunter, um mitzuhelfen. Den Weg dahin fuhren Axel und Jonas „als Ochsen" den kleinen Wagen, in welchem das Baby mit einer Peitsche saß. Nebenher gingen zwei größere Kinder von Anna, die als Treiber figurierten und unglaublichen Lärm vollführten. Für die zweite Woche im neuen Jahr hatte mein Mann einen Ritt nach Windhoek geplant; er beabsichtigte für das ihm aus Deutschland gesandte Geld, welches dort bei einem Kaufmann lag, Kühe zu kaufen. Unser Viehstand sollte noch bedeutend vergrößert werden, auch eine größere Pferdezucht hatte mein Mann geplant. Den Handel dagegen wollte er vollständig aufgeben; denn dieser brachte nur viele Mühe und Verdruß.

Alles dieses wurde am Vorabend von meines Mannes Abreise zwischen uns besprochen. Den Tag über war es sehr schwül gewesen, gegen Abend entlud sich das Gewitter, und der in Strömen herniederfallende Regen verursachte auf dem Wellblech ein starkes Dröhnen. Ab und zu sah ich nach dem im Nebenzimmer ruhenden kleinen Friedel, der, Gott sei Dank, sich sehr erholt hatte, und sein Vater meinte: nun könne er beruhigt fortreiten; der kleine Liebling würde bald vollständig gesund und gekräftigt sein. Am liebsten freilich sei es ihm, wenn wir ihn begleiteten. — Hätte ich diesen Vorschlag angenommen, wie ganz anders wäre alles gekommen! Wir alle hätten Windhoek noch erreicht, und mein Mann hätte den grausamen Tod nicht gefunden! Heute und immer mache ich mir die bittersten Vorwürfe darum! — Trotz der nicht von mir weichenden Angst lehnte ich, aus Rücksicht auf meine und meines Kindes Gesundheit ab, mitzukommen, besonders da wir augenblicklich nur eine kleine Ochsenkarre in Okahoa hatten, in welcher die Kinder keinen Raum zum Schlafen gehabt hätten. Ich selbst erwartete im folgenden Frühjahr die Geburt eines dritten Kindes.

Am Montag früh wurde die Karre vorausgesandt; mein Mann wollte erst am Nachmittage nachreiten, um noch allerhand im Garten angefangene Arbeiten mit den Leuten zu beendigen. Ich war im Hause zurückgeblieben und saß bei einer mir sehr dringend erscheinenden Näharbeit, als ich plötzlich von einer entsetzlichen Angst erfaßt, die Arbeit beiseite warf, zu meinem geliebten Manne eilte und ihn flehentlich bat, hier zu bleiben. Erstaunt sah er mich an und versprach mir, heute nicht fortreiten zu wollen, wenn ich in derartiger Aufregung sei; aber morgen müsse es dann sein. Etwas beruhigt kehrte ich mit meinen Lieben zum Hause zurück. Ich sagte mir selber, länger als bis morgen könnte die Reise nicht aufgeschoben werden. Was brächte mir dieses aber für einen Vorteil? Mein Mann würde dann auch einen Tag später wieder zurück sein können; so wäre es schon besser, er ginge heute. Unaufhörlich weinend tat ich meine Verrichtungen im Hause; während des Mittagessens frug er mich wieder: „Schatzel, was hast du nur heute? Wenn ich sonst auf so kurze Zeit von dir reite, weinst du doch nicht! Du weißt, es muß sein, und ich komme bald zurück; Donnerstag bin ich wieder bei dir." Da begann auch Axel mit zu weinen und bat: „Papa nicht fortreiten, Papa sicker nich wiederkomm!" Einen Augenblick stutzte mein Mann. „Kinder, was ist nur los mit euch! Ihr wißt, daß ich so schnell als möglich zurückkehre; es muß doch nun einmal sein!" Dann als die Scheidestunde kam, zögerte er immer noch ein Weilchen; das hübsche Pferdchen wurde noch aufs sauberste geputzt, Bandagen und die schmalen Fesseln gemacht, mein Mann selber sattelte das Pferd, dann kam er wieder zu uns ins Zimmer. Kurz vor Sonnenuntergang nahm er Abschied von mir und den Kindern — es war der Abschied fürs Leben. Mit dem sicheren Gefühl, daß ein furchtbares Ereignis meiner harre, sah ich dem Davonreitenden nach, Axel an der Hand haltend, bis unser Vaterle unseren Blicken entschwunden war.

Trostlos kehrte ich ins Haus zurück, nahm die Kinder zu mir und wurde erst durch den Eintritt von Anna, die etwas fragen wollte, aus meinen unklaren, traurigen Ahnungen herausgerissen. Mechanisch besorgte ich meine Pflichten und begab mich mit den Kindern, deren Bettchen ich an das meine rückte, zur Ruhe.

Lange konnte ich keinen Schlaf finden; als ich jedoch nach kurzem Morgenschlummer erwachte, hatten sich die erregten Nerven etwas beruhigt und ich ging meiner Tagesarbeit nach. Gegen Abend ging ich mit den Kindern ein Stück den Weg entlang, den gestern ihr Vater geritten war, in der Hoffnung, einem Boten, der mir ein Briefchen von ihm bringen würde, zu begegnen. Aber auch der nächste Morgen brachte mir keine Zeile meines geliebten Mannes.

---

51. Überfall und Flucht.

Ich hatte mir für diesen Tag besonders viel Aufgaben gestellt. Zuerst wollte ich Briefe an unsere Angehörigen schreiben, damit sie noch am selben Tage zur nächsten Poststation getragen werden könnten; darnach wollte ich die feine Wäsche, die ich Anna nicht gern überließ, plätten.

Nach dem Mittagessen setzte ich mich an meines Mannes Schreibtisch, um einen angefangenen Brief zu beendigen, als Anna mich mit der Nachricht unterbrach, daß eine Kuh erkrankt sei. Ich ging hinaus und da ich mir keinen Rat wußte, sandte ich Annas ältesten Jungen, um Leute von der Werft zu holen und unseren alten Gartenarbeiter au Klaas zu rufen. Bei unserer Rückkehr ins Haus fanden Anna und ich zwei mir bekannte Hereros im Zimmer am Tische sitzen. Meine Aufforderung hinauszugehen, überhörten sie, forderten vielmehr in dreistester Form Kaffee, Tabak, Fleisch usw. Währenddem trat Guduis mit meinem jüngsten Kindchen ins Zimmer; ich nahm es ihr ab und meine Aufforderung an die Leute wiederholend ging ich ins Nebenzimmer.

Bei meinem Wiedereintritt fand ich das Zimmer verlassen. Ich übergab das Baby seiner Wärterin und schärfte ihr ein, auch auf Axel zu achten, der mit Jonas umherspielte. Irgendwelchen Argwohn hatte ich nicht, schloß aber, um ungestört schreiben zu können, das Haus ab. Nicht lange dauerte es, da klopfte es. Ich frug, wer draußen sei und erhielt die Antwort: „Ferdinand und Wilfried, wir wollen ins Haus". Meine Frage, ob sie etwas zu kaufen wünschten, verneinten sie. Ich sagte: „Dann geht fort, ich mache nicht auf!" Da rief der eine: „Ich bringe dir einen Brief deines Mannes."

Weil ich schon einen Brief erwartet hatte, öffnete ich ahnungslos die Tür ein wenig; in dem Moment stemmten beide Leute sie vollständig auf. Ich hielt noch die Hand nach dem Brief ausgestreckt, da sauste schon ein Schlag mit dem Kirri auf meinen Kopf, und ich stürzte rücklings zur Tür hinaus und fiel mit dem Oberkörper in eine durch den letzten Regen angesammelte Wasserlache.

Wie lange ich gelegen habe, weiß ich nicht. Als ich zu mir kam und mich erheben wollte, fühlte ich einen so heftigen Schmerz im Kopf und in meiner linken Hand, daß mir das Aufstehen anfangs unmöglich war; nach einigen Versuchen erst gelang es mir und mich, noch halb betäubt, an der Wand festhaltend, sah ich die zwei Hereros wieder in einiger Entfernung und hörte ihren Ruf: „Gib mir Patronen". Niemand von unseren Leuten war in der Nähe. Mich mühselig weitertappend und immer wieder hinstürzend kam ich bis an die Hausecke. Das Blut rann mir über Gesicht und Kleid, ich war ganz mit Schmutz beschmiert; so erblickte mich Anna, die sich über meinen Anblick so entsetzte, daß es ihr nicht möglich war, auch nur einen Schritt vorwärts zu gehen; sie konnte kein Glied rühren und mußte sich fortwährend erbrechen, und trotz meines Bittens und Flehens konnte sie mir keine Hilfe leisten. Dann wurde ich wieder ohnmächtig und fiel zu Boden.

Beim Erwachen fand ich mich im Hause und Anna und den alten Hottentott um mich bemüht. Anna suchte ein Stück Papier hervor, gab mir einen Stift und sagte: ich sollte an Klaas nach Otjihaenena senden und bei den Missionaren Hilfe erbitten. Ich warf die Worte auf das Papier: „Bitte, sofort Wagen, bin von Hereros geschlagen." Nun kam mir wieder ins Gedächtnis, was die Hereros zuletzt sagten: „Gib mir Patronen." Ich befahl deshalb Anna, die Patronen zu verstecken, und sie legte sie unter die Matratzen in der Schlafstube. Da wurde ich gewahr, daß alle drei Gewehre meines Mannes gestohlen waren, sogar zwei kleine Revolver. „Wo sind die Kinder?" frug ich nun voll Schrecken, — doch da kam Gudius mit den beiden aufgeregt herein: „Miß, de helle Rivier staan voll von Hereros." (Das ganze Rivier ist voll von Hereros.)

Ich hatte keinen klaren Gedanken mehr; — wie wir aus dem Hause und bis dicht vor die Hererowerft gekommen sind, weiß ich nicht, nur so viel war mir hernach bewußt, daß ich immer von neuem stürzte und Anna mich immer wieder emporriß und daß ich Gudius bat, die Kinder auf meiner rechten Seite zu halten; links war das Rivier, und von dort her, glaubte ich, könnte jeden Augenblick ein Schuß kommen. Da tauchten plötzlich zwei Hererogestalten vor mir auf; es waren Leute von Okahoa, Traugott und Tenga, die beide bei uns in Dienst gewesen waren. Sie stellten sich aufs äußerste entsetzt, als sie mich so blutüberströmt sahen und versprachen die Täter fangen zu wollen.

Nun glaubte ich bestimmt, daß die Okahoaleute uns freundlich gesonnen wären. Ein Herero, Philemon, bat, ein Pferd meines Mannes satteln zu dürfen. Anna lief zurück zum Hause, um ihm das Sattelzeug herauszugeben und ihre Kinder zusammenzurufen. Ich selber lag inzwischen wieder ohnmächtig in der Sonnenglut, unweit der ersten Hererohütten. Scharen von Weibern hatten bei unserem Herannahen uns mit drohenden, abwehrenden Gebärden entgegengesehen. Als ich hinstürzte, kamen sie herbei und beim Erwachen fiel mein erster Blick auf ihre furienähnlichen Gesichter.

Diese Weiber, denen wir so häufig Gutes erwiesen hatten, denen ich stets in Krankheitsfällen geholfen, so oft kleine Geschenke gemacht hatte, hockten, mit Kirris bewaffnet, grinsend um mich her; Gerhardine, Luthers Frau, zeigte ihnen meine Wunden und drückte unbarmherzig auf die schmerzenden Stellen. Ich werde den teuflischen Ausdruck, den die Gesichter dieser Weiber plötzlich angenommen hatten, das Hohnlachen, mit dem sie mich betrachteten, nie im Leben vergessen; immer und immer wieder habe ich im Traum der Nächte diese gräßlichen Larven vor Augen. Ein Herero, Kajou, kam herbei; ich bat ihn um eine Decke; denn ich war den Sonnenstrahlen vollständig schutzlos ausgesetzt, ich hatte

14*

ja nicht einmal einen Hut. Kajou rief mir zu, er wolle nach dem Hause hinauflaufen. Da erhoben sich die Weiber und stürzten mit ihm fort; nur eine blieb, Luthers Frau; sie frug, was ich beginnen wollte; ich sagte, daß wir zu Luther, den ich unerklärlicherweise noch immer für unseren Freund hielt, gehen würden. „Ja, ja, geht nur zu Luther, er ist aus Okahandja zurückgekehrt!" Das fiel mir auf. Es war doch verabredet, daß er und mein Mann sich in Okahandja treffen wollten, um dort mit Samuel wegen Ankaufs einer anderen Farm zu verhandeln. Ich sagte deshalb: „Nun ist er hier und mein Mann fährt nach Okahandja!" Worauf sie erwiderte: „Kotjunda kamaah twente m' Okahandja" (Kotjunda — damit meinte sie meinen Mann — wird nie nach Okahandja gehen). Bei dem Worte kamaah, der stärksten Verneinung, durchzuckte es mich plötzlich — allein neue Eindrücke strömten wieder auf mich ein und verdrängten die aufsteigende Ahnung.

Anna kam herbei und erzählte, Hereroweiber hätten ihr die Decke vom Arm gerissen mit den Worten: „Du dummes Tier brauchst keine Decke mehr." Ich bat sie, aus dem Hause schnell noch ein Fläschchen Milch für mein Fritzel zu holen; allein sie sagte: Das wäre nicht möglich, das Haus sei mit Hereros angefüllt: „Was sollen wir machen? Das ist orloogh" (Krieg). Luther habe, wie sie aus dem Gespräch einiger an ihr Vorübergehenden gehört hätte, den Befehl gegeben, uns nach dem Hause zu schleppen, dort alle vorhandenen Sachen und dann das Vieh, welches aus dem Felde herbeigetrieben wurde, vor unseren Augen untereinander zu teilen, uns jedoch nichts zu tun.

Gerade strömte wieder ein Haufe in einiger Entfernung vorbei; Anna lauschte und vernahm, daß Luther seinen Befehl wiederholt hätte; jedoch habe er nun hinzugefügt: Seine Leute sollten Anna mit ihren Kindern und uns dann töten. „Misses, komm, komm hastach!" Ich raffte mich mechanisch mit Anstrengung aller Kraft auf, trotzdem das

Entkommen mir unmöglich schien. Wohin auch sollten wir gehen? Jeder Eingeborene konnte uns sehen, scharenweise liefen Männer, Frauen und Kinder hinauf nach unserem Hause, und voller Verzweiflung rief ich Anna zu, ein Entrinnen sei nicht möglich. „Komm, komm zum Missionar," rief sie mir voraneilend zu. Mechanisch folgte ich ihr. Guduis trug mein jüngstes Kind, Axel lief mir vorauf und die Schar von Annas Kinder nebenher; ihr jüngstes trug sie auf dem Rücken. Sie lief ohne Weg und Steg; es ging durch Busch und Gestrüpp, unsere Kleider blieben hängen, aber weiter ging es, ohne Aufenthalt; nur wenn ich, wie es besonders zu Anfang häufig geschah, stürzte, blieben alle stehen, bis ich mich wieder aufgerafft hatte, oder wenn wir glaubten, Geräusche zu vernehmen, so duckten wir uns schnell unter einen Busch, um zu lauschen. Ich weiß, daß wir es nur der Habgier der Leute zu verdanken hatten, daß sie uns entfliehen ließen.

Immer weiter ging es in Todesangst; es war ein schrecklicher Weg, den wir zurücklegten. Während der ersten Zeit der Flucht wurde ich nur durch Annas immer erneute Anrufe aufgestachelt und vorwärts gedrängt; manchmal riß sie mich an der Hand weiter. Ich hatte keinen klaren Gedanken mehr, nur die Vorstellung, daß uns im nächsten Augenblick die blutdürstige Rotte auf den Fersen sein mußte.

Aber es war merkwürdig, je weiter wir kamen, um so mehr nahmen meine Kräfte zu und dabei quoll das Blut noch immer aus der Kopfwunde. Um schneller vorwärts zu kommen, warf ich alle Kleidungsstücke, die mich beim Laufen hinderten, ab, und als es zu regnen anfing, zog ich meine Blouse aus, um sie meinem Fritzel zum Schutze umzuhängen. Der arme Kleine und Annas jüngstes Kind waren inzwischen hungrig geworden; wir durften keine Minute mehr Halt machen, da sie dann sofort zu weinen begannen und uns damit verraten konnten. Nach einiger Zeit erklärten die kleinsten Kinder, nicht mehr laufen zu können.

Ich nahm Guduis das Baby ab, damit sie die anderen Kinder abwechselnd eine Strecke nehmen konnte. Aber lange konnte ich mein Kind nicht tragen, ich stürzte mit ihm und mußte es ihr wieder zurückgeben. Nun nahm ich Axel und Annas drittjüngstes Kind Dais je an eine Hand und zog sie mit mir fort; zuletzt schliefen sie im Laufen ein, ich mußte sie wieder emporreißen. Immer weiter liefen wir, so schnell unsere Füße uns tragen konnten und der Busch das Durchkommen erlaubte; Axels Höschen und Strümpfe hingen zuletzt in Fetzen an den wunden Beinchen. Anna trug ihre beiden jüngsten Kinder; das kleinste wollte sich gar nicht mehr beruhigen lassen, da setzte sie sich am Wege nieder, um ihm Nahrung zu geben, und ich bat sie, meinem ohnehin so schwachen kleinen Liebling, der schon seit Mittag nichts bekommen hatte — es war inzwischen Nacht geworden — auch zu geben. Er verweigerte die Annahme und wir mußten unsere Kräfte noch mehr anstrengen, um das Haus der Missionare bald zu erreichen.

Erst in dieser Pause, nach bereits dreistündigem Laufen, schien Anna zu bemerken, daß Eirob, ihr zweitältester Junge, abwesend war. Er hatte die Schweine gehütet und war während des Überfalls im Felde gewesen. Voll Bedauern frug ich, was aus dem Jungen werden, ob er uns wohl wiederfinden würde; Anna entgegnete: „Das macht nichts, das ist Krieg." Im Laufen flüsterte ich unaufhörlich in meinem Herzensjammer: „Was wird euer geliebtes Vaterle sagen, wenn er das erfährt!" — daß er schon über zwölf Stunden tot war, ahnte ich nicht! — Endlich sahen wir die Feuer verschiedener Werften, aber noch in großer Entfernung. Anna meinte, in einer halben Stunde würden wir bei dem Missionshause sein. Da machte sie plötzlich die Entdeckung, daß wir von der Richtung abgekommen waren. Angestrengt suchte sie nach einer Wagenspur; wir gerieten in fast undurchdringliches Gestrüpp, das Rascheln und Knistern mußte die Feinde auf unsere Spur lenken —

nur einen Ausweg finden! — Ich warf mich hin, zu Tode erschöpft, und ließ Anna vorauseilen. Lange Zeit, so erschien es mir, verging; dann kehrte sie zurück, riß mich, die ich alle Kraft verloren hatte, empor und zeigte mir einen hellen, sich fortbewegenden Schein, ganz nahe vor uns: „Sie suchen uns, komm!" Dann war der Lichtschein plötzlich verschwunden. Ich raffte mich auf, nahm die Kinder an der Hand, wir liefen auf einen Feuerschein zu, die Hunde bellten, — da erkannte Kakerob, Annas ältester Junge, daß es eine Hererowerft war, auf die wir zuliefen. Es war die Werft des Kapitäns des Platzes, Jonas, und nun wußten wir, daß links vor uns das Missionshaus lag.

Eiligst bogen wir nach der Richtung ab; endlich, endlich langten wir vor Herrn Hammanns Tür an. Ich warf mich nieder, vollständig zu Ende mit meinen Kräften. Auf Annas Klopfen — keine Antwort. — Sie lief um das Haus herum zur Wohnung des Missionars Lang; dort waren beide Familien versammelt.

Nun kehrte sie zurück und führte mich in das Zimmer zu den Missionaren, nachdem sie noch vergeblich versucht hatte, mir meine Blouse anzuziehen, — die verwundete Hand und der Arm waren so geschwollen, daß ich nicht in den Ärmel kommen konnte, — halb bloß, Gesicht, Arme, das Hemd mit Blut überströmt, trat ich ein. Die Missionare und ihre Frauen nahmen sich meiner nun an, legten mich auf einen Ruhestuhl, wuschen meine Kopfwunde und legten ein Pflaster auf. Sie brachten auch den Kindern und mir Erfrischungen, indessen wir verlangten nicht nach Speise, wir waren ganz erschöpft.

Ich fiel in eine Ohnmacht und erfuhr dann beim Erwachen, daß alle Hereros „aufgestanden" seien, selbst Samuel hätte sich am Aufstande beteiligt. Das kam mir ganz unglaublich vor — immer und immer wieder frug ich, ob das denn wirklich wahr, ob es denn möglich sei! — und dann kehrten meine Gedanken immer von neuem zu meinem geliebten Mann zurück, den ich in Windhoek geborgen wähnte. Was würde er zu unserem Schicksal sagen!

---

52. Nachricht vom Tode meines Mannes — Gefangene der Hereros im Missionshause.

Inzwischen richteten die Missionarsfrauen das Fremdenzimmer, das in einem seitlich stehenden Gebäude sich befand, für mich her. — Als Herr Hammann nach seiner Wohnung ging, um Pflaster und einiges andere zu holen, trat sein Viehwächter, ein roher, unheimlich aussehender Herero weinend auf ihn zu und sagte: „Ich habe die Frau von Falkenhausen gesehen, Gott im Himmel weiß, welch Unrecht geschehen ist."

Ich hörte davon später, lege aber dieser Äußerung durchaus keinen Wert bei. Die Eingeborenen sind Augenblicksmenschen. Tieferen Mitleids oder anderer edler Gefühle sind sie nicht fähig; genau derselbe Kerl hätte mit kaltem Blute mich abgeschlachtet, wenn sein Kapitän es ihm befohlen oder er sich davon einen Nutzen versprochen hätte.

Nachdem das Zimmer fertig war, führten die Missionarsfrauen uns hinein, kleideten die Kinder und mich aus und wir legten uns nieder. Jedes Glied tat mir weh, die Füße waren unförmig geschwollen, mit brennendem, heftig schmerzendem Kopfe warf ich mich auf dem Lager umher. Die Wunden taten entsetzlich weh; es war mir, als spürte ich nun erst jeden Augenblick die erhaltenen Schläge. Während der Nacht kam Frau Missionar Lang, um nach uns zu sehen. Die Ärmste war durch alle die auf sie einstürmenden Schreckensnachrichten in größter Aufregung und erwartete stündlich die Geburt eines Kindchens. —

Am Morgen kamen Herr Missionar Hammann und seine Frau zu mir; sie setzten sich an mein Bette; Frau

Hammann umschlang mich weinend — war das nur Mitgefühl für meine ausgestandenen Leiden? — Sie sprach mir Trostesworte vor, deren Sinn mir unklar war und beklagte das Elend, das der Krieg bereits angerichtet hatte: die drei Ansiedler, welche in Otjihaenena gewohnt hatten, wären ermordet worden, — und nun sagte sie das Schreckliche: auch mein Mann wäre am Tage vorher ermordet worden. — Einen Augenblick versuchte ich mir diese Möglichkeit vorzustellen, dann sagte ich: „Das ist nicht wahr!" — So voll Kraft und Lebensmut war er vor drei Tagen von uns geritten; „bald bin ich wieder bei euch! Du weißt ja, Schatzel, daß ich mich beeile!" — das waren seine letzten Worte. Konnte es denn anders sein, als daß er wieder zu uns zurückkäme? — Die kleinen hilflosen Geschöpfe und ich, die ich so mit allen Fasern meines Wesens an meinem Manne hing, sollten plötzlich ohne ihn in der Welt dastehen? — Ich bat Missionar Lang, einen Boten auszusenden, um das Nähere zu erfahren. Der Bote kehrte nicht zurück; aber die entsetzliche Nachricht wurde mir mehrfach durch die Hereros bestätigt.

Was ich in diesen Tagen und Stunden durchgemacht habe, immer von neuem gehofft, gezweifelt, gebetet, mein Leben verflucht, weiß niemand. Wie konnte ich noch an den gerechten Gott, von dem die Missionare sprachen, glauben? — War mein Leben nicht hart und entbehrungsreich genug gewesen? Und nicht nur durch die Liebe meines Mannes lebenswert geworden? Mußte mir mein Glück, mein alles genommen werden? — Das konnte ich nicht glauben; mein Mann mußte noch leben! Wie oft widersprachen sich die Hereros in ihren Erzählungen — es konnte wenigstens noch möglich sein, daß mein Mann dem allgemeinen Morden am 13. Januar entronnen war und diese Hoffnung hielt mich aufrecht, ließ mich über diese erste Zeit hinwegkommen.

Fast unerträglich war es mir, täglich die Hereros zu

sehen, an deren Händen das Blut so vieler Weißer klebte. In jedem vermutete ich einen Mörder. Während ich von den schrecklichen Vorstellungen geplagt, mich voll Schmerzen auf meinem Lager wand, kamen Hereros in Scharen, Männer und Frauen, in das Zimmer, von Neugierde getrieben, um „die Frau zu sehen, die von Hereros geschlagen worden sei". Ich konnte die Bestien nicht ansehen und durfte doch meine Empfindungen nicht merken lassen. Die Weiber riefen die Erinnerung an die schrecklichen, furienähnlichen Gesichter in mir wach, die mich am letzten Tage in Okahoa bei meinem Erwachen aus der Ohnmacht umgrinst hatten, und während die Leute mein Bett umstanden, erwartete ich jeden Augenblick, daß jemand von ihnen sich auf mich stürzen und mir hoffentlich nun den Garaus machen würde. Der Gedanke an den Tod hatte seit der Nachricht von meines geliebten Mannes Ermordung alles Schreckliche für mich verloren; ich ersehnte ihn als das größte Glück.

Anna drang unaufhörlich in mich, mich aufzuraffen und mit den Kindern nach Windhoek zu entfliehen. Sie wollte uns führen, daß wir keinem Herero begegneten. Aber abgesehen davon, daß es bei meinem Gesundheitszustand ausgeschlossen war, daß ich die Flucht ausgehalten hätte, waren wir von so viel Spähern umgeben, daß wir gewiß bemerkt worden wären.

Anna oder ihre Tochter blieben beständig bei den Kindern und mir. Das Zimmer, in welchem wir wohnten, lag mehrere Schritte von dem Wohnhause der Missionare entfernt. Ein Ruf wäre, besonders bei dem prasselnden Regen, nicht gehört worden. Ich malte mir immerfort aus, wie die Hereros die Kinder vor meinen Augen ermorden würden. Von ihrer Bestialität hatte ich schon so viel gehört. Ich konnte diese Vorstellung nicht mehr ertragen, und als immer wieder Neugierige das Zimmer betraten, raffte ich mich auf, kleidete mich an, schleppte mich zu dem

Hause der Missionare und bat flehentlich, uns dort aufzunehmen.

Hammanns waren selber sehr beengt im Raum; sie waren erst seit kurzer Zeit hier und hatten in Missionar Langs Hause zwei Zimmer und Küche bekommen. Missionar Lang gab mir ein Zimmer, das bisher als Schulzimmer gedient hatte. Es war ein großer Raum, hatte aber nur einen Ausgang nach außen, keine Verbindung mit den Räumen der beiden Familien. Als auch hierher Hereros kamen, um uns zu sehen, kehrte meine rasende Angst wieder. Unter den auf mich einstürmenden Gedanken lag ich die Nächte hindurch schlaflos und erwartete voll Sehnsucht den Morgen, in diesen langen, einsamen Stunden ganz überwältigt von der Schwere meines Schicksals. Dann wieder glaubte ich das Geschrei der blutdürstigen Rotte zu hören und sah bei geschlossenen Augen die von Wut entsetzlich entstellten Gesichter, die sich über uns neigten. Ich zog die Decke über den Kopf, schreckte aber sofort wieder in die Höhe, da wieder Geräusche von draußen an mein Ohr drangen. Wirklich schallte von den Hütten der Eingeborenen lautes Rufen und Gesang herüber; ich hörte das Hin- und Herlaufen des aufgeregten Haufens; dabei rauschte der Regen die ganzen Nächte hindurch, und vor den Wassermengen Schutz suchend, drängten sich die Ziegen und Schafe an die Tür. Ihr Stoßen an diese und an die Wände des Hauses klang bald wie Klopfen, bald wie gewaltsames Aufbrechen. Nie im Leben werde ich diese Nächte vergessen! —

Da kam ich denn wieder zum Missionar Hammann, bittend, mich bei sich aufzunehmen: Wenn auch der Raum noch so eng wäre, ich würde schon mit den Kindern ein Plätzchen auf der Erde finden — nur nicht so allein mehr sein! Hammanns gewährten meine Bitte, und mit Hilfe von Fellen und Decken, die beide Familien mir gegeben hatten, bereitete ich allabendlich unser Nachtlager, für die Kinder auf der Erde, da sie von der schmalen Chaiselongue heruntergefallen wären, für mich auf diesem Ruhebette. Hier fand ich den ersten Schlaf. Ich fühlte uns sicherer und mein grausam gequältes Herz wurde nicht mehr von den schrecklichen Bildern und Gedanken geplagt.

Bei den anhaltenden Regengüssen war das Lehmdach unseres Hauses vollständig aufgeweicht; zuerst sickerte das Wasser tropfenweise hindurch; dann fielen große, im Falle nach allen Seiten spritzende Lehmklumpen herunter. Man war davor an keiner Stelle sicher. Der Schmutz fiel uns beim Essen in die Speisen, auf die Köpfe; während des Schlafens wurde man alle Augenblicke durch einen herabfallenden Lehmkloß geweckt, und auf dem Boden bildeten sich Pfützen, — es war ein entsetzlicher Zustand, in dem Schlafzimmer von Hammans beinahe ebenso schlimm, als in dem Wohnzimmer, in welchem wir lagen. Ich bettete die Kinder nun unter den Tisch, der sie wenigstens vor den herabfallenden Lehmklumpen schützte.

Durch immer erneute Reparaturen an dem Dach hätte wohl dem Schaden abgeholfen werden können; allein in dieser schrecklichen Zeit war jede Schaffenslust erschlafft und größter Gleichgültigkeit gewichen; alles blieb wie es war oder wurde vielmehr von Regen zu Regen schlimmer. Wer wußte auch, ob wir noch den kommenden Tag, die kommende Stunde erleben würden?

An einem Nachmittage, — es erschien uns wie ein grausamer Hohn — kam der Hereroschulmeister Gottlieb von der Polizeistation Seeis, wohin ihn am letzten Sonntag der Feldwebel bestellt hatte. Gottlieb überbrachte ein offenes Schreiben: jeder auf dem Blatt angeführte Weiße sollte sich nach der Station Seeis begeben. — Alle auf dieser Liste mit Namen Genannten waren bereits Opfer des Aufstandes geworden. Ich wollte von Gottlieb näheres über den Tod meines Mannes erfahren, wie, wo und wann er gestorben wäre. Gottliebs Angaben waren, wie ich später von dem Augenzeugen der Ermordung erfuhr, falsch; aber ich sah schon aus Gottliebs Erzählungen, was sich später bestätigte, daß die Mörder abscheulich hinterlistig und teuflisch vorgegangen waren. Mein Mann hatte keinerlei Waffe bei sich. Er soll sich aber wie ein Löwe gewehrt haben. —

Wieviel Selbstbeherrschung mußte ich in diesen Tagen üben! Durch keine Miene durfte ich meine Gesinnung gegen dieses Mördervolk verraten und mußte selbst meinen Kummer soviel als möglich verbergen. Ich versuchte, mich bei den Missionaren möglichst nützlich zu machen. Außerdem wurde ich sehr durch die Sorge für meine Kinder in Anspruch genommen. Infolge der Strapazen und der veränderten Diät hatten die Kräfte meines jüngsten Lieblings, den sein Vater in der Hoffnung auf baldige, vollständige Gesundung verlassen hatte, sehr abgenommen. Die Missionare stellten mir zwar in gütigster Weise alle Kindernährmittel und nötigen Medikamente zur Verfügung; allein mein Kindchen erholte sich nicht, und es bekam dazu noch die so schmerzhafte Augenkrankheit.

Bei Langs war am Sonnabend ein kleines Töchterchen geboren. Wie leid tat mir die arme Mutter, die sich des Besitzes ihres Kleinods in dieser sorgen- und leidvollen Zeit kaum erfreuen konnte.

Am Tage zuvor war ganz unerwartet noch eine Person zu uns gestoßen: Am Nachmittag hielt vor der Tür ein Reiter, dessen Pferd von einem Herero geführt wurde, während zwei andere nebenher gingen. Es war ein Farmer aus der Umgegend, Herr Konrad. Samuel Maharero hatte den Befehl gegeben, ihn und noch drei andere Weiße am Leben zu lassen. Die Hereros hielten diese Herren entweder für Nichtdeutsche oder sie wollten sie am Leben lassen, weil sie sich schon vor Besitzergreifung des Landes durch die Deutschen dort aufhielten. Im Hause der Missionare sollte Herr Konrad Schutz finden; denn auch jene, die alten Lehrer der Hereros, sollten verschont bleiben, sie und ihr Besitz waren außer Gefahr. Doch war es nicht Dankbarkeit oder Anhänglichkeit der Leute, welche die Missionare vor dem Tode bewahrten, sondern meiner Ansicht nach nur der Aberglaube, daß diejenigen, welche Hand an die Missionare oder ihr Eigentum legten, selbst umkommen würden. Guttaten hatten die Hereros ja auch von vielen anderen Weißen empfangen, aber alle Weißen, ohne Unterschied, wurden niedergemetzelt.

Herr Konrad war von Leuten Samuels auf einer Handelsreise eingeholt worden, die Waren auf dem Wagen und sein Vieh hatten die Räuber sofort unter einander geteilt; nur einen Sack Mehl hatten sie ihm als Nahrung zurückgelassen; aber den konnte er selbstverständlich zu Pferde nicht mitnehmen. Zunächst fühlten wir uns, seitdem Herr Konrad auf Veranlassung der Hereros unsere Gefangenschaft teilte, ein wenig sicherer; als aber die Nachrichten von den entsetzlichen, an Männern und Frauen verübten Greueltaten sich mehrten, wurde uns doch wieder bange zu Mute. Wir, die Kinder und ich, hatten noch keinen Freibrief von Samuel erhalten. Die Missionare frugen den als Kapitän eingesetzten Jonas, ob seine Leute unsere Aufnahme gestatteten, worauf er erwiderte, daß sie uns nicht töten wollten. Für die fremden Hereros jedoch, die aus dem ganzen Lande hier zusammenströmten, könnte er nicht gutsagen. — So bat ich, daß Jonas mir von Samuel die Erlaubnis zu meinem Aufenthalt einholen möchte, denn es konnte ja sein, daß durch unsere Aufnahme auch das Leben der Missionare in Gefahr kam. Stündlich war ich auf unseren Tod gefaßt. Was konnte schließlich Jonas als einzelner ausrichten, wenn seine Leute unseren Tod beschlossen hätten? Durch den Anblick des Menschenblutes waren sie erst recht mordlustig geworden, wie wilde Tiere. Die Missionare hätten uns gegen sie nicht schützen können; sie würden dabei nur ihr eigenes Leben und das von Frau und Kind aufs Spiel gesetzt haben.

Die Ungewißheit, in der wir uns befanden, war schrecklich; auch meine Anna empfand dies. Ich selbst war jetzt ebenso arm wie sie und konnte ihr und ihren Kindern ihre treuen Dienste nicht mehr lohnen. Von Frau Missionar Hammann erhielt sie die Beköstigung und wurde zu allerlei Hilfeleistungen herangezogen; allein Annas Familie war doch ein überflüssiger Mitvertilger des vorhandenen Proviantes. Wer wußte, ob unsere Gefangenschaft nicht noch viele Monate dauern und wir trotz des reichlich vorhandenen Vorrats noch Mangel leiden würden! In dieser Voraussicht riet ich Anna zuerst, sich „im Felde" Nahrung zu suchen, und als sie das aus Furcht vor den Hereros nicht tun wollte, uns zu verlassen und mit ihren Kindern nach Windhoek zu fliehen; sie hatte dort Verwandte. Darauf erwiderte die alte treue Person: „Ich gehe nicht von dir, mein Baas (Herr) ist nun tot, da ist es einerlei, ob wir was zu essen haben oder nicht; es macht nichts, wenn wir verhungern". Und bald wurde sie uns allen eine unentbehrliche Stütze, und die Missionare waren froh, sie behalten zu haben.

Die Hererofrau, welche bisher bei Frau Hammann gearbeitet hatte, wollte auf einmal nichts mehr tun; sie fühlte sich als Herrin und nahm sich die unglaublichsten Unverschämtheiten auch gegen Frau Hammann heraus. Was wir, besonders ich, an Dreistigkeit still hinnehmen mußten, läßt sich kaum beschreiben. Immer wieder erklärte sie, ohne daß ich ihr den geringsten Anlaß dazu gab: Ich hätte ja nichts, ich dürfte ihr auch nichts sagen, Samuel sei ihr Herr usf. Anna übernahm nun ihre Verrichtungen, und als dann eines Morgens sämtliche Arbeiter der Missionare entlaufen waren, war es eine Wohltat, daß durch Anna und ihre Familie die notwendigsten Arbeiten, das Viehhüten, Melken, Wasser und Holz holen usw. verrichtet werden konnten.

Sehr schlecht war es um meine und der Kinder Kleidung bestellt. Als wir in das Haus der Missionare kamen, hatten wir ja nur das, was wir auf dem Leibe trugen, und das war nicht viel. Axels Anzug hing vollständig in Lumpen. Klein Fritzel hatte unterwegs seine Schuhchen verloren, und ich hatte, um schneller vorwärts zu kommen, einen Teil meiner Sachen abgeworfen. Frau Missionar Lang, die meine Größe hatte, suchte von ihren Sachen und von denen, die sie im Store hatte, für mich heraus. Sie gab mir Wäsche und Schuhe und einen Rock von sich und von den Handelssachen zwei bunte Kattunjacken und Schürzen; für meine Kinder fand sie noch von ihren größeren Kindern stammende Sachen, die ziemlich paßten.

Wir Flüchtlinge machten uns, so gut wir konnten, nützlich. Herr Konrad, den Langs beherbergten, half Kartoffeln und Gemüse im Garten herausnehmen, die Erträge waren gerade in diesem Jahre ungeheure; er schnitt mit uns Frauen Kraut ein, das in Fässer gelegt wurde; von den Gemüsen wurde viel zum Trocknen geputzt. Nur arbeiten, so viel als möglich! Das erwies sich auch in unserer traurigen Lage als bestes Mittel, um über die schweren, schweren Stunden und Tage hinwegzukommen. Daß wir die Früchte unseres Fleißes vielleicht nicht mehr genießen konnten, daran dachten wir kaum. Vorläufig glaubten wir, noch monatelang hier aushalten zu müssen.

---

53. Schreckliche Nachrichten.

Die Hereros hatten uns erzählt, daß die Truppe vollständig niedergemacht wäre, nur wenig Leute seien am Leben geblieben. — Ob wohl das deutsche Reich die Greueltaten rächen, ob es bald genügend Soldaten zur Niederwerfung des Aufstandes schicken würde? — Tag auf Tag verrann, ohne daß Hilfe nahte oder die geringste Nachricht über den Stand der Dinge zu uns gelangte, mit Ausnahme der unsicheren Nachrichten durch die Hereros. Tag und Nacht eilten die Boten der Schwarzen hin und her. Dichte Volksscharen umstanden lebhaft gestikulierend die nahe Werft des Platzhäuptlings Jonas. Welche Nachrichten brachten sie! — Was wir alle nicht für möglich gehalten hatten, war Tatsache: Der Aufstand war seit langer Zeit geplant, sämtliche Hererostämme hatten sich zusammengetan. Es wurde uns ferner berichtet: In Okahandja sei kein Weißer mehr am Leben, die Eisenbahn zwischen Windhoek und Swakopmund wäre zerstört, alle Weißen der Umgegend umgebracht; im Osten hätte Traugott den Leutnant von Gobabis mit 10 Soldaten aus der Feste gelockt und dann getötet. Einzelne Weiße hätten sich auf die Stationen Seeis und Hohewarte flüchten können, allein ihr Leben zähle nur noch nach Stunden, bald wären sämtliche Weiße umgebracht. —

Einige Tage später hieß es: Die Truppe, die im Süden gegen die Bondelswaarthottentotten gekämpft hätte, sei vollständig vernichtet, Leutwein ermordet, ein Augenzeuge wollte ihn tot neben seiner Ochsenkarre liegen gesehen haben. Hendrik Witboy sei daraufhin auch aufgestanden und habe in Eilmärschen Windhoek erreicht, die Einwohnerschaft habe sich ihm bedingungslos ergeben usw.

Was sollten wir davon glauben? Da der Aufstand jedem so unerwartet gekommen war, konnten die Nachrichten in der Hauptsache wohl wahr sein, aber daß die Windhoeker sich Hendrik Witboy ergeben hätten, daran zweifelten wir doch, und die sich oft widersprechenden Erzählungen bestärkten unsere Zweifel.

Täglich sahen wir große Herden geraubten Viehes vorbeitreiben; jeder Herero fast war im Besitze eines Pferdes. Sie hatten auch viel bares Geld, Uhren und dergl., die sie ihren Opfern geraubt hatten und trugen deren Kleidung. Man sah die Leute die mannigfaltigsten Gegenstände nach ihren Pontoks hinschleppen, Möbel, Gefäße usw., deren

Gebrauch ihnen völlig unbekannt war; an allem herrschte, wie sie selber sagten, großer Überfluß. Ihre Habgier erlaubte es nicht, daß bei den Plünderungen einer von ihnen leer ausging, sondern jeder sorgte bestens für sich. Sehr schmerzlich war es den Missionaren, immer und immer wieder den Beweis zu erhalten, daß längst getaufte Christen, sogar die als Lehrer ausgebildeten „Evangelisten" ihren heidnischen Brüdern, was Mord- und Raublust anbetraf, nicht nachstanden. Alle die scheußlichen „Siege" der Hereros (das Überfallen und Hinschlachten einzelner bezeichneten sie als solche) berichteten sie den Missionaren und kleideten ihre Erzählungen in biblisches Gewand. Z. B. sagten sie: „Gott hat uns große Kraft gegeben, er hat uns unsere Feinde in die Hand gegeben usf."

Was sollten die Missionare ihnen darauf erwidern? Ihr zum Himmel schreiendes Unrecht ihnen vorhalten durften sie nicht, sonst hätten sie sich und uns in Lebensgefahr gebracht. Wir alle mußten uns bemühen, ihnen ein gleichgültiges Gesicht zu zeigen; sie durften nicht einmal merken, wie sehr ich um meinen geliebten Mann trauerte.

In den schlaflosen Nächten versuchte ich mir unser ferneres Leben vorzustellen, ohne ihn, dessen Liebe meinem Dasein alles Glück gegeben hatte. Hätte ich ihm noch einmal für seine reiche Liebe danken können! — Vor mir lag ein Leben, das schlimmer war, als der grausamste Tod; denn kein Hoffnungsstrahl erleuchtete mir den dunklen Weg. Warum mußte ich verschont bleiben? Warum hatte ich nicht an seiner Stelle den Tod erleiden können? Was war mir noch an Freuden geblieben? — Nur die Erinnerung an die so kurze Zeit meines Glückes. Und nicht ein Erinnerungszeichen an diese meine Glückszeit hatte ich behalten, kein Bild, keinen Brief, keinerlei Andenken! Alles war in die Hände der Räuber gefallen. Wie gern wäre ich nach unserem Hause zurückgekehrt, um nur nach einem Andenken zu suchen — gewiß wäre das eine oder andere Blatt, das meines Mannes Hand beschrieben, den Zerstörern entgangen. Ich bat Gottlieb, zu dem doch mein Mann stets so besonders gütig gewesen war, mir irgend eine Kleinigkeit, was es auch sei, zu bringen; vor allem sollte er nach Bildern suchen. Er brachte mir nach einigen Tagen zerrissene, zurückgelegte Kindersachen: Das wäre alles, was er gefunden hätte.

Gottlieb hatte mir auch die Namen zweier Mörder meines Mannes genannt, die ich beide kannte. Barmenas und Ezechiel von Otjihaenena, letzterer, der eine Zeitlang bei Herrn Rust in Ondekaremba bedienstet war, hatte eine ausgesprochene Verbrecherphysiognomie. Als mein Mann Herrn Rust einmal darauf aufmerksam machte, entgegnete Herr Rust: „Ja, wenn ich nur einen anderen in seine Stelle bekäme! Ich kann den Kerl auch nicht leiden." Eines Tages trat nun dieser Ezechiel in das Zimmer, in welchem Frau Missionar Hammann und ich beschäftigt waren. Bei dem Anblick dieses Menschen, dem die Mordlust so auf dem Gesicht geschrieben stand, drehte sich mir das Herz um, und ich hätte laut aufschreien mögen. Aber ich rang nach Ruhe und Fassung, flüsterte Frau Hammann schnell ins Ohr: „Vorsichtig, der Mensch versteht jedes Wort", nahm beide Kinder auf den Arm, flüchtete durch das Fenster von Hammanns Schlafzimmer in Frau Langs Schlafzimmer und konnte, dort angelangt, vor Schreck und Angst erst kein Wort hervorbringen. In mir war alles aufgewühlt, und ich brauchte lange Zeit, bis ich mich einigermaßen beruhigt hatte. —

Axel hatte seit der Zeit, da er mich in dieser Erregung gesehen hatte, eine derartige Angst vor den Hereros, daß er zu mir flüchtete, sobald er einen sah und einige Male sich unter das Bett von Hammanns versteckte. —

Später hörte ich von Anna, daß dieser Ezechiel erzählt hätte, er habe seinen früheren Herrn von Ondekaremba mit Frau und Kind und das weiße Dienstmädchen getötet;

15*

mit dieser Greueltat brüstete sich dieser scheußliche Mensch noch! Herr Rust war ein Freund meines Mannes, seine junge Frau war erst anderthalb Jahre hier, das Kindchen nur wenige Monate alt. Immer wieder mußte ich an die liebenswürdigen, guten Menschen denken und an die furchtbaren Qualen ihrer letzten Augenblicke. Erst 14 Tage später erfuhren wir, daß Rusts am Leben waren; sie hatten sich nach Seeis retten können, und wie freute ich mich, Herrn Rust dann bald darauf in Hohewarte begrüßen zu können.

Aber wie viele, die ich erst kürzlich noch in Lebensfrische und voll Hoffnung auf jetzt kommende bessere Zeiten gesehen und gesprochen hatte, waren durch Mörderhand entsetzlich umgekommen! Da waren die drei Ansiedler aus Otjihaenena, welche noch am Neujahrstage bei uns gewesen waren! Ihre Mörder hatten sie aus ihren Wohnungen herausgelockt und draußen niedergeschlagen. Um die Leichen zu suchen und zu begraben, hatten sich am Abend des 13. Januar, kurz bevor ich kam, die Missionare mit Laternen aufgemacht. Der sich fortbewegende Lichtschein, der uns auf der Flucht so sehr geängstigt hatte, rührte von den Fackeln der Missionare her. Der Werftälteste Jonas hatte ihnen dann das Beerdigen der Leichen untersagt. Ein anderer Ansiedler, Lindner, war von seinen Leuten erschossen worden, noch ein anderer, Bolz, war auf Kajatas Werft gekommen, hatte sich mit diesem freundschaftlichst unterhalten — er war Weißen und Eingeborenen als überaus gutmütig bekannt —; da war Kajata plötzlich aufgestanden und hatte seinen Leuten den Befehl zur Ermordung gegeben. Den grausamsten Tod erlitt aber wohl ein gewisser Schm. Schl. Am Freitag vor Ausbruch des Krieges hatte er auf der Jagd einen Steinbock angeschossen, und um ihn vollends zu töten, schlug er ihm mit dem Gewehrkolben auf den Kopf; dabei entlud sich ein Schuß und ging Herrn S. in den Unterleib. Eingeborene brachten ihn nach Hause; er war auf Orumbo bei Herrn Konrad angestellt, dieser war zurzeit im Handelsfelde. Gewiß wäre der Ärmste ohne ärztliche Hilfe seiner Wunde so wie so erlegen; da kamen am Mittwoch die blutdürstigen Herero und würgten ihn, jedoch er lebte noch einmal auf, und erst nach mehreren Tagen hörten wir, daß er endlich verschieden wäre.

Am 28. Januar früh, als wir erwachten, merkten wir, daß sämtliche Hereros Otjihaenena verlassen hatten, kein Mensch, kein Stück Vieh außer einigen Kaffernhunden, die ein entsetzliches, unheimliches Geheul vollführten, waren zu sehen. Was war der Grund? — das fragten wir uns immer von neuem.

War uns früher der unaufhörliche Zulauf von Hereros aus dem ganzen Lande furcht- und besorgniserregend, so war die plötzliche Stille uns noch viel unheimlicher.

Auch sämtliche Dienstboten der Missionarsfamilien waren mit verschwunden; das Vieh hatten sie zum größten Teil da gelassen. Nur ein Mädchen von Missionar Lang hielt sich noch einige Zeit länger auf; sie folgte ihrem Stamme erst im Laufe des Vormittags. Aus ihr brachten wir wenigstens heraus, daß am Tage zuvor bei Seeis ein Gefecht stattgefunden hätte, bei welchem viele Hereros verwundet und getötet worden waren; Braradjo, der eigentliche Kapitän von Otjihaenena, hatte einen Beinschuß erhalten, und eine förmliche Panik hatte sich der Hereros bemächtigt; sogar der als tapfer gerühmte Kajata war geflohen.

Über Nacht räumten die Hereros sämtliche Werften der Umgegend, da sie eine Verfolgung durch die Deutschen fürchteten, deren Zahl sie auf etwa 100 angaben. — Später erfuhren wir, daß einer kleinen Patrouille von 20 Mann unter Herrn von Nividecki diese Flucht der Hereros zu verdanken war. Es ist dieses ein Beweis, daß der Aufstand gleich im Anfang durch ein energisches Eingreifen der Truppe in kürzester Frist hätte unterdrückt werden können; aber es standen ja keine ausreichenden Mannschaften zur Verfügung. In dem ganzen Hererogebiet hatte man die Stationen eingezogen oder geschwächt, da es im Süden zur Niederwerfung des Aufstandes der Bondelswaarts an Soldaten mangelte.

In den folgenden Tagen empfanden alle dankbar meiner getreuen Anna und ihrer Kinder Hilfe: Kakerob weidete das Vieh, Anna half im Hause, und Guduis wartete die Kinder. Gegen Mittag kehrten zwei Hererofrauen zurück, eine alte Matrone und deren Mutter, die nicht mit dem fliehenden Stamme fortkommen konnten. Sie hatten früher beim Missionar gearbeitet, und dieser nahm sich der beiden Alten an. Die nur um wenig jüngere Tochter half im Hause.

---

51. Gemeinsame Flucht.

Wir lebten jetzt in einer völlig menschenleeren Gegend und waren jedem etwa herumstreifenden Hererohaufen verfallen. Kapitän Jonas hatte uns doch einen gewissen Schutz gewährt, beide Missionare waren sogar fest überzeugt, daß wir ihm die Erhaltung unseres Lebens zu danken hätten; so fühlten wir uns jetzt unsicherer als vorher. Da, am Morgen des 29. Januar, sahen wir plötzlich vier Wagen ankommen, sie gehörten mehreren Brüdern Rittmann, Bastards, welche auch Handel betrieben. Von ihnen erfuhren wir einiges Nähere. Aber auch sie wußten nicht, ob Bastards oder Hottentotten sich den Aufständischen angeschlossen hätten, ob Windhoek durch Hendrik Witboy belagert sei oder sonst dergl. Rittmanns waren auf den Rat der Hereros zuerst mit diesen geflohen, trennten sich aber auf dem Wege unauffällig von ihnen und beabsichtigten nun, nach Rehoboth, dem Hauptplatz im Bastardgebiete, zu fahren. Sie wollten sich bei uns nur kurze Zeit aufhalten; denn sie fürchteten, die Hereros könnten sie verfolgen und zur Umkehr zwingen. Während sie sich wieder an das Einspannen begaben, kam Herr Konrad, um sich von uns zu verabschieden. Er hatte sich kurz entschlossen, mit Rittmanns zu fahren. Zu mir kommend frug er: „Nun, Frau von Falkenhausen, wir sind hier vom Schicksal zusammengetrieben. Wie ist's, wollen Sie mit Ihren Kindern sich nicht auch Rittmanns anschließen?" Mir kam dieser Gedanke zu überraschend, ich konnte nicht so schnell einen Entschluß fassen.

Ob wohl bei den Bastards keine Gefahr für unser Leben war? Und wo sollten wir in Rehoboth unterkommen? — Vielleicht waren dort auch sämtliche Weiße getötet oder geflohen. Ich bat die Missionare um ihre Meinung. Doch auch sie wußten nicht zu raten. Schon wollte ich mich Rittmanns anschließen, da entschlossen sich die Missionare selbst zu fliehen. Dazu bestimmte sie auch eine Äußerung ihres Dienstmädchens, welches dem Stamme erst später gefolgt war. Sie hatte noch zuletzt gesagt: „Nun ist der Platz verlassen; wann wirst du, omohonge (Lehrer), fortgehen?"

Rittmanns brachen schnell wieder auf, um vorwärts zu kommen. Es wurde verabredet, daß wir ihrer Spur folgen sollten. Herr Konrad blieb freundlicherweise bei uns, um unterwegs helfen zu können. Die Hereros hatten den Missionaren 16 Ochsen gelassen, und mit diesen hofften sie, eine Karre und einen Wagen bespannen und fortbringen zu können. Von ihrem Hab und Gut wollten sie möglichst viel aufladen.

Bei unseren häufigen Reisen hatte ich die Erfahrung gemacht, daß man solchen jungen, wenig eingefahrenen Ochsen, wie sie hier die Mehrzahl bildeten, nicht viel zumuten kann. Meine Überzeugung war, daß die vorhandenen Ochsen nur mit Mühe einen wenig beladenen Wagen ziehen könnten. Während Herr Hammann noch auf die Karre ein Verdeck machte, wurde in beiden Wohnungen aufs eifrigste gepackt. Frau Lang, die von ihrem Wochenbett zum ersten Male aufgestanden war, suchte aus Kisten und Schränken die ihr am unentbehrlichsten erscheinenden Sachen hervor und ihr Mann besorgte das Verpacken. Mir gaben beide

Familien noch Decken für unterwegs und Kindersachen für das Kindchen, welches ich erwartete.

Um Mittag sollte losgefahren werden; indessen es wurde später und später, und voll Besorgnis lief ich umher. Die Späher, welche sicher von den Hereros ausgesandt waren, hatten gewiß die Reisevorbereitungen gemerkt; vielleicht kam bald eine Rotte, unsere Abfahrt zu verhindern. Das war meine Befürchtung. Als endlich, etwa um 11 Uhr abends, die Vorbereitungen soweit fertig waren, daß aufgeladen werden konnte, mußte von den Gepäckstücken und dem Proviant doch mehr als die Hälfte zurückgelassen werden, sonst hätten wir — Frau Hammann mit Kind und ich mit meinen beiden — keinen Platz mehr auf der Karre gefunden.

Gegen Mitternacht wurden alle 16 Ochsen in die Karre eingespannt; sie sollte zunächst bis an das andere Ufer des Nosob gezogen werden; darnach sollten die Ochsen umkehren, um den Wagen des Herrn Lang ebenfalls über das Rivier zu holen. Wir waren glücklich durch das ziemlich tiefe Wasser bis an das jenseitige Ufer gekommen, und es galt nur noch, den steil aufsteigenden Rand hinaufzufahren, da versagten die Ochsen, und kein Treiben, Rufen und Lenken bewog sie, sich schärfer ins Joch zu legen. Bei einem kurzen Lenken nach rechts brach die Deichsel, und Herr Lang konnte sich vor den Hörnern der nach dem Rivier hindrängenden Ochsen nur durch einen Sprung in das Wasser retten, das über ihm zusammenschlug. Dann half er noch beim Ausspannen der Ochsen, und die drei Herren begaben sich nach dem Hause zurück.

Wir konnten wegen des hohen Wassers nicht umkehren, sondern mußten in der Karre sitzen bleiben. Diese stand mit dem Rückteil im Wasser, während das Vorderteil hoch in die Luft ragte. Ein schmales Schutzbrett hinten verhinderte das Hinabstürzen der Fracht; allein die schlafenden Kinder rutschten immer mehr rückwärts und Frau Hammann mußte, hinten im Wagen sitzend, das Hinabstürzen ihres kleinen schlafenden Karlchens durch beständiges Festhalten verhindern. Mein kleines Fritzel lag schlafend hinter mir, die ich die Nacht auf der Vorkiste saß und Axel auf meinem Schoße hielt. In der feuchten Luft war es ordentlich kalt; ich mußte das Segel der Karre hinter mir schließen und war nun ganz, Axel nur mit dem Köpfchen, im Freien. Als es endlich zu dämmern begann, legte ich Axel behutsam von meinem Schoß auf die Vorkiste, stand auf und hielt Umschau. Etwa fünf Minuten Wegs hinter uns lag die Missionsstation. Die ganze Landschaft ringsum breitete sich im tiefsten Frieden vor meinen Blicken aus. Dann, als die Sonne im Aufgehen war, kam Guduis, um nach ihrer Mutter zu sehen, welche die Nacht über mit ihren drei jüngsten Kindern, am Ufer liegend, geschlafen hatten.

Als Guduis den Fluß durchschritt, und das strömende Wasser ihre Beine bis über die Knie umspülte, schloß sie die Augen, um nicht schwindlig zu werden, schürzte die Kleider hoch, und Anna reichte ihr eine Stange entgegen; so, halb gezogen kam sie an das Ufer. Wir kletterten dann vom Wagen herunter, was nicht so einfach war, wir mußten ziemlich hoch hinabspringen und beim Herabnehmen der Kinder darauf achten, daß sie nicht in das Wasser fielen. Nun kam Missionar Hammann auch herüber. Auf unsere bange Frage, was geschehen sollte, erwiderte er, daß er nun gehen wollte, eine Deichsel zu suchen. Herr Konrad und ich wollten jedoch nicht länger warten, da jede Stunde uns Gefahr bringen konnte, und das Holen und Einsetzen der Deichsel länger als einen Tag in Anspruch nehmen würde. Wir waren bereit, zu Fuß nach Seeis zu gehen, und Anna erklärte, uns begleiten zu wollen.

Nun kehrte Missionar Hammann zum Hause zurück und verabredete mit Missionar Lang, daß beide Familien und wir auf Langs Wagen fahren sollten. Es dauerte auch nicht lange, da kam der Wagen, und wir suchten unsere

Sachen zusammen, um sie dorthin zu tragen. Jedoch die Ochsen sträubten sich, den Wagen durch das Wasser zu ziehen. Die drei Herren schlugen die Tiere, trieben sie immer von neuem an, Anna mit ihren Kindern und die beiden Hererofrauen waren auch mit Stöcken und Riemen zum Schlagen bewaffnet, während wir vom Ufer aus schreien halfen. Endlich, nach reichlich einstündigen, verzweiflungsvollen Bemühungen gelang es, den Wagen herüber zu bekommen, nun galt es für uns, schleunigst mit den Kindern auf dem Arm dem vorbeifahrenden Wagen nachzueilen. Denn stehen bleiben durften die Ochsen nicht gleich, da sie sonst das Manöver wiederholt hätten. Was ich noch in der Eile greifen konnte, schleppte ich mit; doch mußte ich von meinen wenigen Sachen noch vieles zurücklassen, und Hammanns mußten fast die ganze Ladung der Karre im Rivier stehen lassen.

All die guten Vorräte an Butter, Eiern, Gemüse, all die schönen Sachen blieben dort, und die Eingeborenen, die später auch das Missionshaus geplündert haben, werden sich über den kostbaren Fund gefreut haben.

Auf dem Langschen Wagen waren wir neun weiße Personen, während Herr Lang und Herr Konrad abwechselnd trieben; Herr Hammann sollte, sobald ausgespannt war, auf die Ochsen achten, damit sie nicht entliefen, einige Male waren sie aber dennoch unseren Augen entschwunden und es kostete Mühe, die Tiere, welche auf Umwegen stets die Richtung nach Otjihaenena nahmen, wieder zu erlangen. Wie leicht auch hätten sie von umherziehenden Hereros fortgetrieben werden können.

In der Mitte des Wagens war eine „Kattel" (Bett) eingeschoben worden, auf welcher die noch sehr schwache Frau Lang mit ihren beiden Kindern ruhte. Vorn war ein Platz, wo die Familie Hammann und die Herren sitzen konnten, hinten ein kleiner Raum, den ich mit der alten Hererofrau und gewöhnlich zwei Kindern von Anna teilte; diese letzteren saßen dann auf den Wasserfässern. Es war so eng, daß wir uns nicht ein bißchen rühren durften und die zu Anfang eingenommene Stellung während der drei bis vierstündigen Fahrt zum nächsten Halteplatz unverändert beibehalten mußten. Frau Lang, welche sich der beiden Hererofrauen angenommen hatte, war zu Anfang sehr um die alte besorgt, welche nicht laufen konnte, ob sie auch genügend Platz zum Sitzen hätte. Allein dafür sorgte diese schon selbst; sie nahm mit ihren Sachen so viel Platz in Anspruch, daß ich schließlich, um ein wenig bequemer sitzen zu können, ihre Sachen stets selbst im Wagen verpackte; es waren meist schmutzige ekelhafte Felle. Das alte Weib wurde von Tag zu Tag unausstehlicher, und ich mußte mich aufs äußerste zusammennehmen, um ihr freundlich zu begegnen. Während der ganzen Fahrt beschäftigte sie sich mit Absuchen von Ungeziefer; in allen ihren Sachen fand sie davon, kleidete den Oberkörper aus, suchte dort, auf dem Kopfe usw. und unterzog sich dieser ekelerregenden Beschäftigung mit größter Ausführlichkeit. Als ich eines Tages unsere Sachen im Wagen verpackt hatte und mein weinendes Fritzel auf den Schoß genommen, setzte sie sich auf meine Knie. In meiner ohnehin schon aufs äußerste gereizten Stimmung schrie ich laut auf. Die Frechheit des Weibes war doch gar zu arg! Lachend stand sie auf und sagte: Ich sei doch ihr Kind, sie könne eben so gut wie das kleine Fritzel auf meinem Schoße sitzen.

Ein andermal wurde ihre Tochter noch unverschämter mir gegenüber, da sie mich mit fremden Sachen bekleidet sah, ohne das geringste Hab und Gut. Sie warf mir ihre Schürze zu. Ich gab sie ihr, da ich an ein Versehen glaubte, zurück. Nun warf sie mir dieselbe abermals zu mit den Worten: „Du kannst sie behalten, du hast ja doch nichts, und gewiß hast du sie hier im Wagen zerrissen". Was sollte ich tun, als alles geduldig hinnehmen? Hoffentlich war es bald überstanden! Ich fürchtete, daß das geringste böse Wort oder eine Ermahnung durch die Missionare ihre Wut aufreizen würde und sie sich einmal, wenn sie unbeobachtet war, an meinen Kindern rächen möchte.

Wir folgten, wie verabredet, der Spur der Bastards. Es ging besser, als wie wir nach dem Anfang gefürchtet hatten. Missionar Lang war in seinem rastlosen Eifer und seiner Aufopferung zu bewundern. Trotzdem er in den vorangegangenen Nächten keinen Schlaf gehabt hatte, und mit seinen Kräften fast zu Ende war, gönnte er sich während der Fahrt keine Ruhe, und sobald ausgespannt war, sorgte er für seine leidende Frau. Herr Konrad wechselte sich mit ihm im Treiben ab. Er war schon ein älterer Herr und den Strapazen noch weniger gewachsen. Bald konnte er kaum noch einen Schritt gehen. Anna und ihre Kinder, sowie das jüngere Hereroweib trieben das den Missionaren gelassene Vieh nach.

Natürlich waren wir in beständiger Angst, die Verfolger auf den Fersen zu haben und gönnten uns, besonders an den beiden ersten Tagen, nur ganz kurze Ruhepausen. Leider mußten wir einige unfreiwillige machen: So kamen wir am ersten Abend bei der hereingebrochenen Dunkelheit von der Fährte ab; es wurde immer schwerer, in dem hohen Grase und dem dichten Busche die Spuren der vorausgefahrenen Rittmannschen Wagen zu entdecken. Herr Konrad und Missionar Hammann gingen voraus und zündeten Streichhölzer an, um zu untersuchen, ob wir noch der Spur folgten. In banger Erregung frugen die Missionarsfrauen alle Augenblicke nach dem Ergebnis ihres Suchens; meist erhielten sie keine Antwort. Ich glaubte plötzlich zu meinem großen Schrecken Schatten zu bemerken, die dem Wagen folgten, doch um die Aufregung der anderen nicht zu vermehren, sagte ich nichts davon, und als dann, nachdem Herr Konrad festgestellt hatte, daß wir den Weg verloren hatten, der Wagen hielt, sah ich auch die Schatten nicht mehr — vielleicht war es eine Täuschung gewesen. Wir mußten bis zum Morgen warten, dann auf unserer Spur umkehren bis zu der Stelle, wo wir vom Wege abgekommen waren. Auch diese Nacht, wie die vorangegangene und die nun folgenden während unserer Flucht verbrachte ich fast schlaflos. Der leise Nachtwind trug mir Geräusche zu, die von sich nähernden Menschen herzurühren schienen; immer wieder erhob ich mich halb, um besser lauschen zu können.

Am zweiten Tage nachmittags hatten wir wieder einen unangenehmen Aufenthalt. Die eine Seite des Wagens sank plötzlich in den so gefürchteten Durchschlag. Es gab schwere Arbeit, mit Wagenwinde und Spaten, große Steine mußten herbeigeschleppt werden, bis endlich der Wagen gehoben und die Fahrt fortgesetzt werden konnte. Fast verzagten wir an dem glücklichen Gelingen unserer Flucht; unsere Angst und Aufregung wuchs, als wir an Farmen vorüberkamen, die vollständig zerstört waren oder entsetzliche Spuren der Verwüstung zeigten.

Was sollte aus diesen Ruinen werden? — Würden die Bewohner, die hier glücklich gelebt und mit Fleiß und guter Hoffnung die Farmen bearbeitet hatten, je wieder zurückkehren? Würden sie ein zweites Mal den Mut haben, sich hier eine Stätte zu gründen, wo alle Ergebnisse ihres Fleißes so grausam zerstört, sie selbst vielleicht mit knapper Not der Mordbande entronnen waren? Oder waren sie alle ermordet? — Die Herren gingen in die Wohnungen; es waren hübschgebaute Häuschen, die friedlich unter den großen schattigen Bäumen oder auf kleinen Anhöhen lagen. Ringsum war alles Leben erloschen, Fenster und Türen waren zertrümmert, Gebrauchsgegenstände, welche die Kaffern nicht mitschleppen konnten, oder deren Verwendung sie nicht kannten, lagen vor den Häusern umhergestreut, und innen — welch Bild der Verwüstung bot sich dem Eintretenden! Überall war es das gleiche: die Betten waren aufgerissen, Federn bedeckten alles und flogen in den Räumen umher, das Geschirr lag zerbrochen haufenweise auf dem Boden, Schränke, Stühle, Nähmaschinen, Tische waren demoliert, teils hatten die Wilden sie zum Feueranzünden benutzt. Später hörte ich, daß sie unerklärlicherweise fast überall die Spiegel verschont hatten, vielleicht entsetzten sie sich vor den eigenen scheußlichen Fratzen, die ihnen daraus entgegenblickten. Was ihnen brauchbar erschien, hatten sie mitgenommen, was lästig oder überflüssig wurde, wieder weggeworfen; oft lagen am Wege solche fortgeworfene Sachen.

Uns beschäftigte unaufhörlich die Frage: was wohl aus den Bewohnern dieser verwüsteten Heimstätten geworden sei? — Menschenblut fand sich nicht, und wir nahmen an, daß sie, noch rechtzeitig gewarnt, irgendwo Zuflucht gefunden hatten.

Fünf Tage fuhren wir, ohne einem Menschen, ohne auch nur einem Tier zu begegnen, ein paar Vögel waren die einzigen Lebewesen, die wir sahen. Aber wie üppig war die Vegetation! So hatte ich noch in keinem Jahr die Flächen bewachsen gesehen. Eine Strecke von mehreren Stunden fuhren wir durch wogende, gelbblühende Felder, die an Rapsfelder daheim erinnerten. Überall blühte und sproßte es um uns her, aber wir hatten keinen Sinn für die Schönheiten der Natur. War ausgespannt, dann mußte schnell Feuer angefacht und Holz zusammengesucht werden; trotzdem die letzten Tage regenlos waren, gab es kaum ein Stückchen trockenes Holz. Mittags wurde immer ein großer Topf voll Reis mit Fleischbrocken darin für uns und die Leute gekocht und abends gab es Tee und Brot.

Da wir nur einen kleinen Vorrat von Sachen für die Kinder mitgenommen hatten, mußte bald gewaschen werden. Dieses besorgte ich; denn Frau Lang war noch sehr schwach und konnte nur mit Mühe vom Wagen herunterkommen. Während der ganzen Reise durfte ich meine beiden Kinderchen keinen Augenblick verlassen, ohne daß sie laut aufgeweint hätten. Besonders das kleine Fritzel wollte mich nicht einen Schritt weit gehen lassen, und ich trug ihn, so viel ich konnte, umher. Der Darmkatarrh hatte sich bedeutend gebessert, aber ich konnte ihm nichts anderes zur Nahrung geben als Hafersuppe; denn Milch verschlimmerte sofort wieder seinen Zustand. Die Unregelmäßigkeit unsres Lebens schwächte das Körperchen des kleinen zarten Lieblings, und bei seinem Anblick wurde mir das Herz noch schwerer. Zu Hause, bei fortgesetzter guter Pflege, wäre das Kind gewiß längst wieder gesund und frisch geworden. Aber seit unserer Vertreibung von dort konnte ich es ja nur mangelhaft pflegen und wie anstrengend war die Reise für beide arme Kinder! Während der Fahrt konnten sie nur in gekrümmter Stellung ein wenig schlafen. In der Nacht bettete ich sie und mich auf dem Boden unter dem Wagen. Ich hüllte sie dazu vollständig in Decken ein und band ihnen zum Schutz gegen die Kälte große Schutzhüte von Frau Hammann auf den Kopf. Das Baby legte ich in die Mitte zwischen Axel und mich und bedeckte beide Kinder noch mit meiner Decke. Am andern Morgen waren dann stets die Decken vom starken Nachttau durchfeuchtet. Für immer werden mir diese Nächte im Gedächtnis bleiben, in denen ich, die kleinen vaterlosen Waisen neben mir, zum Sternenhimmel aufschauend, von tiefstem Gram, von dem Gefühl grenzenlosen Verlassenseins erfüllt war.

Nach der Berechnung der Herren konnten wir am Dienstag abend nicht mehr weit von den ersten Bastardwerften sein; da pflogen sie Rat, ob wir uns wirklich in deren Gebiet begeben sollten. Die Hereros hatten ja erzählt, daß die Bastards sich an dem Aufstande beteiligt hätten. Man riet hin und her. Wohin sollten wir uns wenden, nach Hohewarte oder Seeis? — Vielleicht hatte man diese Stationen eingezogen, oder sie waren vom Feinde belagert. Es wurde auch vorgeschlagen an eine verborgene Wasserstelle zu fahren und uns dort aufzuhalten; für einige

Wochen würde der Proviant genügen. Aber was dann? Dieser Plan wurde bald als unausführbar wieder verworfen. Wären wir nur einem Weißen begegnet, der uns Antwort auf unsere Fragen hätte geben können! — Aber die Gegend war wie ausgestorben; es schien, als seien wir im weiten, weiten Umkreis die einzigen Menschen.

Das Resultat der Beratungen war, bis dorthin, wo ungefähr der Weg nach Hohewarte abbiegen mußte, zurückzukehren — freilich kannte niemand die Gegend — und dort erst auszukundschaften, wie die Verhältnisse lägen. Wir waren eine kurze Strecke zurückgefahren, da fanden wir auf dem erst vor einigen Stunden zurückgelegten Wege frische Pferdespuren. Es mochten wohl mehr als zehn Reiter eben erst hier geritten sein. Unser aller bemächtigte sich großer Schrecken bei dieser Entdeckung. Als wir dann den mutmaßlichen Weg nach Hohewarte einschlugen, stießen wir plötzlich wieder auf dieselben Spuren. Wenn diese von den Feinden stammten, welche die Gegend ausspionierten, so würden sie uns bald, wo es auch sei, gefunden haben; — also weiter!

Am Abend wurde wieder beraten, und Herr Konrad erbot sich, am nächsten Morgen ein Stück vorauszugehen, um die Gegend zu erkunden; denn nun, das wußte er, konnten wir nicht mehr weit entfernt von Hohewarte sein. So fuhren wir am nächsten Morgen auf einem Wege, der noch weniger fahrbar war als der in den letzten zwei Tagen zurückgelegte. Mir war sehr schlecht und elend zumute, bei dem entsetzlichen Rütteln und Stoßen; nicht eine Sekunde konnte man ruhig sitzen; wir flogen nach allen Richtungen im Wagen umher.

Plötzlich tauchten zwei Gestalten auf dem Wege vor uns auf, die ersten Menschen seit länger als acht Tagen. Der eine trug ein Gewehr, bald erkannten wir ihn als einen Hottentotten oder Bastard. Waren es Freunde oder Feinde? Da trat er freundlich grüßend näher und erzählte uns: Hohewarte sei vom Feinde gesäubert und in zwei Stunden würden wir dort sein. Die beiden Leute gingen auf die Farm eines Ansiedlers in der Nähe, um dort nachzusehen, ob die Hereros die Kartoffeln und das Gemüse stehen gelassen hätten; in diesem Falle sollten sie, soviel sie konnten, mitbringen, weil daran in Hohewarte großer Mangel war.

Wir waren über die erhaltene Auskunft sehr froh; bald winkte uns Ruhe und ein schützendes Asyl.

---

55. Geborgen in Hohewarte — Weiterreise nach Windhoek.

Endlich tauchten die Dächer der beiden Häuser des in Hohewarte wohnenden Farmers und Kaufmannes im Sonnenschein leuchtend auf — das kleine Stationsgebäude ist von diesen Häusern ziemlich weit entfernt — wir hörten lautes Hundebellen, und vor der Tür des einen Wohnhauses standen mehrere Beschützer dieses Platzes und begrüßten uns als schon Verlorengeglaubte mit Freuden. Die Kinder und ich waren bereits totgesagt. Es war am 4. Februar, dem Geburtstag meines Mannes, an dem wir in Hohewarte eintrafen.

Bald löste sich auch das Rätsel der vielen Pferdespuren: Eine Bastardpatrouille von 20 Mann war am Tage zuvor von Rehoboth gekommen, uns zu suchen. Die schon vor mehreren Tagen in Rehoboth angelangten Rittmanns hatten von unserer Absicht, ihnen zu folgen, erzählt, und man war dort wegen unseres Ausbleibens in Sorge.

Die junge Frau des Kaufmanns Schulz in Hohewarte führte uns Frauen in ihr Schlafzimmer, wo wir uns säubern und etwas Toilette machen konnten. Wir fanden auf dem Platze noch mehrere Flüchtlinge: eine Familie Schaepe mit zwei Kindern (ein drittes wurde in den nächsten Tagen erwartet), Waldheims und etwa fünf Farmer der Umgegend. Sie alle waren in letzter Stunde wie durch Schicksalsfügung gewarnt worden und hatten sich retten können, aber ihr Hab und Gut im Stiche lassen müssen.

Hier in Hohewarte hatten sie schon eine Belagerung durchgemacht. Auf deutscher Seite war niemand gefallen oder verwundet, aber der Feind hatte etwa 15 Tote. Die Besatzung hatte eine Schanze auf einem am Haus liegenden Hügel errichtet und konnte den Feind von zwei Seiten beschießen und dadurch in ihm den Glauben an eine größere Stärke der Truppe erwecken. Während die Hereros Hohewarte angriffen, hatten die Frauen mit ihren Kindern im strömenden Regen im Freien aushalten müssen; es war wunderbar, daß sie alle gesund geblieben waren.

Mein schweres Geschick teilte keine der Frauen, und oft überkam mich, wenn ich sie so an der Seite ihrer sorgenden Gatten sah, das ganze Gefühl meines großen Unglücks. Allein auch hier wurden meine Gedanken durch die Sorge um meine Kinder viel von der Trauer abgelenkt. Außerdem versuchte ich mich im Haushalte zu beschäftigen, und die Furcht vor einem Überfall hielt uns immer auf dem qui vive.

Eines Abends wurde plötzlich Alarm geblasen. Da wir alle weder uns noch die Kinder des Nachts ganz auskleideten, war ich binnen einer Minute mit beiden kleinen Lieblingen auf dem Arm über den Hof in der Küche, wo auch schon Frau Schulz angstvoll stand; bald kamen die andern Frauen. Nach qualvoll verlebten Minuten aber meldete ein Bote, daß es diesmal blinder Lärm gewesen wäre.

Am 8. Februar kam eine Patrouille von Windhoek, und ich beabsichtigte, mich dieser anzuschließen, wenn sie am Donnerstag wieder zurückkehrte. Aus dem Store in Hohewarte erhielt ich, ebenso wie die anderen Flüchtlinge, auf

Staatskosten für die Kinder einige Sachen, die ich ihnen auswählte. Auch für mich nahm ich Stoff zu einem Kleid, um es mir zu nähen, doch war die Zeit zu kurz.

Von Hohewarte aus berichtete ich den Tod meines Herzensmannes zuerst nach Deutschland an unsere Angehörigen. Wann würde diese Trauerkunde zu ihnen gelangen? Gewiß wußten sie durch die Zeitungen bereits von den furchtbaren Geschehnissen und vermuteten uns entweder in Sicherheit oder alle nicht mehr am Leben. Ach wäre dieses letztere der Fall gewesen! Wieder und wieder wünschte ich, an meines Mannes statt oder mit ihm vereint vom Schicksal ereilt worden zu sein. Als die Windhoeker Patrouille eintraf, hoffte ich noch mit allen Fasern meines Herzens, von den Leuten zu hören, daß noch einige Wahrscheinlichkeit für die Errettung meines Mannes spräche; vielleicht hatte er sich auf eine Station flüchten können — allein diese waren entweder zerstört, oder man wußte mit Bestimmtheit, daß er auf den noch erhaltenen nicht sich aufhielte. So wurde auch dieser letzte schwache Hoffnungsschimmer vernichtet.

Unter den Herren, die an dem Patrouillenritt teilgenommen hatten, sah ich zu meiner Freude Herrn Rust und den Leutnant der Reserve Voigts, die beide uns von den Hereros totgesagt worden waren. Die Nachrichten über den Stand des Krieges lauteten günstiger als wir erwartet hatten: Die Verbindung mit der Küste — Telegraph und Eisenbahn waren zuerst durch die Aufständischen zerstört — war wieder hergestellt, Truppenverstärkungen waren bereits eingetroffen und ein Teil davon schon am Montag unterwegs nach Gobabis, das sehr durch die Hereros bedroht war.

Als am Donnerstag Vormittag die Patrouille von einem Ritt nach Omitara zurückkehrte, packte ich schnell mein Bündel, dankte den Missionaren und Schulzes, die uns liebreich aufgenommen und Gutes erwiesen hatten, nahm von allen Abschied und stieg mit den Kindern auf den Wagen.

16*

Anna stand laut weinend dabei. Ich hatte ihr gesagt, daß sie hier bleiben müsse; denn sämtliche Eingeborene von Hohewarte waren ausgerückt, und niemand sonst zur Hilfe da. Anna wollte sich gar nicht dazu entschließen, aber endlich versprach sie zu bleiben, bis der nächste Wagen nach Windhoek führe. Ich hatte ihr erzählt, daß ich mit den Kindern nach Deutschland gehen und sie kaum wiedersehen würde; allein sie würde sofort wieder einen guten Baas finden; da seien Schulzes, Herr Konrad, Missionar Hammann, alle wollten sie gern in Dienst nehmen und hätten mit mir deswegen gesprochen. Ich glaubte ihr damit etwas Gutes zu sagen, allein ganz entrüstet entgegnete sie: „Wenn du fortgehst, will ich keinen anderen Baas; ich bin nicht solch hergelaufener Mensch, der heute hier dient, morgen dort." Ihren kleinen Besitz an Ziegen hatte ich versprochen ihr wieder zu ersetzen, auch Kleidungsstücke und Proviant hinterließ ich später für sie in Windhoek. Sie hat davon nichts mehr erhalten: Im Juni starb, wie mir Frau Missionar Lang hierherschrieb, die alte treue Dienerin an Wassersucht in Hohewarte. Ihr Tod ging mir sehr nahe. Ich hatte die alte Frau in der langen Reihe von Jahren, die sie erst meiner Mutter und später uns gedient hatte, aufrichtig lieb gewonnen, ihr verdanken die Kinder und ich das Leben; sie wurde auch nie, wie die andern Leute, als sie mich verlassen und in Not sah, im geringsten dreist, sie blieb stets treu und ergeben, und ich will ihr, wie in meinem Herzen, so auch in diesen Zeilen ein ehrendes Andenken widmen.

Von Hohewarte fahrend schlugen wir den Weg über Farm Voigtland ein und vertauschten den offenen Wagen gegen eine schöne gedeckte Karre. Auf dem Wagen war es bei den sengenden Sonnenstrahlen kaum auszuhalten gewesen und ich war froh, in Hohewarte noch einen Schirm gekauft zu haben, den ich über meine kleinen Lieblinge aufspannen konnte.

Bei Farm Voigtland mußte noch wegen Umspannens der Ochsen und Einsetzens einer Deichsel in die Karre gewartet werden. Wir beabsichtigten erst während dieses Aufenthalts in dem hübschen Steinhause auf Voigtland Schutz gegen die Hitze zu suchen, aber die Spuren der Verwüstung fanden sich auch in diesen Räumen überall, und ich mochte mich nicht darin aufhalten. Durch das Dach, die Türen und Fenster hatten die Kaffern geschossen, alle Möbel waren zertrümmert. Ich kehrte dieser Stätte schnell den Rücken. Ein Soldat hatte an einer Tür angeheftet zwei Zettel mit Worten in Hererosprache gefunden, die er mir zeigte. Es stand darauf: „arikana, mohona Voigtsa, tubao makaia" (bitte Herr Voigts, gib mir Tabak) und „omohona Voigts, ondjuo ove jatecka, uami Friedrich Maharero," (Herr Voigts, dein Haus ist zerbrochen, ich bin Friedrich Maharero). Diese Papiere waren an und für sich schon ein Zeugnis für die bodenlose Unverschämtheit der Kerle, besonders aber noch, da sie in den Tagen zwischen Montag und Donnerstag geschrieben sein mußten. Am Montag war die Patrouille nach Voigtland gekommen und hatte nichts Auffälliges bemerkt; also wagten Samuels Leute (Friedrich Maharero ist Samuels ältester Sohn) sich trotz der häufigen Patrouillenritte so nahe an Windhoek. Meiner Meinung nach war die Besatzung von Hohewarte — sie bestand aus etwa 10 Mann — viel zu schwach; gegen einen größeren Trupp Hereros hätten die wenigen Mann sich nicht lange halten können.

Als die Reparatur der Karre beendet war, bestiegen wir sie. Mir war etwas ängstlich zumute. Die acht Mann, welche uns begleiteten, waren doch ein recht schwacher Schutz, und ich wartete ungeduldig darauf, daß wir den Ort Abramsfarm, wo wir mit dem übrigen Teil der Patrouille zusammenstoßen sollten, erreichten. Etwa um 2 Uhr kamen wir dort an, nachdem wir an dem auch vollständig zerstörten Hause des Herrn K., bei dem wir vor ungefähr sechs

Wochen so fröhlich den zweiten Weihnachtsfeiertag verbracht hatten, vorübergekommen waren.

Ich wollte meinen Kindern schnell etwas von der mitgenommenen Wegzehrung geben, da entdeckte ich, daß nichts mehr davon vorhanden war. Wahrscheinlich hatte ein Hungriger unbemerkt das für uns bestimmte Brot und die Eier genommen; außer einer Büchse Corned Beef fand sich nichts, und ich mußte von diesem auch meinem kleinen kranken Kinde geben. Kurz vor Windhoek holte uns ein Wagen mit einem Soldaten ein, der in einem Gefecht bei Seeis schwer verwundet worden war. — Während der Fahrt erfaßte mich eine unendlich traurige Stimmung. Es waren noch nicht sechs Wochen vergangen, seitdem ich mit meinem geliebten Mann froh und glücklich mit so viel Plänen für die Zukunft diesen Weg gefahren war. Wir hatten dabei so mancher Tour zu Pferde, Wagen oder Fuß gedacht, die wir in dieser Gegend unternommen hatten, als wir noch verlobt waren und später von Farm VII aus.

Dann kamen wir nach Klein-Windhoek. In einiger Entfernung links zwischen den alten Bäumen sah ich das Haus, das ich mit meinen Eltern bewohnt hatte und rechts dicht vor uns, jenes, in dem mein Mann und ich zwei Jahre lang gelebt hatten! Ich hätte vor Herzeleid und Weh laut aufschreien mögen! Die Kinder weinten mit mir, Axel wohl schon mit etwas Verständnis. Er hatte seinen Vater über alles geliebt.

56. Mein letzter Aufenthalt in Windhoek.

Um 1/28 Uhr trafen wir in Windhoek ein. Der Wagen hielt vor einem unbewohnten, vollständig leer stehenden Hause. Ich nahm die Kinder und meine Sachen herunter, dann fuhr er weiter. Ein Unteroffizier der Truppe, der stark nach Spirituosen roch, öffnete das Haus und leuchtete mit einem Streichholz in das Zimmer. Er versprach, mir eine Lampe und etwas Essen aus der Mannschaftsküche senden zu wollen. Bis dieses eintraf, saß ich mit meinen Kindern auf einer Stufe der Veranda, meine Lage überdenkend. —

Dann wurde mir die Lampe gebracht, die den Raum erhellte. Auf der Erde lag eine Matratze und ein Stuhl stand an der Wand, — das war alles. Als das Essen kam, hockten wir drei uns auf die Erde; ich gab den Kindern einige Bissen, aber trotzdem sie den Tag über so gut wie nichts genossen hatten, verweigerten sie die Annahme; denn das Essen war ungenießbar. So mußte ich sie hungrig niederlegen, und, Gott sei Dank, schliefen sie bald ein; die Fahrt auf dem schlechten Wege hatte sie sehr ermüdet. Ich hatte nur noch mit dem Oberkörper Platz auf der Matratze und konnte bei meiner Erregung bis zum Morgen keinen Schlaf finden. Nun wachten die Kinder auf und verlangten etwas zu essen. Der Soldat hatte versprochen, uns Frühstück herzuschicken, aber wir warteten vergebens darauf. Wir alle drei sahen entsetzlich schmutzig aus; doch es gab weder Wasser zum Waschen, noch ein Gefäß es zu holen. Ich wäre ja gern gegangen, um einen Menschen herbeizurufen, allein in meinem kurzen Blaudruckrock und der Kattunjacke genierte ich mich, an der Feste vorüber zu gehen, und die Kinder weinten entsetzlich, sobald ich nur die Absicht zeigte fort zu gehen. An der nicht weit vom Hause fließenden heißen Quelle saß eine ganze Schar Eingeborener. Ich bat sie unter allen möglichen Versprechungen, nach der Truppenküche zu gehen und dort Kaffee für uns zu holen; einige hörten überhaupt nicht, andere sagten, daß sie zu tun hätten und zwei, die sich entfernten, angeblich um meine Bitte zu erfüllen, kamen nicht wieder. Endlich gegen 11 Uhr, ich wollte mich gerade auf den Weg machen, mit beiden Kindern auf dem Arm, denn Axel erklärte, nicht laufen zu können, aber ich mußte uns doch etwas zu essen suchen, kam ein Gastwirt, bei dem wir Weihnachten gewohnt hatten und der von unserer Ankunft gehört hatte.

Er erkundigte sich, was er für mich tun könne, und ich bat ihn, mir zunächst eine Waschschüssel, Seife, ein Handtuch und etwas zu essen zu schicken.

In dem Zollgebäude lagen für uns, wie mir der Herr erzählte, mehrere Pakete von Hertzog mit Kleidungsstücken; diese bat ich ihn mir ebenfalls zu senden. Endlich hatten wir alles und rein gewaschen und nach einem guten Frühstück fühlten wir uns neu gestärkt. Ich packte die Sachen für uns aus; da waren noch zwei Anzüge, die ich für meinen lieben Mann bestellt hatte, für mich zwei Kleider und für die Kinder die notwendigsten Sachen. Wir kleideten uns an, Klein-Fritzel legte ich zum Schlafen nieder und ich wollte mich umsehen, ob ich nicht irgendwo einen dienstbaren Geist auftreiben könnte, zugleich auch, wo wir regelmäßig Essen für uns bekommen konnten. Ich fand eine Hottentottenfrau, die sich bereit erklärte, bei meinem kleinen Liebling warten zu wollen, bis ich zurückkäme; nun ging ich den Weg entlang, in der Hoffnung, jemandem zu begegnen, der mir wegen unserer Verpflegung Auskunft erteilen könne.

Da traf ich Hauptmann von François, der mich bat, gleich mit ihm auf das Bureau zu kommen, um meine Erlebnisse zu Protokoll zu geben; ich tat dieses. Über die Ermordung meines Mannes war er genau unterrichtet. Er telephonierte nach Okahandja und erbat das Zeugnis des Buren Keet, der bei der Greueltat in Otjituezu zugegen gewesen war und gezwungen wurde, zuzusehen. An Stelle eines Totenscheines wurde mir ein Telegramm eingehändigt, welches ich nachstehend wörtlich wiedergebe:

Herrn Hauptmann v. François.

Bur Keet ist über Ermordung des Falkenhausen befragt:

Am 12. auf dem Wege nach Windhoek bei Otjituezu eingetroffen. Durch die Hereros Kaoko, Teophiles, Simon, Kantuko, Ferdinand ermordet, alle von Otjituezu.

Die Kleider geraubt, den Schädel in zwei Stücken zersplittert, die Leiche in eine Pfütze geworfen. Bur Keet war Augenzeuge und wurde festgehalten. Anstifter zum Mord war Michael aus Otjituezu.

gez. Zürn.

Über die letzten Stunden meines mehr als mein Leben, als alles geliebten Mannes erfuhr ich nun folgendes: Als er am Montag Nachmittag von uns geritten war, kam er gegen Abend zu einem in Okatumba wohnenden Buren Wiese, der von der drohenden Gefahr auch noch nicht die geringste Kenntnis hatte, übernachtete dort und ritt am folgenden Morgen zu dem Bastard Rittmann, bei dem er geschäftlich zu tun hatte und von dort über Otjituezu, wo er sich kurze Zeit bei dem Buren Keet aufhielt. Dieser mußte wohl schon eine Ahnung von dem Drohenden gehabt haben und hatte meinem Mann davon gesagt. Gewiß aber hielten sie die Gefahr für nicht so dringend. Den Nachmittag und Abend verbrachte mein Mann bei dem Farmer Dorberg, bei welchem ein Windhoeker Kaufmann, Herr Finster, sich zu Besuch aufhielt. Es kamen dann noch zwei Polizisten zu Herrn Dorberg, welche den Auftrag hatten, bis nach Otjituezu zu reiten. Nachdem sie von meinem Mann gehört hatten, daß dort noch alles ruhig wäre, unterließen sie es. Auf die Nachrichten aber, daß in Okahandja Unruhen ausgebrochen seien, beschloß mein Mann, am folgenden Morgen zurückzureiten, um seine Familie in Sicherheit zu bringen. Am 13. Januar ritt er dann in aller Frühe mit Herrn Finster, der die auf Farm Frauenstein wohnende Familie Pilet zur Eile mahnen wollte, auf seinem gestrigen Wege zurück. Kurz vor Otjituezu trennten sich beide. Mein Mann stieg noch für kurze Zeit bei dem Bur Keet ab; als er sein Pferd wieder besteigen wollte, fielen sechs mit Kirris bewaffnete Hereros hinterrücks über ihn her. —

So endete sein blühendes Leben. Niemand von den Seinen war bei ihm in seiner Todesstunde. Keine liebende Hand strich ihm zärtlich, die letzten Augenblicke erleichternd, über die Stirn. Ich konnte ihm nicht mehr danken für das Glück, das er durch seine Liebe in mein Leben gebracht hatte. Was war seine Schuld, die er mit einem so grauenvollen Tode sühnen mußte? Wie schwer waren die Jahre in Afrika — all sein Sorgen, all seine Liebe galt seiner Familie — auf dem Wege, sie zu retten, wurde er getötet. Das war das Ende unseres so kurzen Glückes.

Herr von François las mir das Protokoll über meine Angaben vor.

Alle die durchgemachten Qualen, die meine Zunge nicht wiederzugeben vermag, mußte er für sehr gering anschlagen; denn er sagte nach dem Lesen: „Dann sind Sie ja noch ganz gut fortgekommen!"

Am Nachmittage ging ich zu dem stellvertretenden Gouverneur, um mir verschiedene Auskünfte zu holen und traf dort den Herrn D. Nachdem ich auch hier über unser Schicksal befragt worden war, warf Herr D. die Frage auf: „Was ist denn nach Ansicht der Missionare, bei denen Sie doch längere Zeit waren, die Ursache zu dem Aufstande? Nicht wahr, das willkürliche Treiben der Händler und Ansiedler?" — Ich hatte gar keine Überlegung; erst später, als mir das Gespräch wieder ins Gedächtnis zurückkam, gewann ich die Überzeugung, daß auf die Händler und Ansiedler die Schuld gewälzt werden sollte. Gewiß hatten einzelne Händler sich Übergriffe zuschulden kommen lassen und bei dem Eintreiben ihrer Forderungen die Grenzen des Erlaubten überschritten, — aber trug die Behörde nicht einen Teil dieser Schuld, weil sie kein Gesetz zur Regelung dieser Verhältnisse gab? Hatte die Regierung nicht den Übermut, die Unverschämtheit der Kaffern groß gezogen, indem sie dieselben vor den Weißen begünstigte?

In Windhoek hörte ich viele schauerliche Einzelheiten

vom Beginn des Aufstandes. Man erzählte auch, daß die Behörden schon am 10. Januar gewarnt worden seien, und manches Menschenleben hätte gerettet werden können, wenn man sofort Boten an die vereinzelt wohnenden Ansiedler geschickt hätte. Viele von ihnen sind auf entsetzliche Weise ums Leben gekommen — bei lebendigem Leibe zerstückelt, verbrannt — nur wenige traf die schnell erlösende Kugel. Es gab zu dieser Zeit schrecklich viel Elend in Windhoek: da war eine junge, erst kürzlich verheiratete Frau; ihr Mann, mit dem sie auf einer Handelsreise gewesen war, hatte vor ihren Augen einen Schuß durch den Unterleib bekommen; seiner Frau und seinem Bruder zurufend, daß sie fliehen sollten, gab er sich selber den erlösenden tödlichen Schuß. Sieben Tage lang irrte die schwächliche kleine Frau mit ihrem Schwager umher, der wie sie der Gegend unkundig war, oft von dem Mordgesindel entdeckt und verfolgt, sich nur von Gras nährend. Das Aussehen der aufs äußerste geschwächten armen Frau war wahrhaft erbarmungswürdig.

Eine andere Frau hatte zwei Schüsse bekommen, noch eine andere war durch Keulenschläge schwer verwundet; die Hereros hatten sie und die zwei Kinder lange mit sich geschleppt, eins ihrer Kinder wurde vor ihren Augen in eine Tür gequetscht. Die Mutter glaubte es tot, als sie fortgeschleppt wurde. Die Hereros hatten das Kind dann zu einer Missionarsfrau gebracht, die es verpflegte, bis es nach drei Wochen wieder zu seiner Mutter zurückkehren konnte. Die vielen traurigen Geschichten, welche ich hörte, ließen mich auf Augenblicke meinen eigenen Kummer vergessen.

An dem zweiten Abend in Windhoek konnte ich durchaus keinen Schlaf finden, die Erinnerung an die Erlebnisse, die in einem so kurzen Zeitraume sich zusammengedrängt hatten, erregten meine Nerven aufs äußerste. Ich saß neben den schlafenden Kindern auf der Matratze. Kurz nach 12 Uhr hörte ich Tritte von mehreren Personen sich dem Hause nähernd; deutlich drangen ihre Stimmen und einzelne Hereroworte an mein Ohr. Ich sah zum Fenster hinaus und erblickte einen der Männer auf den Stufen der Veranda sitzend, die anderen Personen konnte ich nicht sehen. Eilig warf ich mir ein Kleid über, tastete mich bis zur Tür, lief durch das nächste Zimmer zur Veranda und dann, wie gehetzt, zur Feste und bat den dort wachetuenden Soldaten, mit mir nach dem Pahlschen Hause zu kommen. Er sagte indessen, daß er seinen Posten nicht verlassen dürfte; gewiß seien diese von mir bemerkten Kaffern harmlose Bambusen, die nach ihren Pontoks gehen wollten (merkwürdigerweise gab es in Windhoek noch viele Hereros als Diener und Arbeiter). Ich wollte jedoch in dem vollständig unbewohnten abliegenden Hause nicht länger mit den Kindern die Nacht über bleiben und beschloß, sie nach dem im Bau begriffenen Offiziershause zu bringen, wo, wie ich bemerkt hatte, ein Raum von einer Flüchtlingsfamilie bewohnt war.

Während ich die Anhöhe nach dem Pahlschen Hause hinuntereilte, sah ich in einiger Entfernung ein helles Feuer und unterschied beim Näherkommen einige Gestalten; es waren Hottentotten, die augenscheinlich von einer Transportreise zurückgekehrt waren; denn unweit stand ein Ochsenwagen. Ich bat einen der Hottentotten, der eben seinem Nebenmann eine Flasche Schnaps reichte, mit nach dem Hause zu kommen und eins meiner Kinder zu tragen. Er folgte mir auch gleich. Die Gesellen, welche mich so erschreckt hatten, waren inzwischen verschwunden. Wir nahmen die schlafenden Kinder auf und trugen sie nach dem Gebäude. Die Frau, die dort mit ihren Kindern untergekommen war, kam heraus und sagte, ich würde wohl kaum vor Balken und Brettern, die umher lägen, Platz finden. Türen und Fenster waren noch nicht vorhanden. Ich breitete auf einer Stelle der Veranda, wo am wenigsten Mörtel und Schutt umherlagen, eine Decke aus, und legte die in zwei Decken eingehüllten Kinder darauf. Nach kurzer Zeit erhob sich starker

Wind und ich bat die Frau, mir zu leuchten, damit ich innerhalb der Mauern eine geschütztere Stelle suchen könnte. Mit Streichhölzern leuchtend, kletterten wir über umherliegende Balken und kamen in einen kleinen Raum, der, wie es schien, von einigen Leuten als Sattelkammer benutzt wurde. Dorthin brachte ich die Kinder, die auch bald weiterschliefen. Ich fror in meiner leichten Bekleidung entsetzlich und verbrachte den Rest der Nacht am Boden kauernd.

Ich möchte hier einschalten, um nicht in den Verdacht der Überängstlichkeit zu kommen, daß ich nicht allein stand mit der Überzeugung, es sei den Hereros bei der Lage des Platzes und seiner zerklüfteten Umgebung, trotz aller Wachen, eine Leichtigkeit, sich durch die Büsche zu schleichen, in den Ort einzudringen und dort in den vereinzelt liegenden Häusern die Bewohner zu töten.

Um die folgenden Nächte etwas Ruhe und Schlaf haben zu können, zog ich in das Hotel, in welchem wir Weihnachten mit meinem Mann gewohnt hatten. Wieviel Qualen hat es mir verursacht, wieder an den Stätten zu weilen, wo wir vor kurzem fröhlich beisammen gewesen waren! Auch in Axel stiegen die Erinnerungen auf; er mahnte an manche kleine Begebenheit, an manchen Ausspruch seines Vaters bei unserer letzten Anwesenheit in Windhoek. Es schien mir unmöglich, an diesem Orte länger zu verweilen, und ich trachtete nur darnach, fort zu kommen, auch um meines Kindes willen, das mir sehr viel Sorge bereitete.

Bei einem Ausgange, um einige notwendige Einkäufe zu machen, begegnete mir ein Beamter der Truppe, dem jetzt die Funktion oblag, für die Flüchtlinge Quartier zu machen und für sie zu sorgen. Herr v. N. sagte, nachdem ich ihm von den Vorgängen der Nacht erzählt und geäußert hatte, dort in dem unbewohnten Hause ohne das notdürftigste Mobiliar nicht mehr bleiben zu wollen, daß auch meine Kinder das stark gewürzte, schwere Essen der Mannschaftsküche nicht essen könnten: es ließe sich im Augenblick keine andere Wohnung finden, und da ich ja, wie er gehört hätte, nur einige Tage in Windhoek bleiben wolle, so sei es selbstverständlich, daß ich so lange auf Kosten der Regierung im Hotel bleiben und dort verpflegt werden könnte. Diese Erklärung beruhigte mich auch über den Kostenpunkt; denn ich hatte, ebenso wie die anderen Flüchtlinge, kein Geld mit mir nehmen können. Gleich darauf traf ich einen anderen Beamten, den Landrentmeister J., der mir sagte: daran, daß für mich im Hotel bezahlt würde, sei nicht zu denken; da könne ja jeder kommen! Alle Flüchtlinge erhielten das Essen aus der Truppenküche! — Ich beschloß trotzdem, wenn auch auf meine Kosten, im Hotel zu wohnen. Das Leben der Kinder wollte ich nicht aufs Spiel setzen und auch ich selbst bedurfte Ruhe und Schlaf. Die konnte ich auf der bloßen Erde liegend, in dem abgelegenen Hause, wo kein Mensch einen Hilferuf gehört hätte, nicht finden. Nachdem mir Herr v. N. nochmals versichert hatte, daß ich mir über die Bezahlung keine Sorgen zu machen brauchte, übergab ich nach 4½tägigem Aufenthalt im Hotel meine Rechnung, welche bei den Windhoeker Preisen sehr hoch war, bei der Hauptkasse, wurde aber von Herrn J. dort kurz abgefertigt: die Regierung würde sie keinesfalls übernehmen. — Es kam mir wie ein Hohn vor, als er erklärte, von der Rechnung pro Tag eine Mark für mich, für die Kinder fünfzig Pfennige bezahlen zu wollen. Schnell brachte ich selbst meine Sache mit dem Wirt in Ordnung, um nicht den Zug zu versäumen, der am 17. Februar früh 9 Uhr abgehen sollte. Auch mit der Erstattung der Reisekosten ist es mir in Windhoek wie mit der Hotelrechnung ergangen. Ich hatte gehört, daß mehrere Frauen jene erhalten hatten — ich habe keinen Gang gescheut und alles versucht — mir wurde es abgeschlagen. Man hatte das Prinzip, das Reisen in die Heimat nach Möglichkeit zu verhindern; aber was sollte ich in dem Lande noch länger verweilen, wo jeder Tag so kostspielig wurde. Ich entnahm also das Reisegeld von dem noch für meinen Mann bei Herrn Voigts liegenden Guthaben.

Vor allem trieb mich auch die Sehnsucht nach Menschen fort, die Teilnahme an unserem Geschick hätten und uns Liebe und Freundlichkeit bewiesen. Wie dankbar war ich allen, die mir ihre Hilfe anboten! Aber wie wenig Güte wurde mir zuteil! Der einzige in Windhoek, der sich meiner in freundlicher, selbstloser Weise annahm, war Herr Rust. Er versprach auch, meine geschäftlichen Angelegenheiten in die Hand nehmen und nach Kräften führen zu wollen.

Die Hast, in der alles in den letzten Stunden vor unserer Reise geordnet werden mußte, ließ mich zu keiner klaren Erkenntnis kommen, daß ich jetzt für immer von hier fortginge, wo ich elf Jahre meines Lebens zugebracht hatte. Erst als sich der Zug in Bewegung setzte, kam es mir mehr und mehr zum Bewußtsein, daß ich jetzt Abschied nähme von dem Lande meiner Jugend, die zwar reich an Entbehrungen und Enttäuschungen, aber noch viel reicher an Glück und Liebe gewesen war. Immer lebhafter stiegen alle Erinnerungen vor meinem geistigen Auge auf, und immer klarer wurde es mir, wie sehr ich mit diesem afrikanischen Boden verwachsen war. Fast bereute ich den Schritt, den ich getan, da schmiegte sich Klein-Fritzel weinend an mich. Hauptsächlich seinetwegen hatte ich ja die Reise angetreten, um ihm einen gesünderen Aufenthalt zu verschaffen. In Windhoek gab es so viel Krankheit unter den Kindern; in Swakopmund schon, hoffte ich, würde er kräftiger werden und die Seeluft unterwegs würde ihn ganz gesund machen. Ach, wenn mir nur die Kinder erhalten blieben! — und das Kleine, das ich erwartete, nicht als Krüppel geboren würde! Das waren meine einzigen Wünsche.

---

57. Rückreise nach Deutschland — Tod meines jüngsten Kindes.

Die Strecke von Windhoek bis Swakopmund legten wir in vier Tagen zurück. Unterwegs wurde in Okahandja, Karibib und Jakalswarter übernachtet; überall wurden wir freundlich aufgenommen und bewirtet. Zwischen Windhoek und Karibib gab es häufige Spuren der Verwüstung: viele Stationsgebäude waren demoliert, die Bewohner von den Hereros hingeschlachtet, an vielen Stellen hatten sie die Schienen herausgerissen, und diese lagen umher. Frische Gräber an der Bahnstrecke zeugten von den Gefechten, die hier stattgefunden hatten. Der Anblick dieser Gräber mahnte mich immer von neuem daran, daß die teuren Überreste meines Mannes noch nicht gefunden und beerdigt waren, und ich machte mir bittere Vorwürfe, nicht ausgeharrt zu haben, um sie zu suchen.

Durch die beunruhigenden Nachrichten, die uns auf den Stationen wurden, blieben wir bis zur Küste immer auf einen Angriff der Hereros gefaßt. Der Zug hatte zwar einige Mann Bedeckung mit, aber sie war doch sehr klein, und das Gelände, das wir durchfuhren, bot dem Feinde oft sehr günstige Verstecke und natürliche Schanzen. Unser Wagen — es war eine offene Lori — war mit einem Zeltdach aus Segelleinen überspannt, die Seiten waren offen; die Sitzgelegenheit bildeten unsere Koffer. Herr W. aus Windhoek, der auch nach Swakopmund reiste, hatte in Kenntnis der Unbequemlichkeiten eine Matratze mitgenommen, die er in liebenswürdiger Weise meinen Kindern zur Verfügung stellte.

Am 20. Februar, etwa um 5 Uhr nachmittags, langten wir in Swakopmund an. Ein Zimmer in einem zur Bahnhofsrestauration gehörigen Holzhause (in Swakopmund sind die meisten Häuser aus Holz oder Wellblech) war frei. Dorthin zogen wir. Beim Abendessen fiel mir ein, daß an dem Tage Arelchens vierter Geburtstag war. Ich hatte gar nicht mehr auf das Datum geachtet! Beinahe eine Woche lang warteten wir auf die Abfahrt des Dampfers. Ich hatte niemand zur Bedienung bekommen können und mußte bei den notwendigen Gängen zum Arzt, zu Besorgungen, und zu den Mahlzeiten das kleine Fritzel durch den tiefen Sand tragen. Die Entfernungen zwischen den zerstreut liegenden Häusern sind sehr groß und bereits nach wenigen Schritten war ich ganz erschöpft. Ich konnte diese Strapazen nicht mehr aushalten und bat den Bezirkshauptmann in Swakopmund um Aufnahme ins Lazarett, meines kranken Lieblings wegen. Hier wurden wir verpflegt und die Krankenschwestern nahmen sich, wenn es ihre Zeit erlaubte, meines Söhnchens an, während ich die notwendigen Gänge unternahm. Mein Fritzel war durch die Strapazen, die mangelhafte Pflege und ungeeignete Ernährung immer schwächer geworden und doch konnte ich, namentlich was das letztere betraf, keine Abhilfe schaffen; frische Eier oder Fleisch waren gar nicht zu bekommen. Auch sonst mangelte es an vielem. Mein sehnlichster Wunsch war, nur erst auf dem Schiff zu sein; ich hatte gehört, daß die Seeluft immer den Kindern gut täte. Wir bestiegen den Dampfer „Ernst Woermann", den wir später mit der „Alexandra Woermann" vertauschten. Ich war so voll Hoffnung, daß die Kinder — auch Axel war sehr angegriffen — und ich uns nun erholen würden.

Da, schon am ersten Tage fieberte mein Liebling, er mußte zu Bett gelegt werden. Der Schiffsarzt tat sein möglichstes; ihm war es gleich Gewißheit, daß mein so innig geliebtes Kindchen die Krankheit nicht überstehen würde, aber ein Mutterherz verliert die Hoffnung nicht, und jede kleinste, scheinbare Besserung ließ mich immer von neuem glauben, daß mein Söhnchen mir erhalten bliebe. Es konnte ja nicht sein, daß mir auch dies noch genommen werden sollte! Es war so mein besonderer Liebling, weil es von Geburt an mehr meiner Pflege bedurft hatte, als Axel.

Ich blieb unausgesetzt am Bett meines leidenden Kindes und lag in den zehn Tagen, während deren ich es noch hatte, ohne Decke auf dem Fußboden, um nicht vom Schlaf übermannt zu werden und jede geringste Bewegung zu bemerken. Während der bangen Nächte, die ich an dem Lager meines Herzenssöhnchens durchrang, rief ich immer wieder das Vergangene in mir wach. Wie glücklich war ich gewesen, und nun sollte das der Abschluß sein und ich noch mein Kindchen verlieren müssen! Wie gern hätte ich die Schmerzen und Qualen, die es erlitt, ertragen. Es war dabei so rührend lieb; bat ich es, mir ein Küßchen zu geben, dann spitzte es das Mündchen und machte Anstrengungen, das Köpfchen zu heben, streckte uns sein Händchen entgegen und lächelte uns noch manchmal an. Noch wenige Stunden vor seinem Tode, als ich mich vor Verzweiflung über sein geliebtes Gesichtchen bog, gab es mir auf seine Art ein Küßchen. Welche Qual für mich! Es zerriß mir das Herz, den nahen Tod so vor Augen zu sehen. Das früher so blühende, von jedem bewunderte Geschöpfchen war zum Skelett abgemagert. Das Stimmchen, das noch bis zuletzt bloß „Mama, Mama" sagen konnte, war kaum mehr hörbar.

Am 9. März starb nach langem Todeskampfe das kleine Wesen in Duallah. Schon einige Minuten vor dem Tode hatte man mich, da ich völlig erschöpft war, fortgeführt. So starb es nicht in den Armen seiner Mutter; Fremde auch haben es angekleidet und waren bei seinem Begräbnis im Hafen von Kamerun zugegen. Man hatte mir die kleine Leiche entführt, aus Rücksicht auf meinen Gesundheitszustand die Stunde, in welcher sie an Land gebracht werden sollte, verschwiegen, und als ich fassungslos bat und flehte, mich an Land fahren zu lassen, wurde es mir vom Kapitän verweigert.

Später erzählte man mir, daß der kleine Sarg schön geschmückt war. Die Frau eines Missionars hatte viel

Blumen darauf gelegt und viele Bewohner Kameruns hatten sich dem Trauerzuge angeschlossen; aber die Mutter fehlte auf dem Gange zur letzten Ruhestätte. Auch das Kind liegt, wie sein Vater, im fernen Erdteil, und die Stätten, wo sie ruhen, sind mir unbekannt. Niemand wird sie pflegen.

Drei Wochen dauerte die Seereise. Ich hatte nur den einen Gedanken und Wunsch, den kleinen Axel in die Heimat seiner Eltern zu bringen und dann bald den Vorangegangenen zu folgen. In einigen Wochen sollte mir ein Kind geboren werden; gewiß würde es als Krüppelchen zur Welt kommen! — Vor mir lag die Sorge, das Ringen um den Unterhalt für die Kinder, denen ich jetzt Vater und Mutter ersetzen sollte. All die schrecklichen Erlebnisse, die ich in ihrem ganzen Umfang nie zu schildern vermag, hatten meine Energie und mein Selbstgefühl vollständig erstickt. Die Erinnerung an sie stand immer wie ein entsetzliches Gespenst vor mir. Als das größte Glück erschien mir der Tod, den ich tausendmal ersehnte, während das vor mir liegende Leben mich mit Grauen erfüllte.

Ich stand nun vor einer neuen Laufbahn. In mir völlig fremd gewordene Verhältnisse sollte ich mich eingewöhnen! Verarmt an allem, was das Leben lebenswert macht, den Verwandten und der Heimat entfremdet kehrte ich zurück ins Vaterland.

Noch in den letzten Tagen der Fahrt hatte mein kleiner Axel durch einen Fall von der Schiffstreppe sich am Kopfe verwundet und mußte einen Verband tragen. Auch war das Körperchen durch die unregelmäßige und ungewöhnte Lebensweise sehr geschwächt und ich sehnte das Ende unserer Seereise herbei, damit er nun endlich Ruhe und gute Pflege genießen könnte.

In der Nacht zum ersten April landete die „Alexandra Woermann" im Hamburger Hafen. Ich hatte diese Nacht über gewacht; das Wiedersehen meiner Angehörigen und der Heimat, das neue Leben, dem ich nun entgegenging,

17*

all die vielen auf mich einstürmenden Gedanken erregten mich auf das Lebhafteste. Nachdem ich am Morgen mein Söhnchen angekleidet hatte, standen wir beide auf der Reling, unsere Angehörigen erwartend. Diese hatten durch Erkundigungen bei der Woermann-Reederei das Datum unserer Ankunft erfahren, und meine Mutter und mein Bruder waren zu unserem Empfange nach Hamburg gekommen.

Es war ein Wiedersehen in Tränen. Wie anders hatte ich mir früher unsere Rückkehr gedacht! Aber ich wußte, daß wir nun geborgen seien und von Fürsorge umgeben. Noch an demselben Tage fuhren wir weiter nach Dresden, wo wir bei einer Tante, bei der ich schon vor unserer Ausreise oft freundlich aufgenommen worden war, für die nächste Zeit unterkamen. Hier wurde mir 1½ Wochen später, am 11. April, ein kleines Töchterchen geboren. Wie hätte sich mein Mann an diesem kleinen Geschöpfchen gefreut, das wohl zart und schwach, aber — war es nicht ein Wunder? — gesund zur Welt kam! Meine kleine Isa — den Namen hatte ihr Vater seinem Töchterchen zugedacht — und Axel werden mir nun in etwas die lieben Toten ersetzen, und für sie zu sorgen und ihnen, soviel in meinen Kräften steht, den Lebensweg zu ebnen, ist mein einzigster Wunsch und Lebenszweck. Von ganzem Herzen bin ich froh und dankbar, daß die kleinen vaterlosen Geschöpfe von soviel Liebe bei Großeltern und allen Verwandten umfangen werden.

Möge über meinen Lieblingen, denen ich durch diese Aufzeichnungen ein bleibendes Andenken an ihren Vater zu geben wünsche, ein freundlicheres Geschick walten als über dem Leben ihrer Eltern.

Deutsche Buch- und Kunstdruckerei, G. m. b. H., Zossen-Berlin SW. 11.

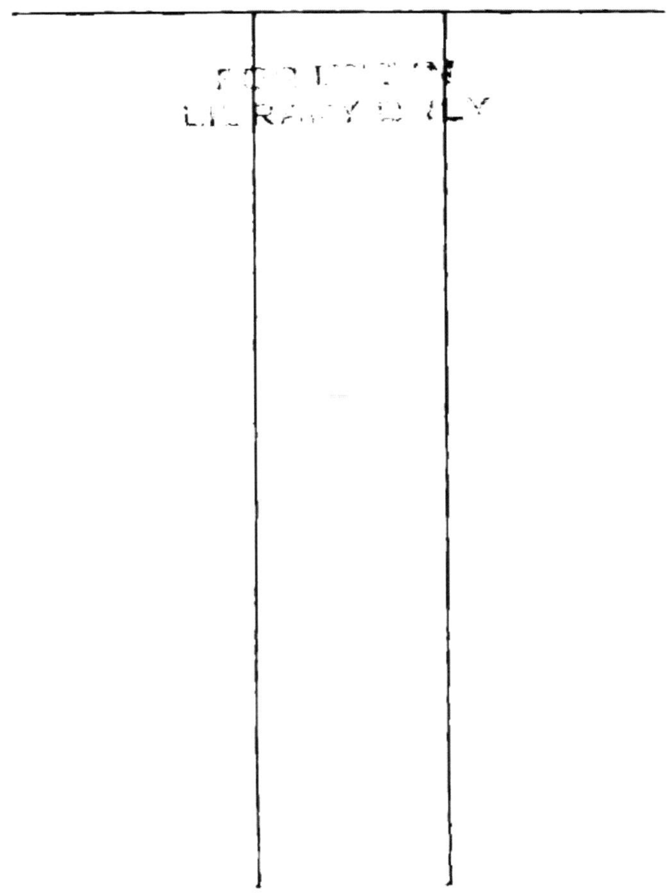